JN086575

Stories from The Tale of Genji

by Stuart Varnam-Atkin, translated by Yoko Toyozaki
Based on Murasaki Shikibu's Genji Monogatari

ナレーター
Stuart Varnam-Atkin

•

カバーイラスト
「源氏物語絵色紙帖 夕顔」土佐光吉 ⓒ京都国立博物館

本文中のイラストはステュウット ヴァーナム-アットキン氏にご提供いただきました（pp.39, 71, 163, 199, 287, 307）

日英対訳
「源氏物語」のものがたり

「源氏物語」翻案

ステュウット ヴァーナム-アットキン 著
とよざき ようこ 訳

Stories from
The Tale of Genji

by Stuart Varnam-Atkin,
translated by Yoko Toyozaki

Based on Murasaki Shikibu's Genji Monogatari

IBCパブリッシング

まえがき

　『源氏物語』は、今でいうなら10代の血気盛んな年頃の、そして美貌で聡明な光源氏の恋物語です。考えてみれば、源氏は思春期から青年期まで、さまざまな女性と関係をもち、その結果、時には周囲の怨念や嫉妬に見舞われることもありました。

　近現代では、そんな情念渦巻く王朝絵巻を好んだ谷崎潤一郎や瀬戸内寂聴などが源氏の世界を現代語訳で残しています。海外ではアーサー・ウェイリー、エドワード・サイデンステッカーをはじめ、最近ではロイヤル・タイラーなどに翻訳され、世界に紹介されました。

　海外では太古の神々の人間（？）模様を天空の世界に描いたものが多く、ギリシア神話でもゼウスの同性愛趣向までダイナミックに語られています。そして、インド人の聖典ともいえる『マハーバーラタ』や『ラーマーヤナ』に出てくる地上と天空を行き来する人々も、嫉妬や愛憎を心に抱いた登場人物として物語を彩っています。

　ですから、例えば源氏が10歳にも満たない若紫を拉致同然にそばに置いて、女性としての成長を見ながら慈しむ世界は、今では怪しげなものに映ったとしても、古代の王朝物語では美しいロマンスとなるのです。当時、人々は垣根に伸びた夕顔を見て、心を慰めました。今、野の花の中に混じる夕顔を、雑草ではなく、夕方にひっそりと幼気に咲く花として足を止め眺める人はそれほどいないでしょう。そのような感性が、そのまま、夕顔の咲く家にひっそりと住む女性への愛へとつながり、源氏は没頭してゆくのです。そのはかない花が予言するように、源氏に愛される夕顔は、源氏に嫉妬する六条御息所の生霊によって、はかなくも命を落としてしまいます。若い源氏に溺れた六条御息所の失った愛への苦しみが生霊にまでなるさまは、古代の神話の世界とさほど変わりません。六条御息所はそんな苦しみから逃れ、心を清め、その後源氏と再会します。

源氏の正室である葵の上も同様に、他の女性たちを愛する源氏に心を痛め、六条御息所とも鞘当てをしてしまいます。しかし、源氏はあたかも神のように、さまざまな女性との付き合いを続け、その中には帝の妃まで含まれました。そこでもうけた子どもの本当の父親が自分であることを知られまいと悩む姿などは、現代の不倫物語ではと思わせるほど愚かで、醜いものかもしれません。それが源氏という人物の「光」によってかき消され、宮中の絵巻としてまさにインドの古典『マハーバーラタ』のように多彩な恋物語として浄化されています。その様子が美しく、人という生まれ滅する存在のはかなさによってさらに我々の心に自然にしみ込んでくるのは不思議なものです。その当時、野に咲く花の命と人の命にはほとんど隔たりがなく、光源氏もそこに生きた人々も、さらに作者の紫式部や彼女の生きた世界を彩る人々も、この世の無常をそのまま受け入れなければならない宿命を抱きながら、こうして物語を作ったのです。

　『源氏物語』は壮大な王朝絵巻であるとともに、野の花と同じようにはかない人々を繊細に綴る物語だからこそ、世界中の人々にも受け入れられていったのでしょう。

　シェイクスピア、日本古典文学研究の第一人者であるステュウットヴァーナム・アットキン氏が書き下ろした『源氏物語』の翻案を、日英対訳で味わっていただくとともに、著者自らが朗読した情緒たっぷりの音声もあわせてお楽しみください。
　巻末には当時の貴族生活をより深く理解するためのコラムも掲載しています。

IBC編集部

Contents 目次

Introduction

The Pioneer Novelist and Her Shining Prince

Japan can be truly proud of the superwoman whose image appeared on the new 2,000-yen banknote at the start of this millennium. It celebrated the 1,000th anniversary of her literary masterpiece, the novel described by Nobel laureate Yasunari Kawabata as "the highest pinnacle of Japanese literature." *Genji Monogatari*, The Tale of Genji in English, was based on her experience and careful observation of Imperial court life. The most famous of an extraordinary group of women writers who lived in the 10th and early 11th centuries, she was a modest woman who emerged from the lower ranks of the Fujiwara clan to become arguably the world's first proper novelist.

We don't know her real name, or even if she had one, but she's generally known as Murasaki Shikibu or Tō-no-Shikibu, and in English as Lady Murasaki. 'Shikibu' refers to her father's official position. 'Murasaki' (=purple, violet) is a nickname given by later generations referring to both *fuji* (=wisteria) in the Fujiwara clan name and the character Murasaki in the novel. In the introductions to each part, I have used 'Tō-no-Shikibu' to avoid confusion. In her actual three-year diary (1008–1010), she describes herself as being rather shy, serious, vain, introverted, solitary, and fond of poetry. (Only the first quotation in the introduction to Part 6 is a translation of her actual words, the others I imagined.)

Biographical information about her is rather scant. Born around 973, she came from a family with a long history of literary interests,

はじめに
草分け的小説家とその光の君

　今世紀初頭の新たな二千円紙幣に描かれたスーパーウーマンは、まさに日本の誇りだ。この紙幣は、ノーベル文学賞受賞者の川端康成が「日本文学の最高峰」と評した、彼女の代表作『源氏物語』の生誕1000年を記念して発行されたものである。英語では *The Tale of Genji* のタイトルで知られる『源氏物語』は、彼女の宮廷生活の経験と注意深い観察に基づいて書かれた作品だ。10世紀から11世紀初頭を生きた並外れた女性作家陣の中で最も有名で、下級貴族の藤原一族から身を起こし、まず間違いなく世界初の真の小説家になった謙虚な女性だった。

　私たちは彼女の本名を知らないし、本名があったのかどうかも知らないが、一般的には紫式部または藤式部、英語では Lady Murasaki として知られている。「式部」は父親の官職を指す。「紫」は藤原氏の「藤」と小説の登場人物「若紫」に言及して後世につけられた愛称である。各部の序章では、混乱を避けるために「藤式部」を使用した。彼女自身の三年間の日記（1008–1010年）で、自分自身を、どちらかといえば人見知りで、まじめで、ややうぬぼれの強い、内向的で、孤独で、詩歌が好きな女性だと述べている（第六部序章の最初の引用だけが藤式部の実際の言葉の翻訳で、その他は私の創作である）。

　彼女に関する出自経歴などの情報はやや乏しい。973年ごろに生まれ、詩作や漢文の研究など、文学に造詣の深い一家の出身である。彼女は、漢

including writing poetry and studying Chinese classics. She commented that her father said he wished she'd been born a boy as she was such a good student, including acquiring fluency in Chinese. We know for sure that in 998 she married Nobutaka, a much older second cousin, who already had several wives. Their daughter, born in 999, became the noted poet Daini-no-Sammi who lived into her eighties and appeared on a 50-yen postage stamp on Letter Writing Day, 2009. After Nobutaka died during a cholera epidemic in 1001, Murasaki spent a lonely period as a widow, but she was probably encouraged to start writing her novel around 1002.

The great statesman Fujiwara no Michinaga, a possible model for elements of Genji's personality, perhaps noticed her writing skills, as she was invited to serve his first daughter, the young Empress Shōshi (Akiko) as a kind of cultural companion from around 1006. After the Palace burned down, it seems she lived in the Fujiwara Mansion near Lake Biwa. We know nothing much about her later years or how long she continued writing. She died some time between 1014 and 1025.

The Tale of Genji . . . is a massive saga, over 1,000 pages in translation, with 54 chapters depicting four generations over a period of 75 years, and well over 400 characters. It's often described as the world's first novel because it presents a well-constructed narrative that includes detailed psychological presentations of the characters. It's almost certainly the first novel written by a woman, or at least the earliest one to have survived. In Japan, there had previously been many works of fantasy and folktales but nothing quite like *Genji*. Thanks to Arthur Waley's translation (1st Volume published in 1925) and novelist Virginia Woolf's glowing review in *Vogue*, the Western world was amazed to discover

語の習得が優れているなど勉強ができたので、男の子に生まれたらよかったのにと父親に言われたと話している。998年、かなり年上の又従兄妹であり、すでに何人かの妻がいた藤原宣孝と結婚したことは確かである。999年にふたりの間に生まれた娘、大弐三位は著名な歌人となり、80代まで生き、2009年の「ふみの日」にちなんで発行された50円郵便切手に登場した。コレラが流行した1001年に宣孝が亡くなった後、紫式部は未亡人として孤独な時期を過ごしたが、1002年頃から小説を書き始めるようになったと思われる。

源氏の人柄のモデルともされる偉大な政治家、藤原道長は、紫式部の文才に気づき、1006年ごろから、長女である中宮彰子の女房兼いわば家庭教師として紫式部を迎えた。彰子の読み方は「しょうし」と「あきこ」の二つある。御所が焼失した後、紫式部は琵琶湖に近い藤原邸(＝枇杷殿)に住んでいたようだ。彼女の晩年や、いつまで執筆活動を続けていたかについては、よく分かっていない。1014年から1025年の間に亡くなっている。

『源氏物語』……翻訳では1000ページを超える、長大な物語である。全54帖には400人以上の人物が登場し、4代にわたる75年間の出来事が描かれている。登場人物の詳細な心理描写を含む、巧みに構成された物語を提示することから、世界初の小説と評されることが多い。女性によって書かれた最初の小説であること、あるいは少なくとも現存する最古の小説であることはほぼ間違いない。日本では、それまでに空想物語や伝説は数多くあったが、源氏のような作品はなかった。Arthur Waley(アーサー・ウェイリー)による翻訳(第1巻は1925年に出版)と小説家Virginia Woolf(ヴァージニア・ウルフ)によるVogue『ヴォーグ』誌での高評価の批評のおかげで、西欧諸国は、ヨーロッパの生活がずっと暗く暴力的だった時代に、このよ

that such a work and such a sophisticated society existed in Japan at a time when life in Europe was much darker and violent.

Ancient Kyoto... Murasaki presented a detailed picture of court life in the late-10-century aristocratic world of Kyoto (=Capital City), which was then called Heian-kyō (=Capital of Peace and Tranquility), centered around women and romance. It's more like the 18th-century English world of Jane Austen than the 19th-century world of Charles Dickens, who dealt with all classes and a variety of social problems. However, it includes wonderful insights into fundamental human emotions. I was amazed to discover that even in that ancient Japanese microcosm, so remote from us in many ways, we find people behaving and thinking just like people still do today around the world and getting involved in entangled relationships!

Serial production... The novel was produced in serial form on a regular basis, rather like Dickens writing *Pickwick Papers* or Arthur Conan Doyle's *Sherlock Holmes* stories. In some ways, it was the equivalent of a fantasy drama TV series today, a kind of Heian period *Downton Abbey* or *Game of Thrones*. It took maybe around twenty years to write, from 1002 to 1020. It was not printed, but hand-written by brush and hand-copied, and the 54 chapters were bound and distributed separately. In her diary, Murasaki mentions the Empress herself binding copies. We don't know how many copies were made. It was designed to be read aloud, mostly by court ladies to higher-ranked ladies. The woman who wrote *Lady Sarashina's Diary* (1021), tells us how as a young girl she was desperate to get hold of all the *Genji* chapters and read them avidly alone. But we know that men also got interested in it, which is maybe one reason it survived.

うな優れた作品とこれほどに洗練された社会が日本に存在したことを知ってたいへん驚いた。

　古都京都……紫式部は、当時平安京（＝平穏と静寂の都）と呼ばれていた京都（＝都）の貴族社会の10世紀後半の宮廷生活を、女性とロマンスを中心に詳細に描いた。あらゆる階級とさまざまな社会問題を扱った19世紀のCharles Dickens（チャールズ・ディケンズ）の世界というよりは、Jane Austen（ジェーン・オースティン）の18世紀イギリスの世界に近い。しかし、そこには基本的な人間の感情に対する素晴らしい洞察が見られる。いろいろな意味で私たちからは遠くかけ離れた、あの日本古来の縮図の中でさえ、世界中の人々が今もそうであるように、行動し、考え、もつれた人間関係に巻き込まれている人たちがいたことに、私は驚いた！

　続きもの……源氏物語は、ディケンズが*Pickwick Papers*『ピクウィック・ペーパーズ』を書いたり、Arthur Conan Doyle（アーサー・コナン・ドイル）が*Sherlock Holmes*『シャーロック・ホームズ』の話を書いたように、定期的に続きものとして書かれた。ある意味、今日の空想物語のテレビ番組シリーズに相当するもので、言わば、平安時代の*Downton Abbey*（ダウントン・アビー）あるいは*Game of Thrones*（ゲーム・オブ・スローンズ）のようなものだ。執筆には1002年から1020年まで、おそらく20年ほどかかったと思われる。印刷されたものではなく、筆で手書きされ、手書きで写されたもので、全54帖は別々に製本され、配布された。紫式部は自身の日記の中で、中宮彰子自らが製本したことに触れている。何部製本されたかはわからない。物語は、主に宮廷の侍女たちがより高貴な女性たちに向けて、声に出して読むように工夫されている。『更級日記』（1021年）を書いた女性（＝菅原孝標女<ruby>菅原孝標女<rt>すがわらのたかすえのむすめ</rt></ruby>）は、少女時代に源氏物語のすべての帖を手に入れようと必死だった、そして一人でむさぼるように読んだ、と語ってい

Clearly, its popularity spread fast, and one major attraction was surely Murasaki's depiction of women. The writer Jakuchō Setouchi said that it's really a book about a wide variety of women rather than about the somewhat idealized man Genji, and the target audience was mostly female. In a famous section near the beginning, the teenage Genji and his male friends discuss different types of women, anticipating characters who will appear later in the novel: the quiet type who suddenly explodes; the jealous type; the noisy type who plays around; and so on (Chap. 6).

Chaucer... As I worked on this condensed version, it struck me that Murasaki and *Genji* share some characteristics with two of the giants of English literature and their works. One of them is the 14th-century English poet Geoffrey Chaucer, who promoted writing in vernacular English, as opposed to Latin or Anglo-French; Murasaki was the first great novelist to write in the Japanese *kana* syllabary rather than the *kanji* Chinese characters largely used by men. The creation of a simplified *hiragana* syllabary had at last made it possible to express vernacular Japanese in writing. But that had only been in the 9th century, so at the time Murasaki was writing written Japanese was still at an experimental stage—and mostly in the hands of women with plenty of leisure time to devote to writing.

Another similarity is that both writers provided us not only with universal portraits of humanity but also detailed pictures of life around the time they lived—medieval England in his case, and Heian Japan in hers.

Shakespeare... There are also similarities with the 16th-century poet and dramatist William Shakespeare. One is that very little is known

る。しかし、男性も興味を持ったことが分かっており、それが残存する理由のひとつかもしれない。

　明らかに、その人気は瞬く間に広まった。大きな魅力のひとつは紫式部が描いた女性像だったと思われる。作家の瀬戸内寂聴は、この本は源氏というやや理想化された男性についてというよりも、実に多様な女性について書かれた本であり、対象読者はほとんどが女性であったと述べている。冒頭近くの有名なくだりでは、10代の源氏と男友達がさまざまなタイプの女性について語り合い、小説の後半に登場する人物を予告している。例えば、突然爆発するおとなしいタイプ、嫉妬深いタイプ、遊び歩く騒がしいタイプなどだ(第6章)。

　チョーサー……この簡約版の作業をしながら、紫式部と源氏物語には、イギリス文学の二人の巨人とその作品に似たような特徴がいくつかあるという考えが浮かんだ。そのうちの一人は、14世紀のイギリスの詩人 Geoffrey Chaucer(ジェフリー・チョーサー)で、ラテン語やアングロフランス語に対立するものとして、口語英語で書くことを奨励した作家だ。紫式部は、主に男性が使う漢字ではなく初めて日本の仮名文字で書いた偉大な小説家である。簡略化されたひらがな五十音が作られたことで、ようやくその土地の日本語を文字で表現することが可能になった。しかし、それは9世紀になってからのことで、紫式部が文章を書いていた当時、書き言葉はまだ実験的な段階にあった。そしてひらがなの使用は主に、執筆に割く自由時間がたっぷりある女性の手に委ねられていた。

　もうひとつの共通点は、両者とも普遍的な人間像だけでなく、彼らが生きた時代の生活も詳細に描いていることだ。すなわち、チョーサーの場合は中世のイギリス、紫式部の場合は平安時代の日本である。

　シェイクスピア……16世紀の詩人で劇作家であった William Shakespeare(ウィリアム・シェイクスピア)との共通点もある。ひとつは、作家について

about the writer. Another is that no original manuscripts have survived, so we will probably never know exactly what either of the two great writers actually wrote. *Genji* was written on scrolls in the early 11th century, but the earliest versions we can see today are 12th-century copies.

A third shared characteristic is the authorship question. Did Shakespeare really write all his plays? Did Murasaki write the whole novel herself, or did her daughter finish it? Scholars have been arguing about these questions for centuries.

The fourth similarity is that not so many people, Japanese or non-Japanese, have ever read either the complete *Genji* or all of Shakespeare's plays, especially in their oldest available forms. Not only is their original language difficult to read, of course, but it's also very difficult to understand, even in Shakespeare's case, where the language is only 400 years old, not 1,000. It seems that many Japanese, apart from scholars, have only read just the first dozen chapters or so of the original *Genji*. However, extracts have long been compulsory high school material, so it's hard to find someone who has NOT read at least some of the early parts.

Modern versions... Rather like reading Lamb's *Tales from Shakespeare*, I think most people today experience *Genji* in the modern, easier-to-understand Japanese of 'new translations'. They come in many forms: two versions by the poet Akiko Yosano (1878–1942); a novel based on *Genji* by Seiko Tanabe (1928–2019); three versions (1942, 1954 and 1965) by the novelist Junichiro Tanizaki (1886–1965); a racy version (1972–1973) by Fumiko Enchi (1905–1986); the Osamu Hashimoto version from Genji's viewpoint (1991–1993); and the 1990s version by Jakuchō Setouchi (1922–2021). As for the condensed

わかっていることがほとんどないこと。もうひとつは、元の原稿が残って
いないので、この二人の偉大な作家のそれぞれが実際に何を書いたのか、
おそらく正確にはわからないということだ。源氏物語は11世紀初頭に巻
物に書かれたが、現在私たちが目にすることのできる最古のものは12世
紀の写本である。

　三つ目の共通点は、作家性の問題である。シェイクスピアは本当にすべ
ての戯曲を書いたのだろうか？　紫式部はこの小説をすべて自分で書い
たのか、それとも娘が書き上げたのか？　学者たちは何世紀にもわたっ
て、これらの疑問について議論している。

　四つ目の共通点は、日本人であれ外国人であれ、源氏物語全集やシェイ
クスピアの戯曲全集を、とりわけ現存する最も古い版で読んだことのあ
る人はそれほど多くないということだ。原文を読むのが難しいのはもち
ろんのこと、理解するのも非常に難しい。1000年どころか400年しか経
っていないシェイクスピアの言語でさえそうなのだ。学者は別にして、多
くの日本人は源氏物語の原文は最初の十数章しか読んだことがない、と
いうのが現実のようだ。とは言え、長きにわたり抜粋されたものが高校の
必修科目だから、少なくとも最初のいくつかの章を読んでいない人はい
ない。

　現代語訳……Lamb's *Tales from Shakespeare*(ラムの『シェイクスピア物語』)
を読むのと同じように、現代人の多くは「新訳」という現代的で理解しや
すい日本語で源氏物語を経験しているのではないかと思う。さまざまなタ
イプがある。例えば、歌人の与謝野晶子(1878–1942)による二度にわたる
現代語訳、田辺聖子(1928–2019)による源氏を題材にした小説、小説家の
谷崎潤一郎(1886–1965)による潤一郎訳源氏物語(1942年、新訳1954年、新々
訳1965年)、円地文子(1905–1986)のややきわどい現代語訳(1972年–1973
年)、光源氏の視点から一人称で書いた橋本治の源氏物語(1991年–1993
年)、そして瀬戸内寂聴(1922–2021)による1990年代の作品。簡約版はど

versions, there have been over twenty manga series, such as the popular *Asaki yumemishi* by Waki Yamato, and countless movies, animes, computer games, TV and stage adaptations, ballets, all-female Takarazuka versions, etc. Musical adaptations include Isao Tomita's *The Tale of Genji, Symphonic Fantasy* (1998), fusing ancient Gagaku music with synthesizers and a classical orchestra, and Minoru Miki's Genji opera with an English libretto (2000).

Noh ... No fewer than fifteen Noh plays dating back to the 14th century are based on characters from *Genji*. A ghostly Murasaki Shikibu appears herself in *Genji Kuyō* (A Genji Memorial Service) in a lavender-colored robe. She asks for prayers for Genji as she cannot find salvation, having failed to include them in her book. The Chorus concludes she was really the Kannon Goddess of Mercy sent to tell humans that the world is just a dream.

Iconography ... The novel has also inspired, and continues to inspire, great art, as splendidly demonstrated in the *A Japanese Classic Illuminated* exhibition at the Metropolitan Museum of Art in New York in 2019. It featured picture scrolls, hanging scrolls, Noh masks, lacquer ware, painted screens, calligraphy, kimono designs, paintings, woodblock prints and manga, as well as familiar images of Murasaki sitting at a writing desk at Ishiyama Temple gazing at the moon. The co-curator John Carpenter commented that the only equivalent literary work with so much iconography is *The Bible*. Back in the 19th century, there was a boom in woodblock-printed Genji parody books, such as the 38-chapter *Nise murasaki inaka genji* (A Rustic Genji by a Fraudulent Murasaki, 1829–1842) by Ryūtei Tanehiko, describing the amorous adventures of the playboy Mitsuuji and illustrated by Utagawa Kunisada.

うかというと、大和和紀の人気作『あさきゆめみし』など20以上の漫画シリーズのほか、数え切れないほどの映画、アニメ、コンピューターゲーム、テレビドラマ化作品や劇場版、バレエ、女優だけの宝塚舞台版などがある。ミュージカル版としては、冨田勲の *The Tale of Genji, Symphonic Fantasy*『源氏物語幻想交響絵巻』(1998年)がある。これは古代の雅楽にシンセサイザーとクラシックのオーケストラを融合させたものだ。また三木稔の英語歌詞を付けたオペラ『源氏物語』(2000年)などがある。

　能……14世紀にさかのぼる15以上の能舞台は、源氏物語の登場人物を題材にしている。『源氏供養』では、紫式部本人の亡霊が薄紫色の上衣をまとって登場する。彼女は、物語の中で光源氏を供養しなかったため自分が成仏できないでいるので供養をしてほしいと頼む。最後は地謡で、彼女の正体は観世音菩薩であり、この世は夢であると人間に伝えるために遣わされたのだと結論づける。

　図像……2019年にニューヨークのメトロポリタン美術館で開催された展覧会 *A Japanese Classic Illuminated*(邦題:『源氏物語』展 in New York 〜紫式部、千年の時めき〜) で見事に立証されたように、この小説は偉大な芸術にもインスピレーションを与え、それは今も続いている。この展覧会では、絵巻物、掛け軸、能面、漆器、絵屏風、書跡、源氏関連デザイン使用の着物、絵画、浮世絵、漫画のほか、石山寺の文机に座って月を眺める紫式部の見慣れた姿が紹介された。共同キュレーターの John Carpenter (ジョン・カーペンター) は、これほど多くの図像を持つ唯一同等の文学作品は *The Bible*『聖書』しかないと述べた。19世紀には、源氏物語の木版刷りパロディ版がブームとなった。例えば、遊び人である光次の色恋沙汰を描き、歌川国貞が挿絵を描いた柳亭種彦の『偐 紫 田舎源氏』(全38編、1829年–1842年)がある。

The Heian world . . . So what was it like to be a member of the Heian-period aristocracy living in the capital city? Murasaki describes a world of moon-viewing, ox-drawn carriages, blinds and screens, many-layered kimonos, liaisons in dark rooms, personalized perfume, and love letters and poems written in beautiful calligraphy on the finest paper, with flowers attached. Many of the elements of 'traditional Japanese culture' that we are familiar with today did not exist 1,000 years ago: tatami-mat rooms, sushi, sashimi, soy sauce, tempura, Kabuki, Noh, Bunraku, haiku, ikebana, Bushido, Ukiyo-e prints, the tea ceremony, geisha and public baths. But even so, we can see that the roots of Japanese aesthetics were already in place, especially concepts of beauty and etiquette.

Romantic Genji . . . In a way, *Genji* resembles an ancient Greek legend in which a young man must undergo trials, exile, journeys and romantic experiences on his way to maturing into a genuine hero. But is the 11th-century Superman, the playboy prince who is the star of the story, an attractive character or not? Opinions vary, of course. To some people he is incredibly handsome, romantic and gentle. Others think he is too much of an idealized character who is skilled at too many things: dancing, singing, playing musical instruments, choosing kimono, painting, archery, calligraphy, reciting from the Chinese classics, poetry writing, choosing perfume and incense, conversation, and charming ladies! One thing we can say is that Murasaki cleverly ensured that her hero is by no means perfect: sometimes neurotic, arrogant, guilty, self-pitying, self-questioning, and capricious. His great strength is never forgetting women, continuing to show interest in them, and in many cases providing support.

Suetsumuhana . . . One important affair showing that the young Genji

　平安の世界……では、都に住む平安時代の貴族とはどのようなものだったのだろうか。紫式部は、月見、牛車、簾や屏風、十二単、暗い部屋での情事、個人仕様の香り、花を添えた上等の紙に美しい筆跡で書かれた恋文や詩歌などの世界を描いている。今日私たちがよく知る「伝統的な日本文化」という要素の多くは、千年前には存在しなかった。つまり、畳の部屋、寿司、刺身、醤油、天ぷら、歌舞伎、能、文楽、俳句、生け花、武士道、浮世絵、茶道、芸者、銭湯、などだ。それでも、日本の美意識のルーツがすでに確立していたこと、とりわけ美や礼儀作法の概念があったことがわかる。

　恋人としての源氏……ある意味、源氏物語は古代ギリシャの伝説に似ている。そこでは青年が試練、流刑、旅、恋愛経験を経て、本物の英雄に成長するまでの道程が描かれている。しかし、物語の主役である11世紀のスーパーマン、遊び人の皇子は魅力的な登場人物なのかどうか？　もちろん意見はさまざまだ。ある人たちにとっては、彼は信じられないほどハンサムでロマンチックで優しい。また、ある人たちは、彼はあまりにも多くのことに長けた、理想化されすぎた人物だと考える。つまり、舞、歌、奏楽、着物選び、絵を描く、弓道、書道、漢籍の朗読、詩作、香りや香を選ぶ、会話、女性をくどく、などといった才能に優れているからだ。ひとつ言えるのは、紫式部は主人公が決して完璧ではないことを巧みに表現しているということだ。すなわち源氏を、時に神経質で、傲慢で、罪悪感を持ち、自己憐憫の、自問自答する、そして気まぐれな人物に描いている。彼の大きな強みは、女性を決して忘れず、女性に関心を示し続け、多くの場合、女性に支援を提供することである。

　末摘花……若い源氏が、女性を口説いて捨てるだけの日本のカサノバ

is not just a Japanese Casanova who wins over women and then discards them involves Princess Hitachi in Part 5. She's from a good family, lives alone, plays the *koto*, and has spectacular hair, so she should be a perfect match for Genji. But she isn't… No spoilers here, but we should appreciate Murasaki's combination of humor, irony, reality, and compassion in her writing about that liaison. She encourages us both to laugh and to sympathize. She seems to be suggesting that behind the humor and discomfort caused by something different from the ideal of beauty, we should perhaps consider other people's problems, their shortcomings. In a way, she subtly criticizes and makes fun of Genji and his stereotypical belief in surface physical attractions. He may be Mr. Smooth, but he doesn't always have it his own way!

My aim in producing this condensed version of the first parts of Murasaki's fascinating work has been to provide an introduction that retains as much as possible of the essence of the original. A great deal of the subtlety of her writing is inevitably lost in a book like this. However, Shakespeare's plays still mean a great deal when translated into other languages, and I believe the tremendous story she created keeps its power in whatever form it appears. I hope you will enjoy this brief taste of the fascinating *Genji* world and will feel energized to read the entire tale.

Stuart Varnam-Atkin
Kanagawa, Japan, 2023

ではないことを示す重要な情事が、第五部の常陸宮の姫がからむ件である。彼女は良家の生まれで、一人暮らし、琴を弾き、みごとな髪の毛の持ち主、だから源氏にはぴったりの相手のはずだ。しかし、そうではなかった……ここではネタバレはしないが、その情事について、ユーモア、皮肉、現実、そして思いやりを織り込んでまとめた紫式部の器量を高く評価すべきだろう。私たちを笑わせ、そして共感させる。彼女は、平安時代の理想的な美とは異なる何かが引き起こすユーモアや不快感を描きつつ、その他の人たちの問題や欠点を考慮すべきではないだろうか、と示唆しているようだ。見方によっては、源氏と表面上の肉体的魅力に対する彼の紋切り型の信念をさりげなく批判し、揶揄している。彼は要領のいい人かもしれないが、いつも自分の思い通りになるとは限らない！

　紫式部の興味の尽きないこの作品の最初の各章を簡約した本書を執筆するにあたって私が目指したのは、原作のエッセンスをできるだけ多く残した序章を提供することであった。このような簡約版では、元の文章の繊細さがどうしても失われてしまうことが多い。けれども、シェイクスピアの戯曲は、他の言語に翻訳されてもなお大きな意味を持っている、だから彼女が創り出した途方もない物語は、それがどんな形であれ、その力を保ち続けると私は信じている。この魅力的な源氏世界のほんの一端でも味わっていただき、全物語を読もうという活力が湧いてくれば幸いである。

　　　　　　　　　ステュウット ヴァーナム-アットキン
　　　　　　　　　2023年　神奈川にて

Family trees

光源氏を取り巻く人々

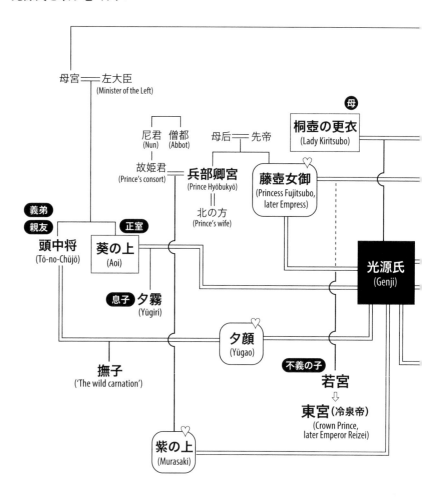

光源氏

主人公。桐壺帝の第二皇子。亡き母に似た藤壺女御を慕うほか、何人もの女性と浮き名を流す。

桐壺帝

光源氏の父親。妃である弘徽殿女御との間の子、東宮(のちの朱雀帝)に譲位した後は、桐壺院となる。

桐壺の更衣

光源氏の母親。源氏が3歳の時に亡くなる。

藤壺女御

桐壺の更衣と容姿が似ていたことから中宮となる。源氏の初恋の相手。その間には不義の子、後の冷泉帝が生まれる。

冷泉帝

表面的には桐壺帝と藤壺女御の子とされるが、実父は光源氏である。

続柄は光源氏から見た関係
♡は光源氏の寵愛を受けた女性

The relationships shown here are based on Genji's perspective.

♡ = a woman favored by Genji.

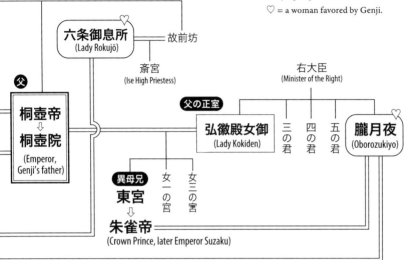

六条御息所
(Lady Rokujō)

故前坊

斎宮
(Ise High Priestess)

右大臣
(Minister of the Right)

父

桐壺帝
⇩
桐壺院
(Emperor, Genji's father)

父の正室

弘徽殿女御
(Lady Kokiden)

三の君

四の君

五の君

朧月夜
(Oborozukiyo)

異母兄
東宮
⇩
朱雀帝
(Crown Prince, later Emperor Suzaku)

女一の宮

女三の宮

故常陸の宮
(The late Prince Hitachi)

末摘花
(Princess Hitachi, Suetsumuhana)

弘徽殿女御
桐壺帝が桐壺の更衣を溺愛することに嫉妬。光源氏を追放するなどの画策をする。弘徽殿女御の父親は右大臣で、光源氏の政敵。

朧月夜
右大臣の娘で、弘徽殿女御の異母妹。朱雀帝の寵愛を受けると同時に、光源氏とも関係を持つ。

六条御息所
年下の光源氏と一度は恋愛関係となるが、その後、他の女性への嫉妬が高じ生霊となり、女たちを祟る。

頭中将
左大臣家の息子で光源氏とは従兄弟の関係。葵の上の弟で、源氏の親友。父の左大臣は、光源氏の庇護者であった。

葵の上
光源氏の正室。息子の夕霧が生まれるが出産後に死亡。六条御息所の生霊に取り憑かれていた。

夕顔
頭中将の元の恋人で、光源氏と恋に落ちる。嫉妬に燃えた六条御息所に取り憑かれて命を落とす。

紫の上
藤壺の姪で若紫ともいう。葵の上亡き後、光源氏が最も愛した女性。

末摘花
没落貴族の娘。不美人ゆえに(鼻が赤い)、末摘花と呼ばれる。

25

Text Notes

The episodes included in this book are based on Chapters 1, 2, 4, 5-10, and 12 of the novel *Genji Monogatari* by Murasaki Shikibu (Tō-no-Shikibu), generally known in English as *The Tale of Genji*. They cover the period from Genji's birth to his twenty-fifth year. The original Japanese titles of the chapters are: 1. *Kiritsubo*; 2. *Hahakigi*; 4. *Yūgao*; 5. *Wakamurasaki*; 6. *Suetsumuhana*; 7. *Momiji no Ga*; 8. *Hana no En*; 9. *Aoi*; 10. *Sakaki*; 12. *Suma*. There are also some references to the 10th-century *Kokinshū* poetry anthology, *Murasaki Shikibu Nikki* (Murasaki's diary), and *Sarashina nikki*, a diary written some years later by a noblewoman generally called Lady Sarashina in English (Takasue's Daughter in Japanese) who read *Genji monogatari* as a young girl.

Genji Monogatari was written in the 11th century during Japan's Heian Era. The dates used at that time were according to the lunar calendar, which was between seventeen and forty-five days earlier than the solar calendar (e.g. the 'Second Month' was what we now call March or April). The day was divided into twelve 'watches' named after one of the animals of the Chinese zodiac. For example, the 'Watch of the Monkey' was roughly from 3 p.m. to 5 p.m. Each watch had four thirty-minute-long 'quarters.'

The ages of the characters follow the traditional Japanese counting method, whereby everyone becomes one year older on New Year's Day (which occurred in late January or February). New Year's Day was regarded as the first day of spring. Summer, autumn and winter began on the first days of the Fourth, Seventh and Tenth months.

Murasaki Shikibu rarely used personal names in her novel, but referred to people by their rank or family connections. The names that appear in this book are basically those commonly in use for her characters in Japan today (e.g. Aoi, Fujitsubo, Murasaki). As a guide to pronunciation, macrons have been added to indicate long 'o' and 'u' sounds (e.g. Tō-no-Chūjō, Shōnagon). All the place names in the book are real. Heian-kyō is now called Kyoto.

本文について

　本書に収録されているエピソードは、一般に英語では *The Tale of Genji* として知られている紫式部(藤式部)が書いた小説『源氏物語』の第1帖、第2帖、第4帖、第5帖から第10帖、第12帖に基づいており、源氏の誕生から25歳までを描いている。各章の元の邦題は、第1帖：桐壺、第2帖：帚木、第4帖：夕顔、第5帖：若紫、第6帖：末摘花、第7帖：紅葉賀、第8帖：花宴、第9帖：葵、第10帖：賢木、第12帖：須磨である。また、十世紀の『古今集』や『紫式部日記』、少女時代に源氏物語を読んだ、英語ではLady Sarashinaと呼ばれる貴族の女性、菅原 孝標 女 (すがわらのたかすえのむすめ)が数年後に書いた日記『更級日記』への言及も行っている。

　源氏物語は平安時代の十一世紀に書かれた。当時使われていた日付は太陰暦(旧暦)によるもので、太陽暦よりも17日から45日早かった(例えば、「第二の月」は現在の3月または4月ごろにあたる)。一日は十二支の動物 (子・丑・寅・卯・辰・巳・午・未・申・酉・戌・亥)にちなんだ12の「刻(時辰、辰刻、時とも呼ぶ)」に分けられていた。例えば、「申の刻」は午後3時から午後5時までを表し、一つの刻(いっとき)は30分ごとに4等分されていた。

　登場人物の年齢は日本の伝統的な数え方に倣っている。よって、(1月下旬か2月にやってくる)元旦に、誰もが一つ歳をとることになる。元旦は立春、つまり春の始まりとみなされていた。ちなみに夏、秋、冬は、それぞれ四番目の月、七番目の月、十番目の月の最初の日に始まった。

　紫式部は小説の中で実名はめったに使わず、その人たちの身分や家格で呼んだ。例えば、葵、藤壺、紫など本書に登場する名前は、基本的に現在の日本で一般的に使用されているものである。発音の手引きとして、例えば、頭中将(とうのちゅうじょう)や少納言(しょうなごん)など長音の「お」と「う」の音を表す長音記号を付け加えた。本書に登場する地名はすべて実在する。平安京(へいあんきょう)は今日、京都(きょうと)と呼ばれている。

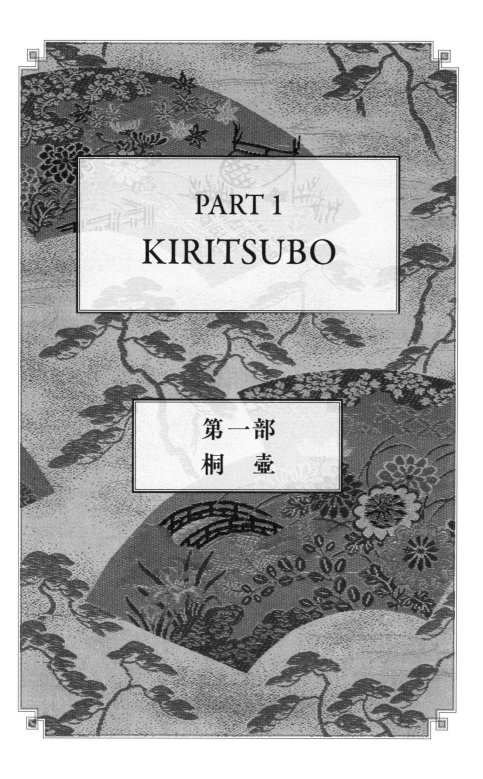

PART 1
KIRITSUBO

第一部
桐　　壺

1

The fourth quarter of the Watch of the Monkey one day late in the Second Month of a year early in the 11th century…

A small procession of palanquins—each carried by two bearers and containing one passenger—moves its way slowly along the Tōkaidō highway not far from the southern shore of Lake Biwa. When it reaches the Seta Bridge, the bearers stop for a short rest.

The woman in the first palanquin lifts the blind to look out across the gray waters of the huge lake. She was hoping to observe a nice sunset, but the sky is full of dark clouds. It looks as if there will soon be a storm.

Ah… Biwa is more like the sea than a lake! Is it really the shape of a biwa lute? 'Biwa' is also the name for a loquat fruit, but maybe that has nothing to do with the lake's shape—although Biwa is the name of the new mansion of Grand Chancellor Fujiwara Michinaga, my fifth cousin! Well, whatever people say the lake looks like, I prefer to think of it as a major force of nature—a kind of mother figure supporting the whole region with its valuable water and fish. And because of its lovely scenery it has long been a great source of inspiration to artists and writers… Oh, how much I would love to visit the top of nearby Mt. Hiei to get a view of the lake from a height, but women are not allowed to climb it!

She is only in her late twenties, but already a widow. Her name is Tō-no-Shikibu—or, rather, that is what everyone calls her. 'Tō' is simply another way of saying the character *fuji* in Fujiwara, the clan name; it means 'wisteria.' At least the flower is the violet color that

十一世紀初頭のある年の二番めの月の下旬のある日の申四つ（＝午後4時30分ごろ）……

　琵琶湖の南岸からさほど遠くない東海道を、それぞれ二人の担ぎ手が一人の客を乗せた小さな輿の行列がゆっくりと進んでいく。瀬田橋に着くと、担ぎ手たちは小休止をとった。

　一番目の輿に乗った女性が簾を持ち上げ広大な湖の灰色の水面を見渡す。素敵な夕日を期待していたのだが、空は暗い雲に覆われている。まるでもうすぐ嵐になりそうな空模様だ。

　ああ……琵琶湖は湖というより海のようだ！　本当に弦楽器の琵琶の形をしているのだろうか？　枇杷の実も「びわ」と呼ぶが、たぶん琵琶湖の形とは関係ないだろう。とはいえ私の五番目のいとこにあたる左大臣藤原道長の新たな邸宅の名前も「枇杷」だ！　まあ湖がどんな形をしていると言われようと、琵琶湖は大いなる自然の力、貴重な水と魚で地域一帯を支えるいわば母親のような存在だと私は考えたい。そして、その美しい景観から、琵琶湖は古くから芸術家や作家たちにとっては偉大な創造力の源である……ああ、近くにそびえる比叡山の頂上にどれほど登りたいことか、そしてその高さから琵琶湖を眺めたい！　でも私は女、登ることは許されていない。

　この女性はまだ二十代後半でありながら、すでに未亡人である。彼女の名は藤式部、というか、人はみな彼女をその女房名で呼んでいる。「藤」は藤原氏の「藤」という漢字の音読みで「藤の花」を意味する。少なくとも彼女が好きな紫色の花だ。「式部」は彼女の父がか

she loves. 'Shikibu' only means 'the Ministry of Ceremonies,' where her father once worked.

Her mind goes back to the brief time she spent with her husband in the special atmosphere of the Imperial court in Heian-kyō—'The Capital of Peace and Tranquility'—just a few miles to the south-west. That period of her life was as transient as the cherry blossoms now being blown from the trees on the slope behind her. His name was Nobutaka and he was much older than her. He was also a Fujiwara—in fact, they were second cousins. They only produced one child, a beautiful little girl called Kenshi, before his tragic death in an epidemic that spread through the city. It was a marriage of convenience rather than one based on love—and he had other consorts—but she still misses his warm presence and his pale, handsome, moon-shaped face with the narrow eyes and little goatee beard.

Tō-no-Shikibu has come with several other court ladies on a pilgrimage to one of her favorite places, Ishiyama-dera, the quiet Buddhist temple in the woods not so far from the lake. It is famous for its seasonal delights—cherry blossoms, hydrangeas, and the harvest moon reflected in the waters of the lake. To her it's not just a place to pray and meditate, but somewhere she can truly relax and think and be herself. She looks up at the swiftly moving clouds…

Ah, life is passing just as fast… Will I ever experience true romance? Hmm. Will I ever marry again? Probably not. Will I have any more children? Unlikely. How will I spend my future? Will I be able to live in the Imperial court? Perhaps I could be a lady-in-waiting or a tutor to some young princess? There are plenty of them! At least I'm a member of a minor branch of the famous

つて勤めた「式部省」にちなんだ呼び名に過ぎない。

　彼女の脳裏によみがえるのは、西南に数キロ離れた「平穏と静寂の都」である平安京の宮廷で夫と過ごした束の間の時間である。その年月は、今、背後の斜面の木からはらはらと飛んでくる桜の花びらのように、はかないものだった。夫は宣孝といい、彼女よりずっと年上だった。彼もまた藤原姓で、実を言うと、ふたりは又従兄妹、生まれた子供は一人だけ、賢子という名の美しい女の子だった。間もなく宣孝は街中に蔓延した疫病によって悲劇的な死を遂げる。ふたりの結婚は愛に基づくというよりは便宜的なものだった。また彼には他にも妻がいた。しかし、藤式部は今でも夫の温かさ、そして細い目と少しばかりのやぎひげを蓄えた色白でハンサムな満月のような丸顔を恋しく思っている。

　藤式部は数人の宮中の女官たちと、お気に入りの場所のひとつである琵琶湖からさほど遠くない森の中にある石山寺に参詣に来た。桜、紫陽花、湖水に映る中秋の名月など、季節の楽しみがあることで有名な静かな寺だ。彼女にとって、ここはひたすらに祈り、瞑想する場所というだけではなく、心からリラックスし、思索し、自分らしくいられる場所でもあるのだ。式部は速いスピードで流れゆく雲を見上げる……

　ああ、人生はあっという間に過ぎていく……私はまことのロマンスを経験できるだろうか？　うーん。再婚することはあるだろうか？たぶんなかろう。再び子供を作ることがあるだろうか？　ありそうにないな。将来はどう過ごすのだろう？　宮廷で暮らせるのだろうか？侍女になるか、若君の家庭教師になるか。若君ならたくさんいる！少なくとも私は有名な藤原家の希少な分家の一員だ。書道や箏など、

Fujiwara family. There are several things I could teach, like callig-
raphy and koto playing. I don't expect anyone would want to learn
about Chinese poetry from me—that's too much of a man's world…
Oh, how my father wished I had been a boy because I picked up Chi-
nese so much faster than my brother, and women aren't supposed to
learn it at all! Yes, that would be a fine way to live. And even a place
like the Biwa Mansion would be a wonderful residence…

As she gazes at the small waves lapping against the beach, she
suddenly remembers the time when she traveled as a teenager with
her father on his way to take up the post of Governor of Echizen, far
beyond the northern end of the lake on the wild Sea of Japan coast.
That was a very different sight, with huge waves crashing against the
rocks and the salt wind blowing strongly.

It is at this moment that the sun breaks through the clouds,
turning the waves into shining jewels. In the constantly moving pat-
terns of the water, Tō-no-Shikibu suddenly sees dozens of ghostly
figures wrapped in many layers of silk, moving like gossamer—the
men and women from the court, tied by threads of romance and
love and duty… And it is at this moment that she knows clearly
what she will do for the rest of her life, however long or short it may
be.

Of course! Even if the romance and marriage and everything
else doesn't come my way, I can imagine them all—I can live in a
world of fantasy! Yes, I'll write a long, long story about these people
from the past. It will be a tale of love, a tale of jealousy, a tale of life
in the Imperial court…
There will be elegant, sensual young women with smooth bodies,
blackened teeth, plucked eyebrows and straight hair that reaches to

教えられることはいくつかある。私から漢詩を学んでみたいと思う人は誰もいないだろうけど。だってそれはあまりにも男の世界という気がする……父上は私が男の子だったらどんなによかったかと残念がっていた。なぜなら私は兄より漢学の習得がずっと早かったから。なのに女がそんなものを学ぶのはもっての外とされている。そうだ、家庭教師や侍女として生活するのもいいだろう。それに枇杷殿のような場所に住むのも素晴らしいことだ……

　浜辺に打ち寄せる小波をじっと見つめながら、彼女はふと、十代の頃、越前守の職に就任する父親と一緒に、琵琶湖の北端のはるかかなたの荒々しい日本海沿岸を旅したときのことを思い出した。あれは、大波が岩にあたって砕け散り強い塩風が吹いている、全く異なる景色だった。

　太陽の光が雲を突き破り、波を輝く宝石に変えたのはこの時だった。絶え間なく動く水模様の中に、藤式部は突然、幾重にも重なった絹に包まれた幽霊のような何十体もの人影を目にする。ロマンスと愛と務めの糸に縛られた宮廷の男と女たちが、まるで蜘蛛の糸のようにうごめいている……そしてこの瞬間、彼女は、自分が余生をどう過ごしたいかをはっきりと知るのである、それがどんなに長くても短くても。

　言わずもがな！　ロマンスや結婚、他の何もかもが自分の思い通りにならなくても、私はそのすべてを空想することができる、ファンタジーの世界に生きることができる！　そうだ、過去の人たちにまつわる長大な物語を文字にする。物語は、愛のはなし、嫉妬のはなし、宮廷生活のはなしになるだろう……
　すべすべした体、お歯黒、抜いた眉毛、床まで届く長い黒髪の優美で官能的な若い女たち、扇子や簾の陰にいつもその顔を半分隠し、詩

the ground, with their faces always half hidden behind fans and bamboo screens, writing poetry and playing go, waiting to make love in the dark, recognizable only by their perfume...

There will be young, handsome men with powdered faces and lacquered headdresses who write fine love poems, dance gracefully to ancient music, hold incense parties, play backgammon, and chase after every beautiful young woman they come across or hear about...

There will be spring picnics and cherry blossom blowing in the wind and moon-viewing parties...

There will be love of all kinds, love affairs that boil up and cool down just like the passing seasons...

Yes, I'll be perhaps the first woman in the whole world to create such a magnificent story, a saga that covers many years and many generations, a tale that will make people gasp with pleasure for at least the next 1,000 years!

What period should it be set in? Some time in the past, but not so long ago...

Where will it be set? In the Emperor's palace in Heian-kyō, of course...

How will it start? How it always starts—with the birth of a baby...a baby boy. He will be the child of the Emperor and his favorite concubine, a woman of great beauty who is hated by all the other women in the Palace because of her low status. And he will grow up to become a shining figure at the court—The Shining One...

Yes, that should be enough to be going on with...

The first drops of rain begin to fall and the palanquins move on

を書き碁を打ち、暗闇で愛の契りを交わすときを待つ、相手が誰かは
まとったお香の香りでしかわからない……

　おしろいを塗った顔に漆塗りの冠をつけた若くてハンサムな男た
ち、みごとな愛の歌を詠み、雅楽に合わせて優雅に踊り、お香の宴を
開き、双六に興じ、出会ったり噂に上る若い美女は一人残らず追いか
ける……

　春の遊山、風に吹かれて舞う桜の花びら、月見の宴……

　さまざまな愛のかたち、移りゆく季節のように燃え上がったり冷
めたりの恋愛模様……
　そう、私は、そんな壮大な物語、何年も何世代も描写した歴史物
語、少なくとも向こう千年は楽しくて読者に息もつかせぬ物語を文
字にする、おそらく全世界で最初の女性になるだろう！

　どの時代を設定すべきか？　過ぎた時代、でもそれほど遠い昔で
はない……
　舞台となる場所は？　もちろん、平安京の帝の宮廷……

　物語はどう始まるか？　すべての始まりは赤ん坊の誕生だ……男
の赤ん坊。その子は帝と彼のお気に入りの更衣の間に生まれる。更衣
はその身分の低さゆえに宮廷の大勢の女官たちから疎まれる絶世の
美女、そして、ふたりの子は成長して宮廷で輝く存在になる、光の君
だ……

　そうだ、とりあえずはそれで十分……

　最初の雨粒が落ち始め、輿の列は荒れ模様の空と今や灰色の湖水

toward the temple, turning their backs on the stormy sky and the now gray waters of the lake. Tō-no-Shikibu's head is whirling with thoughts.

First, I'll offer up prayers to the wooden statue of Kannon, the Goddess of Mercy. Then I'll go to my little room with its distant view of the lake through the pine trees. I'll prepare my writing set at once, and then dip my favorite brush in black ink ready to create the very first words of the saga on a scroll of my favorite type of hand-made paper...

を後にして寺の方向に進んでいく。藤式部の頭の中はさまざまな考えがぐるぐると渦巻いていた。

　まずは木造の観音像に祈りを捧げよう。それから、松林越しのかなたに琵琶湖を望める小さな部屋に入る。ただちに筆記用具を準備し、お気に入りの筆に墨をつけ、お気に入りの手漉き和紙の巻物に物語の最初の文字を書き記す……

2

1. Lady Kiritsubo

"It's a boy!"

Lady Kiritsubo lies back exhausted in the dim room of her mother's house. Many thoughts are racing through her head.

It's a boy! And it's the Emperor's son! And he loves me more than any other woman in the world… Oh, if only I could show him our baby! But that's impossible; it's a custom to wait for a few weeks before an emperor can view his own child…

For a while she lies happily watching the shadows of the bamboo leaves moving on the paper screens. Then her mind returns to the Palace and what will happen when she returns there with her baby.

What horrible things await me then? The only person who can protect me is the Emperor himself. What kind of fun will they make of me, those hard-hearted women who are so jealous of my position? What rude words will they throw at me? How will they treat my little boy? And what will Lady Kokiden, the Emperor's principal wife, do against this new and dangerous rival to her own son?…

She tries to remove these thoughts from her mind.

1. 桐壺の更衣

「男の子です!」

　桐壺の更衣は母の家の薄暗い部屋で疲れ果てて横になっていた。様々な思いが彼女の頭の中を駆け巡る。

　男の子! それも帝の息子! しかも帝は世界中のどの女性よりも私を愛してくださっている……ああ、今すぐにでも帝にこの赤ん坊をお見せすることができたなら! でも、それはできない。帝が自分の子どもをご覧になるまでには数週間待つというのが習わしだから……

　しばらくの間、障子にゆれる笹の葉の影を幸せそうに眺めていた。それから彼女の心は、宮廷と自分が赤ん坊を連れてそこに戻ったときに何が起こるかということに戻る。

　宮中に戻ったらどんなひどいことが待ち受けているだろう? 私を守れるのは帝だけ。帝の私への寵愛に嫉妬する心ない女官たち、あの人たちは私をどんなふうに笑いものにするだろう? どんな無礼な言葉を投げかけてくるだろう? 生まれたばかりの息子にどんな仕打ちをするだろう? そして、帝の正妻である弘徽殿女御は、ご自身の息子にとってライバルとなるこの新たな危険な存在に対してどんな行動をとるだろうか?

　更衣はこのような考えを頭から追い出そうとする。

I must think only of the wonderful fact that my son is alive, and so am I. And I must pray that the Emperor's love for me will never fade, but will continue to be shown to this child even if I myself fade away one day...

"It's a boy!"

At the Palace, the Emperor stands gazing at the clear, cold moon. His heart is filled with two very different emotions: great happiness at the news just arrived about his new son and great fear as to what will happen in the future.

I have loved Kiritsubo as I have never loved any woman before, and I still love her, even though so many of those around me have always been against the whole idea. What does it matter that her rank is not so high? No, my heart will never change! I will love this son as I have never been able to love the children from my arranged marriage to Kokiden... Ah, Kokiden is still indeed a handsome woman, but I have never felt for her the same feelings that I feel for poor Kiritsubo now lying weakly somewhere out there in the city! But Kokiden is my principal wife and she is very powerful. I cannot ignore her...

"It's a boy!"

"It's a boy!"

The whispered news passes as swiftly as the clouds of spring from woman to woman along the polished wooden corridors of the Palace.

"It's a boy!"

息子が生きている、そして私も生きているという素晴らしい事実だけを考えなければならない。それから、帝の私への愛が決して色あせることなく、いつか私自身が消え去ったとしても、この子に注ぎ続けてくださることを祈らなければ……

「男の子です！」
宮廷では、帝が澄み切った冷たい月を見つめながら立っていた。彼の心は二つのまったく異なる感情でいっぱいだった。すなわち、新たな息子についての知らせが届いたばかりの大きな喜び、そしてこの先何が起こるのかという大きな不安である。

桐壺ほど女性を愛したことはないし、彼女への思いは変わらない。だが、私の周りの多くの者たちはずっとこのことをよく思っていない。彼女の身分があまり高くないことがどうだというのだ？　いや、私の心は決して変わらない！　弘徽殿女御との見合い結婚で生まれた子どもたちを愛することはできなかったが、私はこの息子を愛するだろう……ああ、弘徽殿女御は今でもたしかに毅然として美しい女性だが、今、都のどこかで弱々しく横になっている可哀そうな桐壺を想うような感情を抱いたことは一度もない！　しかし、弘徽殿女御は私の正妻であり、とても強い力を持っている。無視することはできない……

「男の子よ！」
「男の子ですって！」
皇子誕生を知らせるささやきが、宮中の磨き上げられた木造の廊下を、女から女へ、春の雲のように足早に通り過ぎていく。

「男の子よ！」

"It's a boy!"

And within minutes the news reaches the finest room of all in the women's quarters, where Lady Kokiden is sitting looking at the illustrations to a book of tales as one of her ladies-in-waiting reads to her.

"Your majesty, excuse me for interrupting, but I have important news to report to you."

"Oh?" replies Lady Kokiden without looking up. "What is it?"

"*That* woman has given birth to a son."

There is a long moment of silence, broken only by the cawing of a crow out in the garden.

"Has she indeed?" Lady Kokiden murmurs at last. "It is not the news I wished to hear. Nor is it important. But I thank you for bringing it."

The messenger leaves and the Emperor's wife stares down at an illustration of a young and handsome prince dancing under the cherry blossom. Her eyes are as cold and shining as the steel of a samurai sword.

「男の子ですって！」

　数分もしないうちに、その知らせは女官宿舎の中でも最も素晴らしい部屋に届く。そこでは弘徽殿女御が座って侍女の一人が読み聞かせをしている物語本の挿絵を眺めている。

　「お后さま、お邪魔して申し訳ありませんが、重要なご報告があります」

　「あら？」弘徽殿女御は顔を上げずに答える。「何なの？」

　「あの女に男の子が生まれました」

　長い沈黙があった。庭にいるカラスの鳴き声しか聞こえない。

　「あ、そう」弘徽殿女御はようやくつぶやいた。「聞きたい知らせではないわ。重要なことでもありません。でも、知らせてくれてありがとう」

　使いの者が去り、帝の正妻は桜の下で踊る若くハンサムな皇子の挿絵をじっと見つめる。彼女の目は、日本刀の鋼のように冷たく光っている。

3

2. First Parting

When Lady Kiritsubo and her baby finally returned to the Palace, the Emperor was filled with joy. Even many of the women had to admit he was a lovely baby.

But Kiritsubo's fears became reality. The Emperor still adored her and kept her by his side as often as possible. Even so, many of the women of the Palace did everything they could to make her life miserable. They hated seeing the Emperor pass their rooms on his way to visit her in the Kiritsubo Wing, and they played tricks on her whenever she went to visit him. They left trash in the corridors where she had to walk and once even bolted the door on a gallery so that she couldn't go anywhere.

At last, the Emperor arranged for her to stay in the room next to his, and the other women grew even more jealous. Kiritsubo gradually grew paler and paler, thinner and thinner.

One year passed… two years… three years… and the baby grew into a beautiful young boy.

It was a custom at the Palace to hold the Trouser Ceremony for three-year-old boys to mark their progress toward manhood. The Emperor made sure that the ceremony for Kiritsubo's child was just as grand as the one he had held for his eldest son. Kokiden, his

2. 初めての別れ

　桐壺の更衣と赤ん坊がようやく宮中に戻ったとき、帝は大喜びだった。多くの女官たちでさえ、赤ん坊はかわいらしい男の子だと認めざるを得なかった。

　しかし、更衣の不安は現実のものとなった。帝は変わらず彼女を熱愛し、できるだけ頻繁に自分のそばに置いた。それでも、宮中の女官たちの多くは、あらゆる手段を講じて更衣の暮らしを悲惨なものにした。女官たちは帝が彼女たちの部屋を通り過ぎて桐壺の御殿(＝淑景舎)を訪ねるのが我慢ならず、更衣が帝を訪ねるたびにいたずらをした。更衣が通る廊下にゴミを放置したり、更衣がどこにも行けないように渡り廊下の戸口に錠をかけることさえあった。

　ついに帝は更衣を自分の隣の部屋(＝後涼殿)に移す手配をした。これが他の女性たちのさらなる嫉妬を招いた。更衣はだんだんと顔色が悪くなり、やせ細っていった。

　一年が過ぎ……二年が過ぎ……三年が過ぎ……赤ん坊は美しい少年に成長した。

　宮中では、三歳の男児の成長を記念する袴着の式を行う習慣があった。帝は、更衣の子の儀式も第一の皇子(東宮)の時と同じように盛大に行うように取り計らった。第一の皇子の母である弘徽殿女御は、そのことをまったく喜ばしく思わなかった。しかし、この幼い男児

mother, was not at all happy about that. But the little boy himself was admired greatly. Many described him as 'a real jewel,' both in his looks and his behavior.

Kiritsubo lies awake under the mosquito net. It is a hot and humid summer night, and sleep is difficult. She stares at the Emperor's back, trying to pluck up courage to speak. She has something very important to say to him, but it is not easy to do.

Suddenly the Emperor turns toward her. He has been finding it hard to sleep as well. He gently strokes her pale shoulder.

"Never leave me, Kiritsubo!" he murmurs.

"My lord," she murmurs back, "you are so kind to me, but, as you know, I am not feeling very well. It is very hard for me to live here in the Palace where so few people like me. Only your love has kept me here. But now I want to ask you to let me return to my mother's house."

The Emperor gazes into her pale eyes, just visible in the early morning light filtering in through the paper screens. A dove is cooing quietly in the plum tree outside.

"My dear Kiritsubo, I understand how you feel and it makes me very sad to see you look so pale and weak. But please stay here with our dear boy. I need you as much as you need me. Let us hope you will feel better as soon as autumn comes. Do not leave me!" There are tears in his eyes.

Kiritsubo nods softly and turns her face away.

The Emperor quietly recites *Song of Everlasting Regret*, written by the Chinese poet Bai Juyi, a poem they both know so well:

はたいへん称賛された。多くの人がその容姿も立ち居振る舞いも
『光り輝く貴石』と評するほどだった。

　更衣は蚊帳の中で目を覚ましたまま横になっている。蒸し暑い夏
の夜、なかなか眠れない。帝の背中をじっと見つめながら、話す勇気
を奮い起こそうとする。帝に大切な話があるのだが、なかなか声を
かけにくい。
　突然、帝が彼女の方を振り返る。彼もなかなか眠れなかったよう
だ。帝は更衣の青白い肩をそっと撫でる。
　「桐壺、決して私のそばから離れないでくれ！」とつぶやく。
　「陛下はお優しい、でもご存知のように、私はあまり気分が優れま
せん。私を好いてくれる人がほとんどいないこの宮中で暮らすのは
あまりにも辛いことです。陛下の愛だけが私をここにとどめてくれ
ました。でももう、母の家に戻ることをお許しいただきたいのです」

　帝は、障子越しに差し込む早朝の光に照らされた更衣の青白い瞳
を見つめる。外の梅の木では一羽の鳩が静かに鳴いている。

　「ねえ桐壺、気持ちはよくわかる。顔色も悪く弱々しいあなたを見
るのはとても悲しい。でも、私たちの愛する息子と一緒にここにい
てほしい。あなたが私を必要とするのと同じくらい私もあなたが必
要だ。秋が来れば、体調もよくなることを祈ろう。私の傍にいてく
れ！」帝は目に涙を浮かべている。
　更衣はそっとうなずき、顔をそむけた。
　帝は静かに、ふたりがよく知る古い歌、白居易の長編漢詩「長恨
歌」の一節を詠む。

Like two birds of a feather, we fly together in the sky;
Like two boughs of a tree, we will live together until we die.

Late summer moves very slowly toward autumn, but Kiritsubo's condition is growing worse every day. She is now very thin and weak and can hardly speak. At last, her mother pleads with the Emperor to let her daughter leave the Palace. He realizes he has no choice.

The day for parting arrives...

"My lord," says Kiritsubo in a faint voice, "let me leave quietly so that I do not have to see anyone."

The Emperor nods. "But I will arrange a carriage for you."

"I will leave our little jewel here with you. This is where he should be, with his father."

The Emperor nods again. "But still I do not want you to go, Kiritsubo. We promised each other that we would stay together right to the end."

Kiritsubo smiles weakly and murmurs a poem:

I must leave and take the path we all must tread,
But how much more I would hope to live instead!

Her voice can now hardly be heard, and the light seems to be fading from her eyes.

The Emperor cannot speak.

And so, Lady Kiritsubo left the Palace and the man she loved and the child she adored... for ever. It was impossible for the Emperor to sleep. He sent a messenger to report on Kiritsubo's condition.

> *天に在っては比翼の鳥*
> *地に生まれれば連理の枝*

　晩夏はゆるやかに秋に向かっていたが、桐壺の更衣の容態は日に日に悪化していった。やせ細り、衰弱し、話すこともままならない。ついに更衣の母は娘を宮中から退出させるよう帝に懇願する。帝は選択の余地がないことを悟る。

　別れの日が来た……
「陛下、誰にも会わないように、静かに下がらせてください」更衣は消え入りそうな声で言う。
　帝はうなずく。「だが、牛車を手配しよう」
「私たちの小さな宝は置いてまいります。あの子がお父さまと一緒にいるべき場所はここなのです」
　帝は再びうなずく。「でも桐壺、やはりあなたには行って欲しくないのだよ。私たちは最後まで一緒にいようと約束したのだから」

　更衣は弱々しく微笑み、かすかにささやく。

> *限りとて別るる道の悲しきに*
> *いかまほしきは命なりけり*

　更衣の声はもうほとんど聞こえず、瞳からは光が消えていくようだ。
　帝は言葉を失う。

　こうして桐壺の更衣は、愛する男性、そして大切にしていた子どもを後に残し宮廷を去った……永遠に。帝は眠れなかった。帝は更衣の様態を報告させるために使いの者を送った。恐れていた知らせ

The dreaded news came at dawn. Lady Kiritsubo had set out on her final journey all alone.

The Emperor could not stop crying as he stared across the garden at the paulownia tree that bore his lover's name—*kiri*.

He asked for his young son to be brought to him. With tears flowing down his face, he said, "My dear boy, your gentle mother is no longer with us. She was a true flower. She was my dearest love and your loving mother. And we will remember her goodness forever. You must go to your grandmother's house to pray for her."

The boy was too young to understand what was happening. But he knew that people often cried when they parted, and this time everyone was crying so much there must have been a very big type of parting. He looked up into his father's tear-filled eyes, and his own eyes grew wet with tears.

It was the first great parting of his life.

は夜明けに届いた。桐壺の更衣はたった一人で最後の旅に出てしまったのである。

帝は、愛した人の名前、桐、と同じ名を持つ庭の桐の木をじっと見つめながら、涙が止まらなかった。

彼は幼い息子を連れてくるよう頼んだ。そして涙を流しながら、「愛する息子よ、お前の優しいお母さんはもういない。お母さんは愛らしく美しい花だった。私の最愛の女性であり、あなたの愛情深い母親だった。私たちは親切で優しくて善良なあの方をいつまでも忘れてはいけない。お前はお祖母さんの家に行ってお母さんのために祈らなければならない」

少年は幼すぎて、何が起こっているのか理解できなかった。しかし、人が別れるときによく泣くことは知っていた。そしてこのときは誰もが大泣きしているからきっと大変な別れがあったに違いないと思っていた。少年は涙にあふれる父親の目を見上げた。すると自分の目も涙で濡れてきた。

それは少年の人生で初めての大きな別れだった。

4

3. The Shining One

Time passes, memories fade. The deep snow falls, and then suddenly the buds appear and the plum blossoms defy the cold…

But memories did not fade easily for the Emperor, and all those around him worried whether he would ever recover. When the time came to name the crown prince who would become the next emperor, he would have liked to name Kiritsubo's son instead of Kokiden's, but he knew that would only bring trouble. Kokiden was very happy when it was her seven-year-old son that was chosen.

As for Kiritsubo's boy, he was growing fast. At last, he returned to the Palace from his grandmother's house, which remained a place of tears. Kiritsubo's mother only wished to follow the path taken by her daughter and seek her out in a better place. And when her grandson was six years old, she finally left this cruel world behind.

The Palace was again plunged into mourning. This time the young boy understood what was happening. He wept long and hard for the grandmother who had looked after him so well and had often told him how sad she would be to leave him behind when the time came.

It was the second great parting of his life.

The boy began to study hard, learning to read the great Chinese

3. 光の君

　時は流れ、記憶は薄れる。深い雪が降り積もり、そしていきなり蕾が顔を出し、梅の花は寒さをものともしない……

　しかし、帝の記憶は簡単には消えず、周りの者は彼が果たして立ち直れるのかどうか心配した。次期天皇となる皇子を指名する時が来たとき、弘徽殿女御の息子ではなく桐壺の更衣の子にしたかったが、それはトラブルを招くだけだろうとわかっていた。弘徽殿女御は、選ばれたのが自分の七歳の息子だったことをたいそう喜んだ。

　更衣の息子はすくすくと育っていた。彼はようやく涙の絶えない祖母の家から宮廷に戻った。更衣の母は娘のたどった道を行き、今より良い場所で彼女を捜し出す、それだけを願った。そして孫が六歳になったとき、彼女はついにこの残酷な現実の世界を後にした。

　宮廷は再び喪に服した。今度は、少年は何が起きているのかを理解した。自分の面倒をよく見てくれて、その時が来たら自分を後に残していくことがどんなに辛いことかとよく話してくれた祖母を思って、少年は長い間号泣した。

　それは少年の人生で二度めの大きな別れだった。

　少年は懸命に学問を始め、優れた漢籍や漢詩の読み方、筆の使い

books and poems and how to write with a brush. His father was amazed to see how well he studied.

When he reached the age of seven, the Emperor asked Kokiden to be kind to him. She accepted; it was difficult for even her to refuse to look after such a lovely boy, who was prettier than her own daughters and no longer a threat to her own son's future.

The young boy played happily with all the ladies, and they taught him many things, such as how to play the *koto* and the *yoko-bue* bamboo flute. He was growing into a fine young man.

Then one day a Korean fortune-teller visited Kyoto and the Emperor sent the boy to meet him. The Korean declared that although the boy had the face of the father of the nation, if he did become emperor one day it might cause a lot of trouble. As for a suitable way to address the boy, he suggested 'The Shining One.'

The Emperor was secretly pleased that the Korean shared his own thoughts. He knew that making the boy a prince would only create many problems with Kokiden and her family. So he decided his son would be given the name 'Genji,' meaning he was now a member of the great Minamoto clan and not an imperial prince.

方を学んだ。彼の父は、その勉強ぶりを見て驚嘆した。

　少年が七歳になると、帝は弘徽殿女御に少年に対して優しくする
よう頼んだ。彼女は受け入れた。自身の娘たちよりも可愛らしくて
とても愛らしい男の子の世話を断るのは、さすがの弘徽殿女御にと
っても難しいことだったからだ。それにもはや自分の息子の将来を
脅かす存在でもなかった。
　少年は女官たちと楽しそうに遊び、琴や横笛の吹き方などいろい
ろなことを教わった。彼は立派な青年に成長していった。
　そしてある日、高麗人の占い師が京都を訪れ、帝は少年をその占
い師に会わせた。その占い師は、この子は国家の父となる人相はし
ているが、いつか天皇になったならさまざまなトラブルが起こるか
もしれない、と断言した。少年にふさわしい呼び方については、占い
師は「光の君」を提案した。
　帝は、高麗人が自分と同じ考えであることを内心喜んだ。この子
を皇子にすれば、弘徽殿女御やその一族との間に数々の問題を引き
起こすだけだとわかっていたからだ。それで、息子には「源氏」とい
う名前を与えることにした。つまり、少年は今や皇子ではなく偉大
な源姓（みなもとせい）の一員になるということだ。

5

4. Wisteria

The seasons come and go with their particular charms, and the moss grows slowly on the temple tombstones…

But still the Emperor could not forget his great love for Kiritsubo. None of the many women he met seemed to come anywhere near her in terms of looks or of charm.

Then one day he heard talk of the great beauty of the fourth daughter of the previous Emperor, and he was told that she looked very much like Kiritsubo. He asked for the young princess to be brought to the Palace at once, but her mother knew very well what had happened to Lady Kiritsubo and she refused the request. The Emperor realized he would have to wait.

However, the princess's mother fell ill not long after and passed away. The Emperor informed Prince Hyōbukyō, the girl's elder brother, that he would be happy to welcome her into his family and would treat her just like one of his own daughters. The prince decided that it would indeed be a good idea for his sister to move to the Palace.

When the Emperor first saw the young woman, he was unable to speak for a few moments. He couldn't believe his eyes; she looked so much like Kiritsubo!

58

4. 藤の花

四季は折々の風情とともにやって来ては去っていく、そして寺の墓石にはゆっくりと苔が生え……

だが、依然として帝は桐壺の更衣への大きな愛を忘れることができなかった。彼が出会った多くの女性たちの誰一人として、容貌や魅力の点で更衣に近づける人はいなかったようだ。

そんなある日、彼は先帝の四女の美貌を耳にした。そしてその人が桐壺の更衣に非常によく似ていると聞かされた。帝はその若い内親王をすぐに宮廷へ連れてくるよう求めたが、彼女の母親は桐壺の更衣に何があったかをよく知っており、その要求を断った。帝は待たなければならないことを悟った。

しかし、内親王の母親は間もなく病に倒れこの世を去った。帝は、内親王の兄である兵部卿宮に、内親王を宮中に迎え入れ、自分の娘たちと同じように世話をしたいと伝えた。宮は、妹が宮中に上がるのは確かによい考えだろうと判断した。

帝は、初めてその若い女性を見たとき、しばらくの間、言葉を発することができなかった。自分の目を疑ったほど、その人は桐壺の更衣にそっくりだった！

And because she's a young woman of high rank, she will never have to suffer all those troubles that killed poor Kiritsubo…

And so the sixteen-year-old princess began a new and happier life in the Fujitsubo Wing, that was named after its garden full of *fuji* wisteria. She was known as Princess Fujitsubo.

For the Emperor, it was as though Genji's mother had been born again. His fond memories of her remained as strong as ever, but gradually love was growing in his heart for this new fresh flower that had entered his life.

Now in his eleventh year, Genji was with his father all the time and saw a lot of the new princess, even though she always tried to hide her face from him out of modesty. He was surrounded by ladies who were all eager to become his favorite, but it was not long before he chose Fujitsubo to fill that role. He had been told that she was very much like his mother, whose face, of course, he couldn't remember.

"Please treat Genji kindly," the Emperor told Fujitsubo one day. "He knows that you are like his mother—which is certainly true—and he's very excited about that."

"Yes, your majesty," replied Fujitsubo. "I cannot be his mother, but I will happily be his elder sister!"

And so began a relationship that would become deeper than anything Genji had ever felt before.

The only person in the Palace who was unhappy was Kokiden; Genji was now more beautiful than her son.

　それに、身分の高い若い女性だから、哀れな桐壺を死に追いやった
ようなさまざまなトラブルに心を痛めることは決してないだろう
……

　こうして十六歳の内親王は、藤の花が咲き誇る庭にちなんで名付
けられた藤壺御殿で幸せな新生活を始めた。彼女は藤壺の宮と呼ば
れた。

　帝にとっては、源氏の母が生まれ変わったようなものだった。源
氏の母への懐かしい想いは相変わらず強かったが、自分の人生に新
たに咲いたこのみずみずしい花への愛がだんだんと心の中に芽生え
ていった。

　十一歳になった源氏は、いつも父の傍を離れることがなかったの
で新しい姫宮（＝藤壺の宮）に会う機会が多かった。けれども、この姫
宮は慎み深くいつも彼から顔を隠そうとした。源氏は、彼のお気に
入りになりたいと願う女性たちに囲まれていたが、まもなく源氏は
その座に藤壺の宮を選ぶことになった。姫宮は自分の母親にたいへ
んよく似ていると聞かされていたが、当然ながら、源氏は母の顔は
覚えていなかった。

　ある日、帝は藤壺の宮に言った。「どうか源氏をかわいがってやって
ください。あの子はあなたが母親に似ていることを知っています。そ
れは間違いなく事実で、彼はそのことに心をワクワクさせています」

　「はい、陛下、私は彼の母親にはなれませんが、喜んで彼の姉にな
ります！」と答えた。

　こうして源氏がそれまで味わったことのないような深い関係が始
まった。

　宮中で不満を抱えていたのはただ一人、弘徽殿女御だけだった。
というのも源氏が自分の息子よりも見目麗しくなってしまったから
だ。

"They have even started calling him 'The Shining One'!" she complained to one of her ladies. "And that pretty young thing who spends all her time with him and his father is known as 'The Sunlight Princess.' Why don't they show more interest in *my* dear boy?"

"Oh, they will, your highness," commented the lady. "When your son becomes Emperor Suzaku, *he* will be the one who is shining!"

Kokiden nodded, but she said nothing in reply.

　「みんな彼を『光の君』と呼び始めたわ！」と、弘徽殿女御は女官のひとりに不満をもらした。「そして、彼や彼の父親といつも一緒にいるあのかわいい若い女は『輝く日の宮』と呼ばれている。どうしてみんな私の愛する息子にもっと関心を示さないの？」

　「そうなりますとも、奥さま。ご子息が朱雀天皇におなりになった暁には、輝くのはご子息です！」と、その女官は意見を述べた。

　弘徽殿女御はうなずいたものの、何も答えなかった。

6

5. Manhood

Tiny sprouts soon grow into saplings, and saplings soon grow into young trees, and young trees are soon bearing blossom. And so it is with boys. The moment they cease their childish games, they become young men with all the challenges and responsibilities that manhood brings with it…

Genji had now reached the age of twelve, and the time had come for his grand Coming-of-Age Ceremony. His long childish plaits would be cut and he would start dressing as a man.

The evening before the ceremony, anxious that it should be just as wonderful as the one he had given Kokiden's son, the Emperor hurried here and there in the Palace busily checking all the details: the piles of food for the guests, the presents his son would give them, the clothes he would change into, the scissors for cutting his hair…

A messenger came to tell him that the Minister of the Left, his brother-in-law and top adviser, wished to have a word with him. The Emperor welcomed him in.

"Your majesty, I have come to confirm that all is agreeable about the arrangements we have been discussing for the marriage."

"Yes, Minister, it is indeed. My son is still very young, but I am delighted for him to have such a splendid wife so soon and to join my sister's distinguished family."

5. 成人

　小さな芽はすぐに苗木に成長し、苗木はすぐに若木に成長し、若木はすぐに花を咲かせる。少年たちも同じだ。子供じみた遊びをやめた瞬間、彼らは青年となり、成人することであらゆる難題と責任を背負うようになる……

　源氏は十二歳になり、盛大な元服（＝成人式）を迎える時が来た。子どもらしい長かった三つ編みを切り、大人の服の着用を始めるのだ。

　儀式の前夜、弘徽殿女御の息子のときと同じくらい素晴らしい式でなくてはならないと切望して、帝は宮中のあちこちをせわしなく駆け回り、賓客にふるまう山のような料理、息子が賓客に贈る品々、衣装直しの衣服、断髪用のハサミなどなど、細部までチェックした。

　使いの者がやってきて、義弟で最高顧問の左大臣が帝と話をしたがっていると告げた。帝は左大臣を迎え入れる。

　「陛下、かの結婚に向けた取り決めについて、すべて合意に達していることを確認するために参りました」
　「ええ、大臣、どうも。息子はまだ若いが、あの子がこれほど早くそのような申し分のない妻を迎え、姉（＝三条の大宮）の名家の一員になることを嬉しく思います」

"And we will be honored to have such an addition to our family. My daughter Aoi, even though she is four years older than your son, will show him all the respect that is due to the son of an emperor. Her younger brother, Tō-no-Chūjō, is also looking forward to having a new companion. The preparations are all made."

"Then let us celebrate his wedding immediately after tomorrow's ceremony."

In another part of the Palace, Genji was reading a story to Fujitsubo. He suddenly looked up and saw that there were tears in her eyes.

"What's wrong, dear sister?"

"Tonight, all this comes to an end, my dear Shining One. Tomorrow you will become a man."

"But surely that won't make any difference to us, will it?"

"Oh, I'm afraid it will make a lot of difference. From now on, you will have to treat me just like any other lady. I will sit behind the blinds and you will not be allowed to look at my face. We will never again be together like this."

"But what will I do without you?" asked Genji, his own eyes filling with tears.

"Oh, I think you will behave like a man and you will lead your own life. You will have several wives, you will have children, you will have women breaking their hearts because they love you so much, and you will soon forget the wonderful times you had with your elder sister Fujitsubo."

"No, never!"

"Oh, yes, Shining One, I'm sure you will. Life is like that."

Genji went silent, his head bent. He breathed in deeply. The room was filled with the delicate scent of the woman he loved more than anyone else. It was a scent he would remember forever.

「こちらこそ、このような家族が増えることを光栄に思います。娘の葵は、ご子息より四歳年上ですが、帝のご子息にふさわしい敬意を表することでしょう。弟の頭中将（とうのちゅうじょう）も、新たな仲間ができることを楽しみにしております。すべて準備万端です」

「では明日の元服式が終わったら、すぐさま息子の結婚を祝いましょう」

宮中の別の場所で、源氏は藤壺の宮に本を読んでいた。ふと顔を上げると、姫宮の目には涙が浮かんでいた。
「どうしたの、お姉さん？」
「今夜、すべてが終わるのよ、光の君。明日、あなたは大人の男になるのです」
「だからと言って僕たちは何も変わらないでしょう？」
「あら、残念なことに、すっかり変わるのよ。これからあなたは他の女性と同じように私に接することになって、私は御簾の後ろに座り、あなたは私の顔を見ることができなくなります。こんなふうに一緒にいることは二度とないのですよ」
「でも、お姉さんがいなかったら僕はどうしたらいいのですか？」
源氏は目を涙でいっぱいにして尋ねた。
「あなたはひとりの男性として行動して、自分の人生を歩んでいくの。何人かの奥さんを迎え、子どもを持ち、あなたを愛してやまない女性たちをがっかりさせることもあるでしょう。そして姉の姫宮と過ごした素晴らしい時間もやがて忘れてしまうのよ」

「いいえ、決して忘れない！」
「あら、そうよ、光の君、忘れるわ。人生とはそういうものなの」
源氏は頭を下げて黙り込んだ。そして大きく息を吸い込んだ。部屋は彼が誰よりも愛した女性の繊細な香りに満たされていた。それは彼にとって永遠に忘れられない香りだった。

PART 2
YŪGAO

第二部
夕　顔

It is another hot, still, humid night. In summer, Heian-kyō is like an oven and the evening brings no relief. Tō-no-Shikibu hasn't lit her lamp even though it's already dark; she doesn't want to encourage the mosquitoes or other insects to come flocking in. She's sitting on a thin cushion at her little wooden table gazing out at the moonlight reflected in the waters of the pond in the mansion garden.

So romantic, so mysterious, so beautiful… But this is also the season of spiders and frogs and strange insect calls in the night, the season of ghosts…

Genji must experience something to do with this season. How about the gourd I saw somewhere downtown last week—yūgao, 'evening faces', moonflowers? Yes, that's the plant; a humble flower not found in court gardens. It's the opposite of its sister, the asagao, the morning glory, that only blooms briefly in the morning and then closes up shop before noon…

Genji will go for a ride and he will not only find flowers but also a hidden beauty…and perhaps have a scary midsummer night's dream as well…

今日も蒸し暑い夜だ。夏の平安京はまるでかまどのようで、夕方になっても暑さが和らぐことはない。もう外は暗いのに、藤式部はまだ灯台に火をともしていない。蚊などの虫が寄ってくるのを避けたかったのだ。小さな木机に薄い座布団を敷いて座り、庭の池の水面に映る月明かりを眺めている。

　とてもロマンチックで、とても神秘的で、とても美しい……でも、この季節はクモやカエル、奇妙な夜の虫の鳴き声、幽霊の季節でもある……

　源氏はこの季節に因んだ体験をしなくてはならない。先週、街中で見かけたうりはどうだろう。夕顔、夜の顔、ヨルガオ？　そう、その植物だ。宮中の庭では見かけない地味な花。その姉妹、午前中にほんの少しだけ咲いて昼前には店じまいするアサガオとは正反対の花……

　源氏は牛車で出かけ、自然の花々に触れるだけでなく隠れて暮らす美しき女性に出会うことにもなる……そしておそらく怖い真夏の夜の夢も見るかもしれない……

8

6. A Wild Carnation

The rainy season...getting hotter and more humid every day, the plants and trees in their large pots growing fast, the insects busy, the mold growing everywhere, and rainy day after rainy day...

Genji is sitting in the room that was once his mother's in one wing of the Imperial Palace. He is idly looking through some of the love poems he has collected over the past five years. He looks up and stares for a few minutes across the gravel garden as he sips from a cup of sake. He watches the rainwater making its steady way down the chain of metal rings that leads from the gutter to the gravel below.

Somewhere in the buildings over there is the woman who still means more to me than anyone else—Father's young wife, the woman I can now never see. I hear her talking behind the screens, at Father's request I sometimes even accompany her koto-playing with my flute, and just occasionally I catch a hint of that special scent in the air... But that's all!

Genji's mind wanders back over the past five years.

Hah... Married at twelve to my sixteen-year-old cousin! What kind of a marriage was that? It made most people very happy,

6. 撫子
なでしこ

　季節は梅雨……日毎に蒸し暑くなり、大きな鉢植えの草木はぐんぐん成長し、虫たちは忙しそうに動き回り、カビがあちこちに生え、来る日も来る日も雨……

　源氏は、かつて母が住んでいた宮廷の局（＝淑景舎）に座っている。しげいしゃこの5年間で集めた恋の歌にぼんやりと目を通している。ふと顔を上げ、盃を傾けながら砂利を敷いた庭の向こうをしばしじっと見つめる。雨樋からその下の砂利につながる金属製の鎖樋を間断なく落ちていく雨水を眺めている。

　あの向こうの建物のどこかに、今でも私にとって誰よりも大切な女性がいる。その人は父の若い妻、今はもう会うことを許されない女性。御簾の向こう側で話す彼女の声を聞いたり、時に父に頼まれて横笛で彼女の琴の伴奏をすることも、そしてたまにほのかに漂うその特有の香りをとらえることもある……でもそれだけだ！

　源氏の脳裏にこの5年間がよみがえる。

　ああ……16歳のいとこと12歳で結婚！　いったいどんな結婚だったのだろう？　ほとんどの人たちは大喜びだった。とりわけ葵の上

especially Father—who is Aoi's uncle—and her father, the Minister of the Left, because he preferred me to my half-brother, the Crown Prince whom he had once thought she might marry. The only people who have never been very happy with the arrangement are Aoi and me!

From the start, they had hardly ever even talked to each other. Aoi thought Genji was too much of a baby and she felt ashamed to be the wife of such a silly boy. Genji found her much too aloof and difficult to talk to, however beautiful she was—and she certainly was beautiful. He spent more time at the Palace than he did with Aoi and her family in the Third Ward. But nobody seemed to mind much about that.

Then his father arranged for Kiritsubo's house in the Second Ward to be rebuilt for Genji, and it was now a fine place with a lovely garden and boating pond. But Genji hardly ever went home, and Aoi still lived with her parents. All he could think about was how wonderful life would be if only he could live in his house with Fujitsubo…

Around the same time Genji got married, Tō-no-Chūjō married one of Kokiden's sisters, the fourth daughter of the Minister of the Right. That was another good arrangement for both families. Tō-no-Chūjō was a bright, handsome young man with similar interests to Genji, and the brothers-in-law soon became the closest of friends, studying and playing together. In fact, they both spent far more time with each other than with their wives.

As they grew older, they began to spend more time with the young ladies all around them, enjoying the freedom and passion of youth. They sang, they danced, they played music, and they wrote

の叔父にあたる父上と彼女の父親である左大臣は。なぜなら左大臣は葵の上の結婚相手として一度は考えていた異母兄の皇太子(＝東宮)よりも私を好んだからだ。この取り決めに満足していないのは、葵の上と私だけだ！

　当初から、ふたりはめったに口もきかなかった。葵の上は源氏をあまりに赤ん坊過ぎると思っていたし、そんな愚かな男の子の妻であることを恥ずかしく思っていた。葵の上は確かに美しかったのだが、いくら美しくても、あまりにつかみどころがなくて、源氏には話しにくい女性だった。彼は、三条にいる葵の上や彼女の家族たちよりも御所で過ごすことの方が多かった。しかし、誰もそのことをあまり気に留めてはいないようだった。

　その後、父の計らいで二条にある桐壺の更衣の家が源氏のために建て替えられ、今や素敵な庭と舟遊池のある立派な場所(＝二条院)になった。しかし、源氏はほとんど家に帰らず、葵の上も依然として両親と暮らしていた。源氏の思いは、自分の家で藤壺の宮と一緒に暮らせたならどんなに素晴らしい人生だろう……ということだけだった。

　源氏の結婚とほぼ同じ頃、頭中将が弘徽殿女御の姉妹のひとり、右大臣の四女(＝四の君)と結婚した。これもまた、両家にとって良い取り決めだった。頭中将は明るくて美貌の若者で、源氏と同じような趣味を持っていた。義兄弟はすぐに親友となり、一緒に勉強したり遊んだりするようになった。実際、ふたりはそれぞれの妻たちと過ごすよりも、互いに過ごす時間のほうがはるかに多かった。

　年齢を重ねるにつれて、彼らは周りの若い女性たちと過ごす時間がより多くなり、若さゆえの自由と情熱を楽しむようになった。歌い、踊り、音楽を奏で、たくさんの恋の歌を詠んだ。しかし、源氏は

lots of love poems. But Genji still remained more reserved than Tō-no-Chūjō, mainly because of his hopeless love for Fujitsubo. No woman of any age could match her in any way. Even so, Genji began to break young girls' hearts all over Heian-kyō and his pile of love poems grew and grew.

Tō-no-Chūjō seemed to be able to have affairs without suffering at all, but Genji always found himself in difficult relationships. And he found it impossible to ignore a woman even when their relationship cooled off. Now he had a new secret lover in the Sixth Ward, a woman of high status, a woman of great experience, talent and passion. She had been very hard to approach at first, but now she seemed to want him with her all the time, and he found it hard to stay away from her…

"Ah, going through all your lost loves again?" It's the cheerful voice of Tō-no-Chūjō.

"Not much else to do on a day like this."

"You're right. Well, actually there are much better things to do, but I felt like coming round for a chat with you instead! So, can I have a look at some of your letters?"

"Well, I suppose you can see *some* of them, but certainly not *all* of them!"

"Ah, but it's the ones you *don't* want to show me that I want to see—those from jealous women, the ones who sit up all night looking at the moon as they wait for handsome young Genji to come rolling along in his carriage!"

"If you show me all of your huge collection first, I'll show you all of mine," replies Genji as he pours out some *sake* for his friend.

"Well, I don't suppose you'd find mine very interesting," says Tō-no-Chūjō, lying down on the floor and glancing through some

いまだに頭中将よりは内向的だった。藤壺の宮への望みのない愛が主な原因である。いかなる年齢の女性であれ彼女にかなう者は誰もいなかった。にもかかわらず源氏は平安京の至る所の若い娘たちをがっかりさせるようになり、恋の歌の山はどんどん大きくなっていった。

　頭中将は女性と浮名を流すことに何の苦もないようだったが、源氏の女性関係はいつも一筋縄ではいかなかった。しかも、関係が冷めてもその相手をないがしろにすることができないのである。今、彼には六条に新たな恋人がいる。身分が高く、経験も才能も情熱もある女性だ。最初はたいそう近寄りがたい存在だったが、今やその人はいつも源氏と一緒にいたいと思っているようで、源氏はその女性から離れがたいと感じていた……

　「おや、また過去の失恋を振り返っているのかい？」頭中将の陽気な声がした。
　「こんな日は、他にすることもないからね」
　「確かに。本当はもっといいことがあるのはあるのだけど、それよりも君に会っておしゃべりがしたくなってね！　で、その手紙を少し見せてもらってもいいかい？」
　「うん、見ていいのもあるけど、全部はだめだよ！」

　「ああ、でも私が見たいのは君が絶対見せたくないやつだろうな。つまり、若くてハンサムな源氏が牛車に乗ってやってくるのを待ちながら一晩中眠らずに月を眺めている女、そんな嫉妬深い女性たちからの手紙だよ」
　「先に君の膨大なコレクションを全部見せてくれたら、私のも全部見せてあげるよ」友人に酒を注ぎながら、源氏は答えた。
　「でも私のはあまり面白くないだろうね」と、頭中将は、板の間に横たわり源氏の手紙に目を通しながら言う。「ああ、君、理想の女性

of Genji's letters. "Ah, Genji, how difficult it is to find the ideal woman! That's what I've learned over these few years. Many of them seem perfect at first sight, with a good family and a fine education, but all you see is their strong points. The weak points only appear later. You can never judge a book by its cover!"

"Right. But have you ever found a woman with no good points at all?"

"Who would want to associate with a woman like that?"

"Exactly!" says a loud voice. Two of their friends from the court appear in the doorway—Sama–no-kami and Tō-Shikibu-no-jō. They are both in their early twenties and have a great deal of experience with women.

"Ah, come in, sit down, and join our discussion!" says Genji.

"Thanks. Don't mind if we do!"

"You two have had lots of adventures," says Tō-no-Chūjō. "Please tell us about the different kinds of women you've met."

The two men make themselves comfortable and start giving their opinions on their favorite subject.

"All right. Well, every one is different, certainly! First of all, there are those upper-class women who have been so well looked after that it's difficult to dig out their bad points—but I'm sure you know all about that type. And then there are the lower-class women—well, they're a bit of a mystery because I can never understand what they have in mind! But as for middle-class women—those from families who have plenty of money but are not quite at the top level—they tend to be a little less proud and have many good points, so I would say I prefer them."

"But how hard it is to choose a wife! In fact, one is never enough, because it's impossible to find the ideal woman. We men

を見つけるのはどれほど難しいことか！　それが、ここ数年で私が学んだことだ。女性たちの多くは一見して完璧で、良い家庭を持ち、立派な教育を受けているように見える、が、それは長所しか見えていないってこと。短所は後になって現れるものなんだ。見た目で物事を判断してはいけないってことさ！」

「そうだね。でも、いいところがまったくない女性に出会ったことはある？」

「誰がそんな女性と付き合いたいと思う？」

「まさしく！」と大きな声がする。玄関に現れたのは、彼らの宮中の友人ふたり、左馬頭と藤式部丞だ。両者とも二十代前半で、女性経験は豊富である。

「ああ、どうぞ入ってください、一緒に話しましょう！」と源氏。

「ありがとう、僕たちがお邪魔してもいいんですか？」

「お二人には冒険談がたくさんおありだ。これまで出会ったいろいろな女性のことをぜひ教えてください」と頭中将が言う。

　二人はくつろぎながら、得意の話題について意見を述べ始めた。

「いいですよ。まあ、一人一人違うのは確かです！　まず第一に、育ちがよくて悪いところを捜し出すのが難しい上流階級の女性がいる。そういうタイプについてはきっとおふたりはよくご存じでしょう。そして下流階級の女性たち。この人たちはちょっと謎めいている。だって何を考えているのか私にはさっぱり理解できませんからね！　でも、中流階級の女性、すなわち、お金には余裕があるがトップクラスとまではいかない家庭の人たち、この女性たちは、どちらかというとさほどプライドが高くないし、長所もたくさんある。なので私だったらそういう女性がいいですね」

「それにしても、妻を選ぶのは本当に難しい！　実際、一人では足りない。だってその一人が理想的な女性の特徴をすべて備えること

always hope for a wife to be perfect in many ways, but that's never the case!"

"That's right. One woman may be very good at looking after the house, but when it comes to talking, she has nothing to say, and isn't interested in hearing about her husband's work at all!"

"And other women are very good at writing poems and talking, but no good at looking after the house and the family."

"How about a woman who is rather aloof?" asks Genji.

"Well, that can be a good thing. Basically, I think it's best to choose a woman who doesn't demand too much—someone who's rather quiet and steady."

"Yes, but we have to be careful there, too. Some women are very quiet and never complain at all, but in fact they bottle everything up inside. And then suddenly it all comes bursting out, like a volcano erupting, and they run away and become a nun or something like that! And it's all over."

"I think a woman should tell her husband what she thinks about him seeing other women in a subtle way, without getting too excited. That's the clever thing for a woman to do, really, because then he might start feeling guilty and change his ways."

"Yes," says Tō-no-Chūjō, "it's good for a wife to be reasonable and patient even when her husband spends most of his time elsewhere." He's thinking of his sister and Genji, but when he looks round, he realizes Genji is fast asleep. He gives him a gentle push. Genji opens his eyes and smiles. He has been thinking more about Fujitsubo than listening to the chat of his friends.

"I've had some bad experiences," says Sama-no-kami, "with women who were just too jealous."

"I know what you mean. And then there are those who seem to

は不可能だから。我々男たちはいつだって、妻がいろいろな面で完璧であることを望むけど、決してそうはいかない！」

「そのとおり。ある女性は、家事は得意でも、いざ話すとなると何も意見がなく、夫の仕事の話にはまったく興味がない！」

「そして他の女性たちは、歌を書いたり話すのは得意でも、家のことや家族の世話をすることは苦手ときている」

「飄々としている女性はどうですか？」と源氏が問いかける。

「それはいいことかもしれません。基本的には、あまり多くを求めない女性、つまり、どちらかというとつつましく堅実な女性を選ぶのがベストだと思います」

「でも、それも気をつけないといけない。女性の中にはとてもおとなしく、不平不満など一切言わないが、実は何もかも心の中に溜め込む人もいる。そして突然、火山が噴火するようにすべてが爆発し、家を出ていって、修道女か何かになってしまう！　そうなるとすべておしまい」

「女性は、夫が他の女性と会っていることについてどう思うかを、あまり熱くならず、さりげなく夫に伝えるべきだと思う。そうするのが女性として賢いことだと思う。だってそうすれば、夫は罪悪感を持つようになり、自分のやり方を変えるかもしれませんからね」

「ええ、夫がほとんどの時間を他の場所で過ごしているときも、妻は理性的で忍耐強くあるのがよいですね」と、頭中将が言う。自分の妹と源氏のことが彼の頭にあったのだが、ふと見ると源氏はぐっすりと眠っている。頭中将が源氏の背中をそっと突くと源氏は目を開けて微笑んだ。源氏は友人たちのおしゃべりを聞くよりも藤壺の宮のことを考えていたのだ。

「あまりに嫉妬深い女性たちに嫌な思いをさせられた経験があります」と、左馬頭が言った。

「そういうことあるよね。それから誠実で優しくて、あなただけを

be faithful and tender and only in love with you, and then it turns out that *any* man will do!"

"You two are much younger than me," says Sama–no-kami, "so I advise you to be very careful with women who seem too eager."

"Let me tell you a story about a woman I loved dearly," says Tō-no-Chūjō. "We had a secret relationship and I grew more and more fond of her. And even if I didn't see her for some time, she never seemed to suffer from jealousy. I admit I sometimes did bad things, but she never complained, perhaps because her parents had died and she was all alone. Then two things happened. First, and I didn't know about this until later, my wife somehow found out about her and started sending her messages that caused a lot of pain. Then, second, she gave birth to a daughter—*my* daughter. I hadn't seen her for some time when one day she sent me a poem along with one wild carnation:

> *The mountain fence may crumble to the ground*
> *But on this sweetest flower may dew abound.*

"Of course, I rushed over to see her. She seemed very quiet and calm as usual, living in a poor house with an overgrown garden. The carnation in her poem referred to her daughter, but I wanted to say how much I treasured our love that had created her, so this was my reply:

> *Although so hard to choose amongst the flowers*
> *The finest gave life to this carnation of ours.*

愛しているように見えるが、実はどんな男性でもよい、という女性
たちもいる！」

　「おふたりは私よりずっとお若い。だからあまりに熱心すぎる女性
には十分に気をつけた方がいいですよ」と、左馬頭が言う。

　「私が心から愛した女性の話を聞いてください」と、頭中将が話し
始めた。「私たちは公にできない関係を持ち、私は彼女のことをどん
どん好きになりました。しばらく会わなくても、彼女は一度も嫉妬
に苦しむ様子など見せませんでした。確かに私がときどき悪いこと
を行うこともあったのですが、彼女は決して不満を言わなかった。
おそらく両親を亡くして一人ぼっちだったからでしょう。その後、
二つの出来事がありました。まず、後になって分かったのですが、私
の妻がどういうわけか彼女の存在に気づいてしまい、ひどく苦しめ
るようなメッセージをその人に送り始めたのです。そして次に、彼
女は娘を出産しました、私の娘です。しばらく会っていなかったが、
ある日、彼女は一編の歌に1本の撫子を添えて送ってきました。

　　　山がつの垣は荒るともをりをりに
　　　哀れはかけよ撫子の露

　「もちろん、私は急いで彼女に会いに行きました。彼女はいつもの
ようにとても静かで穏やかで、草木の生い茂った庭がある貧しい家
に住んでいました。彼女の歌の中の撫子は、娘のことを指していた
のですが、私は娘をつくった自分たちの愛をどれほど大事に思って
いるか伝えたかったので、このような返事をしました。

　　　咲きまじる花は何れとわかねども
　　　なほ常夏にしくものぞなき

"And her reply was:

The sleeve that keeps the flower pure is wet
And autumn follows storms impossible to forget.

"I suppose the storms referred both to my behavior and the messages she'd received from my wife. She cried a little as she spoke, but she seemed calm enough. I went away relieved that she wasn't full of anger. I didn't see her again for a while, but then when I next went to visit her, she'd disappeared. If only she'd been stronger toward me and showed more jealousy, then I might have been with her more often. That's the way we men are, isn't it? In a way, her strength was her weakness. Since then, I've had no success finding either her or the wild carnation, my lovely little flower of a daughter…" He is almost in tears.

The other three young men nod silently.

そして彼女の返歌は、

> 打ち払ふ袖も露けき常夏に
> 嵐吹き添ふ秋も来にけり

「嵐とは、私の行動と私の妻から受け取ったメッセージの両方を指していたのでしょう。彼女は話しながら少し涙をこぼしたが、とても穏やかな様子でした。私は彼女が怒りに満ちていなかったことに安心し、帰ってきました。その後、しばらく会わなかったが、次に会いに行くと、彼女は姿を消していた。彼女がもっと強い態度で、もっと嫉妬心を見せてくれさえしていたら、私はもっと彼女と一緒に過ごしていたかもしれない。男はみんなそういうものですよね？　ある意味、彼女の長所は彼女の短所だった。それ以来、私は彼女も、撫子の花である私のかわいい娘も見つけることができないままなのです……」中将はほとんど涙ぐんでいた。

聞いていた若者三人は無言でうなずいた。

9

7. The Sixth Ward

Lady Rokujō paces up and down her veranda in the center of the city, her emotions as wild as ever. Her dark eyes—almost as black as her teeth—flash. It is a very still and humid evening and her skin is wet with sweat under her thin silk robe.

She is annoyed with herself for not being able to stay still simply because all she can think about is the arrival of her teenage lover.

Oh, how much I want to smell his perfume again and feel his long, cool fingers on my hot skin!

When he first come to talk to her, full of kind words and fine poetry, she was very happy that such a young and noble man should be interested in the widow of his uncle, a former crown prince. But she resisted his approaches as hard as she could. After all, he was several years younger than she was, and he not only had a wife of his own already but probably many young lovers as well. She knew how passionate she could be and she didn't want to get involved with him. She didn't want to be just one of his women to be visited whenever he felt like seeing her. If she had a man in her life again, she wanted him to be *hers*, and hers alone—she didn't want to share. She knew how jealous she could become and that jealousy is a very dangerous emotion that can only have negative effects.

7. 六条

六条御息所(ろくじょうのみやすどころ)は、都の中心にある自宅の縁側を行きつ戻りつしている。気分は相変わらず激しい。歯と同じくらい黒い目がぎらぎらと光っている。まったく風のないむしむしする夜で、薄い絹の部屋着をまとった肌は汗でじっとりしている。

ただ考えるのは年下の恋人の到着ばかり、という理由だけでじっとしていられない自分に苛立っているのだ。

ああ、もう一度あの香りを嗅ぎたい、そしてあの長く冷たい指を私の熱い肌に感じたい！

源氏が優しい言葉と素晴らしい歌をいっぱい並べて最初に話しかけてきたとき、六条御息所は、そんな高貴で若い男性が彼の叔父である前東宮(＝故前坊)の未亡人などに関心を抱いてくれたことを、とても嬉しく思った。だが、彼女は彼のアプローチを懸命に拒んだ。なにしろ源氏は数歳も年下で、すでに自身の妻がいるだけでなく、おそらくは若い恋人もたくさんいただろう。自分が多情多感であることを知っていたので、源氏と関係を持ちたくはなかった。要するに、彼が会いたくなればいつでも訪ねてくるような、そんな女の一人にはなりたくなかったのだ。もし自分の人生で再び男ができるなら、その人を自分のものにしたかった。誰とも共有しない彼女だけのものに。自分がどれほど嫉妬深くなるかが分かっていたし、嫉妬というものが負の影響しかもたらさないとても危険な感情であることも知っていた。

But in the end he had won her over. She just couldn't resist his many attractions. And so one night he found his way behind her curtain and into her arms… It was the most beautiful night of her life.

But where is he tonight?

She's expecting him to visit, but it's already very late.

Has he found some other woman on his way and stopped to play with her? Is he at this moment in the arms of some young girl with only half my charm and beauty and intelligence? If that is so, I will find out. And once I find out, will I be able to control my emotions?…

　だが結局、源氏は六条御息所をとりこにした。彼女は源氏の魅力の数々にただただ抗うことができなかったのだ。そしてある夜、彼はようやく御簾の向こうの彼女の腕の中に入り込む……それは六条御息所の人生で最も美しい夜だった。

　しかし、今夜はどこにいるの?

　彼女は源氏が訪ねてくるのを心待ちにしているのだが、もう時間はかなり遅い。

　来る途中で他の女を見つけて遊んでいるのだろうか?　今この瞬間、私の半分ほどの魅力と美貌と知性しかない若い娘の腕の中にいるのだろうか?　もしそうなら、突き止めてやる。そしてひとたび明らかになったら、果たして私は自分の感情をコントロールできるだろうか……?

10

8. The Fifth Ward

The clear, cool light of the full moon of the Eighth Month shines down on Genji through the small holes in the wooden roof. He has never slept in a simple building like this before and he's finding it a rather exciting new experience. Beside him, curled up like a little white mouse, is the woman whose name he doesn't know. She's still fast asleep.

Genji thinks back on the events that led him to this strange situation...

It all began one evening when he set out from the Palace in a plain carriage intending to visit two women: the first, in the Fifth Ward, was his former nurse—the mother of Koremitsu, his main servant—who was now very ill; and the second was his elegant and passionate lover, eight years older than himself, who resided a little further south in the Sixth Ward.

When they arrived at Koremitsu's house, the gate was closed. Genji sent one of his men in to look for Koremitsu. While he waited, Genji rolled up the blind over the carriage window and stuck his head out. He was sure nobody would recognize him in this area. They were in a rather dirty street lined with small houses in bad condition. The house next door to Koremitsu's was a plain old building; it had wooden boards for a roof, but the fence in front was new. Some of the shutters above the fence were raised and Genji

8. 五条

　八月の満月の澄んだ冷たい明かりが、板屋根の隙間だらけの小さな穴から差し込んで源氏を照らしている。このように素朴な建物で寝るのは今までにないことで、なかなかワクワクする斬新な体験だと思った。隣には、小さな白ネズミのように体を丸くした、名前も知らない女性がいる。その人はまだぐっすりと眠っている。

　源氏は、この奇妙な状況に至ったいきさつを振り返る……

　それはある晩、彼が二人の女性を訪ねようと、簡素な牛車で御所を出発したことから始まった。すなわち、一人めは五条に住む、随身（＝従者）である惟光の母親で源氏のかつての乳母だ。彼女は、そのとき重い病を患っていた。そして二人めは、少し南の六条に住む、上品で情熱的な源氏より八歳年上の恋人だった。

　惟光の家に着くと、門は閉まっていた。源氏は使用人のひとりに惟光を探させた。待つ間に源氏は車の簾を巻き上げ、頭を突き出した。この辺りでは、きっと自分に気づく人は誰もいないだろうと思っていた。そこは、状態のよくない小さな家が立ち並ぶ、かなり汚い通りだった。惟光の家の隣の家は地味な古い建物で、屋根は板張りだが、正面の垣根は新しいものだった。垣根の上の格子戸が何枚か持ち上げられていて、竹簾の向こうから青白い顔をした何人かの女性が外を覗いているのが見えた。

could make out several pale female faces peering out from behind the bamboo blinds.

I wonder who could be living in a place like that? Well, I suppose a home is a home, even if isn't a palace!

Then he noticed that there was a type of vine climbing up the fence; it had bright white flowers that were only half open and seemed to be smiling at him. He smiled back and heard the faint sound of giggling coming from the house. Genji looked around and realized the white flowers were growing all along the street. He had never seen them before, and he mumbled to himself a popular old poem:

> *What flower could this be, so white, so fair?*
> *Enquire of the lady who stands over there!*

"Oh, my lord," said one of his servants at once, "it's a type of gourd that isn't grown in the Palace. It's called *yūgao*—'evening face.'"

"Evening face? Hmm. It's a beautiful name for a beautiful flower. But I feel sorry for these poor things having to grow only in a place like this! I'd like to take some home with me."

The man hurried over to the open gate and started picking some flowers. Just then, a door opened at the front of the house and a young girl in yellow trousers appeared. She handed the man a white scented fan.

"Please put them on this… A simple fan for simple flowers."

"Oh, thank you."

The girl smiled and went back inside.

　誰がこんなところに住んでいるのだろう？　まあ、立派な屋敷でなくとも、家は家なのだろう！

　そして、源氏はつる草が垣根をよじ登っていることに気づいたのだが、そのつる草の半分だけ開いた真っ白な花が自分に向かって微笑んでいるようだった。それで彼も微笑み返すと、家の方からくすくすと微かな笑い声が聞こえてきた。辺りを見回した源氏は、白い花が通りに添って咲いていることに気づいた。今まで見たことのない白い花に、彼は、そこに白く咲いているのは何の花かと問いかける、よく知られた古い歌（＝古今和歌集1007番）をぶつぶつとつぶやいた。

　　　　うちわたす　をち方人に　もの申す我
　　　　そのそこに　白く咲けるは　何の花ぞも

「ああ、殿、あれは宮中では栽培されていない瓜の一種で夕顔という花でございます」と、召使の一人が言った。

「夕顔？　そうか。美しい花にふさわしい美しい名前だ。でも、こんなところだけで育たなければならないとは、この哀れな花が気の毒だ！　少し持って帰りたい」
　男は開いている門に急ぎ、花を摘み始めた。ちょうどその時、家の前の戸が開き、黄色い袴をはいた童女が現れ、男に香を焚きこんだ白い扇子を渡した。

「これに載せておあげなさい……質素な花には質素な扇を」
「ありがとう」
　少女は微笑んで家の中に入っていった。

At that moment, Koremitsu appeared. He took the fan from the man and hurried over to the carriage. "My lord, I must apologize. They couldn't find the gate key! I don't think you'll be recognized around here, but I'm sorry you have had to wait so long in such a dirty street." He handed the fan of flowers to Genji.

"Oh, don't worry," said Genji, "It has been most interesting, and even here I have found beauty!"

Koremitsu led the carriage in through the gate of his house at once. His mother was so happy to see the dear boy she had helped to bring up. But as they talked of the past and she talked of her future beyond this world, the room was filled with tears.

When Genji finally left, he asked one of his men to bring a torch so that he could look at the fan he had been given earlier. It had been heavily scented with an elegant perfume and there was a poem gracefully written on it:

> *How can I be sure of the name that's true*
> *For the evening face gleaming in the dew?*

Genji was now very interested to find out who had written it.

"Koremitsu, do you know who's living next door to you? Have you had a chance to find out?"

"I'm sorry, sir, I've been much too busy looking after my mother."

"Of course. Excuse me asking. But this fan greatly interests me. Please ask around when you have a chance."

"I'll ask my men immediately."

"Thank you."

While Koremitsu was gone, Genji decided to write a reply.

　その時、惟光が現れ、召使から花を載せた扇を受け取り、源氏の車に駆け寄った。「殿、申し訳ございません。門の鍵を見つけられなかったのです！　この辺りでは誰も気づく者はいないとは思いますが、こんな見苦しい通りで長い間お待たせしまして失礼をいたしました」惟光は源氏に扇を手渡した。

　「ああ、心配はいらない。たいそう面白い所だ。ここでも美しいものを見つけたよ！」

　惟光はただちに車を自宅の門から入れた。彼の母親は、養育を手伝った愛しい源氏に会えたことをとても喜んだ。しかし、ふたりが昔話に花を咲かせ、乳母の話があの世のことに及ぶと、部屋は涙に包まれてしまった。

　源氏はついにその場を去ると、先ほどもらった扇を見るために家来の一人に灯りを持ってくるように頼んだ。上品な薫物の香のするその扇には一編の歌が奥ゆかしく書かれていた。

　　　　心あてにそれかとぞ見る
　　　　白露の光添へたる夕顔の花

　誰が書いたのか、源氏は興味津々だった。

　「惟光、君の隣に誰が住んでいるか知っているか？　確認する機会はあったかな？」

　「申し訳ありません、母の世話でとても忙しくしておりましたので」

　「もちろんだ。聞いて悪かった。でも、この扇にはとても興味を惹かれる。機会があれば聞いてみてもらいたい」

　「すぐに家の者に頼んでみます」

　「ありがとう」

　惟光がそこを離れた間に、源氏は返事を書くことにした。

She is obviously not shy, and, judging from her calligraphy, is well educated. But living in a place like this must mean she is from the lower classes. This could be very interesting indeed!

He wrote his poem:

> *The face of the twilight you might better see*
> *Come one step nearer if you feel so free.*

He sent his man off to deliver it to the house.

Koremitsu returned. "All I found out, sir, is that the house belongs to a low-level governor who's away in the country for a while. It seems his wife's sister often stays here."

"Thank you. Perhaps it was her who sent the poem."

Genji waited for a reply. The shutters had now been closed on the front of the house and only a faint light—hardly brighter than the glow of fireflies—could be seen through the cracks. The house now looked rather sad.

The messenger waited and waited, but no reply came. At last he returned to Genji, who told them he would continue on to the Sixth Ward.

The days went by and Genji made sure to look out for the shutters every time he passed through the Fifth Ward. But they were always closed.

Then Koremitsu came to him one day and said, "I have kept a watch on the house and through the fence I've caught sight of several young ladies behind the blinds. Yesterday I saw a beautiful young woman writing a letter. I think she may be their mistress.

　この女性が内気でないのは明らかだ、それに筆跡から判断して教養がある。しかし、このような場所に住んでいるということは下層階級の出身に違いない。これはまことに興味深いことだ！

　源氏はこの歌を書いた。

　　　寄りてこそそれかとも見め
　　　黄昏にほのぼの見つる花の夕顔

彼は家来にその歌を隣のその家まで届けさせた。
　惟光が戻ってきた。「殿、わかったのは、この家が下級官人の所有で、しばらく田舎に出かけて留守にしているということだけです。奥さんの妹がよくお泊まりのようです」
　「ありがとう。おそらく、歌を送ってきたのはその方だろう」
　源氏は返事を待った。家の正面の格子戸は閉ざされ、その隙間から蛍の光ほどのほのかな明かりが見えるだけであった。その家は今、非常に悲しげに見えた。

　使者はずいぶん待ったが返事はなく、ついに源氏のところに戻ってきた。そして源氏はそのまま六条に向かうことを告げた。

　月日が流れ、源氏は五条を通過するたびに格子戸に目を向けるようになった。しかし、格子戸はいつも閉まっていた。

　ある日、惟光が訪ねてきて言った。「あの家に目を光らせておりましたら、垣根越しに簾の向こうに何人かの若い女官たちの姿を見かけました。昨日は美しい若い女性が手紙を書いているのが見えました。その人が女官たちの女主人なのかもしれません。若い女官たち

And it looked as though the young ladies were crying."

"Ah, that is very interesting. Thank you."

Summer moved toward autumn and Genji spent even less time than usual with his wife Aoi and Lady Rokujō. The mystery of the 'evening face' lady remained at the back of his mind…

One day, Koremitsu came with a new report. "It seems that the mistress wants to hide herself away from the world. But I've noticed something which may interest you: the young women all go to the shutters at the front of the house to watch out for passing carriages. The other day they called out to a woman called Ukon that they thought Tō-no-Chūjō's carriage was about to pass. She went running over to look. They didn't seem sure, but they certainly knew the names of some of his servants."

Oh, could she be the woman Tō-no-Chūjō talked about, the one who disappeared? Now that would be interesting!

"Anyway, my lord," continued Koremitsu, "I've become quite friendly with the young ladies, and, of course, I pretend that I know nothing about a mistress being there. I'm sure I can arrange some way to get you into the house…and maybe even into her private room, if that's what you want. But perhaps you should go in disguise with only one or two servants."

And that's exactly what happened.

はまるで泣いているかのように見えました」
「そうか、非常に興味深い話だ。ありがとう」

　季節は夏から秋に移り、源氏が妻の葵の上や六条御息所と過ごす
時間はいつもよりさらに少なくなった。夕顔の謎が心の片隅に引っ
かかったままだった……

　ある日、惟光が新しい報告を持ってやってきた。「かの女主人は世
間から身を隠したがっているようです。でも、殿が興味をお持ちに
なりそうなことに気づいたのです。というのは、若い女房たちは皆、
家の前の格子戸のところに行って、行き交う牛車に目を配っている
のです。先日も、その女房たちが右近という女性に、「頭中将の車が
通りそうだ」と声をかけましたら、右近は走って見に行きました。確
かではなさそうでしたが、女房たちは、頭中将の従者のうち何人か
の名前を間違いなく知っていました」

　ほう、それはもしかしたら頭中将が話していた、姿を消した女性で
はないだろうか。ならば、興味深い！

　「とにかく、殿」と、惟光は続けた。「私はその女房たちとかなり親
しくなりました。もちろん、女主人がそこにいることなど何も知ら
ないふりをしています。もしお望みでしたら、あの家に入れるよう
に……そしてたぶんその方のお部屋にも忍び込めるよう手配できる
かもしれません。ただ、お供は一人か二人だけにして、変装してお出
かけになった方がよろしいかと思います」
　そして、これがまさに現実になったのである。

11

9. Wild Geese

Genji smiles as the mysterious woman curls up close against him—
so quiet, so gentle, so soft, so delicate…

*How many times so far have I visited her in disguise, with my
face part hidden, and always in the dark after everyone else in the
house is asleep? And we still don't know each other's names! She
refers to me as a demon from an old folktale who comes down from
the hills every night—and seems to half believe it's true! I suggest
that she might be a cunning fox in human form, but refer to her
by the name of the flowers that brought us together in the first
place—Yūgao.*

*But why does this woman of much lower status interest me so
much? And why do I think of her all day? I can't find any good
answers. Is it because she demands so little of me, and never tries
to discover my name? But how long can this go on? I'm neglecting
Aoi and Lady Rokujō… And surely she doesn't plan to live in this
strange old house for ever? Could she really be the mysterious woman
Tō-no-Chūjō searched for? If so, she disappeared from him and she
could do it again—no, surely not, if I continue to visit her regularly?
But what about the daughter Tō-no-Chūjō talked about—the 'wild
carnation'? She's said nothing, and I can't ask. Could I take her to*

9. 雁

　源氏は、体を丸くして彼にぴったり寄り添ってくる謎めいた女性に微笑む。とても静かで、とても優しく、とても柔らかく、とてもかよわい……

　これまで何度、顔の一部を隠したまま変装して彼女を訪れたことだろう。いつも人が寝静まったあとの暗闇で。なのに私たちはいまだにお互いの名前を知らない！　彼女は私のことを、山から毎晩降りてくる昔話の鬼と呼んで、しかもそれを半ば信じているように思われる！　私は、彼女のことを人間の姿をしたずるい狐ではないかとそれとなく言うが、呼ぶときは、そもそも私たちを引き合わせた花の名前、夕顔と呼んでいる。

　しかし、なぜこの身分のずっと低い女性にこれほど興味を持つのだろう？　なぜ一日中彼女のことを考えてしまうのか？　適切な答えが見つからない。ほとんどおねだりもせず、私の名前を探り出そうともしないからなのか？　それにしても、いつまでこんな状態が続くのだろう？　私は葵の上や六条御息所をないがしろにしている……それに、いくらなんでも彼女はこの奇妙な古い屋敷にずっと住むつもりではなかろう。果たして彼女は、頭中将が探していた謎の女なのだろうか。もしそうなら、彼女は彼の前から姿を消した、また同じことを繰り返すかもしれない。いや、私が頻繁に訪ねたならば、そんなこともないだろうか？　しかし、頭中将が話していた娘、撫子はどうなのだろう？　夕顔は何も言わないし、私も聞けない。彼女を二

live in the Palace? No, that would too dangerous…

Genji's thoughts are suddenly interrupted by one of the first signs of morning: the voices of neighbors about to head to work.

"Oh, it's freezing today!"

"Yes, the crops aren't going to be much good this year. Business could be bad."

"Come on, wake up! Time to get going!"

"Alright, alright, I'm coming!"

All kinds of other noises start up as well: someone beating clothes, someone opening shutters, someone grinding food…

Couldn't they wait for daylight to come?

Genji gets out of bed slowly and slides open the door to look out across the garden. The bamboo, wet with dew, is gleaming in the moonlight. The autumn insects are singing much closer than Genji has ever heard them before.

Yūgao silently comes up behind him, like a ghost in her pale lavender robe. She holds on to him, her eyes still half closed in sleep.

A flock of wild geese cry out as they fly overhead across the moon.

"Yūgao, let's go away at once to somewhere we can be alone, somewhere quieter than this place…"

"But how can we do that? It would be a very strange thing to do."

"Trust me," replies Genji, turning and holding her tight. "I will look after you. I don't care what other people will think. I know the perfect place and it's not so far away…"

条の院へ迎えるのはどうか？　いや、それは危険すぎる……

　源氏の思考は、朝の訪れの兆しによってにわかに中断される。仕事に出かけようとしている隣人たちの声が聞こえたのだ。
「今日は寒いね！」
「そうだな、今年は農作物の出来があまりよくなさそうだ。商売あがったりかもなあ」
「ほら、起きろ！　出かける時間だ！」
「はい、はい、いま行きますよ！」
　他にもいろいろな音が聞こえてくる。布を打つ音、雨戸を開ける音、食べ物を臼で挽く音などなど。

　　みんな夜が明けるまで待てないものか？

　源氏はゆっくりと寝床から起き上がり、引き戸を開けて庭を見渡す。夜露に濡れた竹が月光に輝いている。秋の虫が、彼が今まで聞いたこともないほど近くで鳴いている。

　淡い紫色の部屋着を着た幽霊のように、夕顔が黙って源氏の後ろから近づく。しがみつく彼女の目はまだ眠たそうに半ば閉じたまま。
　雁の群れが鳴きながら月の向こうの上空を飛んでいく。

「夕顔、今すぐふたりきりになれるところへ行こう、ここより静かな場所へ……」
「でも、どうやって？　そんなことをするのはとうていふつうではありません」
「大丈夫」と答えながら、源氏は振り返って彼女を強く抱きしめた。「私があなたの面倒をみます。他の人がどう思ってもかまわない。ちょうどよい場所がある。ここからさほど遠くない……」

The moon is about to drop beyond the western hills and the dawn chorus is just starting as they arrive at an old villa Genji knows well. He is enjoying the adventure, but Yūgao seems quite frightened to be in such a quiet and lonely place. Ukon, her maid, says nothing, but she feels excited, remembering many night adventures from her past.

The caretaker, who used to work for Genji's father-in-law, welcomes them and he is happy to prepare a room and a simple breakfast of soup, rice, seaweed and radish pickles. They sit waiting in the carriage in the gray light of dawn, Yūgao wrapped in Genji's arms.

When all is ready, they head inside, and it is not long before they are all asleep once more in the silent, deserted place...

　源氏がよく知る古い別荘に到着したとき、月は西の山のかなたに
落ち、鳥たちの夜明けの合唱が始まるところだった。源氏は冒険を
楽しんでいるが、夕顔はそんな静かで寂しげな場所へ来たことに怯
えているようだ。女房の右近は何も言わないが、自身の過去の数々
の夜の冒険を思い出してか、胸をワクワクさせている。

　かつて源氏の義父の下で働いていた家司（＝世話人）は客人を迎え
入れ、ふたりのために喜んで部屋を整え、汁物、ご飯、海苔、大根の
漬物といった簡単な朝食を用意してくれた。夜明けの灰色の光の中、
車の中で待ちながら、夕顔は源氏の腕に包まれていた。

　準備が整いようやく家の中に入る。そして間もなく静まり返った
人けのない場所で、彼らはみな再び眠りについた……

12

10. A Nightmare

The next day passes slowly, Genji and Yūgao in each other's arms, gazing out at the untidy garden and the pond full of weeds. Everything is gray and silent.

"This is a very gloomy place," says Genji, his face still partly hidden, "but there's no need to worry. No ghosts will disturb you here in my arms!"

Yūgao smiles faintly, still wondering why he will not tell her who he is or even show his face.

Genji suddenly realizes that there is no reason to keep his face hidden any longer.

> *We flowers met one evening just by chance;*
> *The gleaming face now opens to your glance.*

He smiles down into her pale eyes. "Well, what do you think?"

Yūgao stares back at his face, overcome by his beauty, and replies very softly:

> *The face that shone in the evening dew*
> *In daylight dazzles through and through.*

She looks away.

10. 悪夢

翌日はゆっくりと過ぎていった。源氏と夕顔は互いの腕の中で、荒れた庭と水草だらけの池を眺めていた。すべてが灰色で静かだ。

「ここはとても陰気な場所だ。でも心配はいらない。私の腕の中にいれば幽霊が邪魔をすることもないでしょう」と、源氏はまだ半ば顔を隠したまま言う。

夕顔は、彼がなぜ自分が誰であるかを明かさず、顔さえも見せないのだろうと、いまだに不思議に思いながらかすかに微笑んでいる。

源氏はふと、もはや顔を隠しておく理由がないことに気づく。

> 夕露にひもとく花は玉鉾の
> たよりに見えし縁こそありけれ

源氏は彼女の青白い瞳に微笑みかける。「さてどう思いますか？」

夕顔は彼の顔をじっと見つめ返し、その美しさに圧倒され、とても穏やかに返答する。

> 光ありと見し夕顔のうは露は
> 黄昏時のそら目なりけり

彼女は目をそらす。

Genji is pleased with her reply. "I didn't tell you my name because you refused to let me know anything about yourself! But now please tell me your name…"

Yūgao turns to look at him and grins, but she simply repeats the words of an old poem:

> *A fisherman's daughter, I live by the sea*
> *Without a home, and the waves speak not to me.*

Genji smiles again, thinking, *"Well, if that is how she wants it, then let it be…"*

He gives the fisherman's daughter a warm hug.

In the afternoon, Koremitsu arrives with supplies—dried fish, vegetables, rice cakes, and *sake*. But he hurries away immediately, afraid of what Ukon might say to him if they meet. He is rather amused that Genji has fallen in love with a woman who perhaps he himself could have had as a lover!

And so the day passes.

The sunset is bright, the sky streaked with blood-colored light that shines in their eyes.

Yūgao feels calm as she nestles in Genji's arms, but she is still amazed at all that has been happening.

Then it grows dark. Genji asks for a lamp to be lit so that Yūgao will not have to feel afraid.

And at last they all drift into sleep…

"You wicked young man! You shock me! Rather than coming to visit the woman who thinks of you all the time, the woman who

　源氏は彼女の返事を嬉しく思っている。「あなたがご自分のことを何も教えてくれなかったから、私も自分を名乗らなかったんだ！でも、もう、あなたの名前を教えてください」

　夕顔は彼の方を向いてにこっと笑ったが、ただ古い歌（＝新古今和歌集1701番）のことばを繰り返す。

　　　白浪の寄する渚に世をつくす
　　　海人の子なれば宿もさだめず

　源氏はまた微笑んで「まあ、彼女がそう望むなら、それでいい……」と思った。

　彼は海人（＝漁師）の娘を温かく抱きしめる。

　午後になると、惟光が魚の干物、野菜、餅、酒などの食料を持ってやってきた。しかし、右近に何か言われるのを恐れて、すぐさまその場を立ち去る。彼はむしろ、自分の恋人にできたかもしれない女性と源氏が恋に落ちたことを面白がっている！

　そうして一日が過ぎていく。

　夕焼けが鮮やかで、空は深紅の光の縞に染まり、ふたりの目にまぶしい。

　夕顔は源氏の腕に体をうずめ、穏やかな気分を味わっているが、今も現実に起きているすべてのことに呆然としている。

　やがて暗くなる。源氏は、夕顔が怖がらないようにと、灯をともすように頼む。

　そして、ようやく皆は眠りにつく……

　「ひどい方ね！　ショックだわ！　あなたのことをいつも思っている女性、あなたをとても大切にする女性を訪ねてこないで、裏通

treats you so well, you prefer to play with some creature you found in the back streets! Oh, that has made me so angry!"

Genji wakes up with a shiver, the words of the woman in his dream ringing through his ears. The lamp has gone out. He looks across to Yūgao. Just visible in the dark, like a wisp of smoke, the ghostly figure of the woman in the dream has her arms stretched out toward Yūgao as if she is about to shake her awake.

Am I still dreaming or not?

He cries out… "Ahh!"… and the figure disappears into thin air.

Genji struggles out of bed, grabs his sword and calls out for Ukon. She stumbles in, obviously very scared herself.

"Ukon, go and wake the guard at once and bring some light!"

"I can't do that. It's so dark!"

"Oh, don't be so childish! Something very strange is going on and I'm worried about your lady."

Genji claps his hands to call a servant…and the sound echoes through the empty house. But there is no reply. He turns to Yūgao and touches her cheek. She's trembling and sweating heavily. Her skin is cold.

"Oh, she's so delicate," says Ukon, "and so easily frightened. She often suffers from nightmares…"

"You look after her and I'll go." Genji hurries out on to the veranda, and at last he finds his sleepy men. "How can you all sleep so well in a place like this? Didn't you see or hear anything?"

"No, my lord."

"Well, I want one of you to twang a bowstring like the Imperial

りで見つけたどこの馬の骨とも知れない女と戯れるなんて！　ああ、腹立たしい！」

　源氏は震えながら目を覚ます。夢の中の女性の言葉が耳に響き渡る。灯りが消えていた。夕顔の方に目を向ける。一筋の煙のように暗闇にぼんやりと浮かび上がったのは、夢に出てきた亡霊のような女が、今にも彼女を揺り起こそうとするかのように、夕顔に向かって両腕を伸ばしている光景だった。

　私はまだ夢を見ているのだろうか？

　源氏が大声を上げる……「おお！」……するとその姿は跡形もなく消えた。
　源氏は必死に起き上がり、刀をつかんで右近を呼ぶ。右近がよろよろと入ってくる。彼女自身が怯えているのは明らかだ。
「右近、すぐに宿直を起こして灯りを持って来なさい！」
「できません。真っ暗ですから！」
「子供じみたことを言うものではない！　何か非常に不思議なことが起きているようで、お前の女主人が心配なのだ」
　源氏が手を叩いて召使を呼ぼうとする……するとその音が誰もいない家にこだました。だが、返事をする者は誰もない。彼は夕顔の方を向いて、彼女の頬に触れる。彼女は大量の汗をかいて震えている。肌は冷たい。
　右近は言う、「奥さまはとても繊細なお方で怖がりなんです。よく悪夢にうなされることも……」
「私が行ってくる。彼女を頼むぞ」と、源氏は急いで縁側に出て、眠たそうな従者たちをようやく見つけた。「こんなところでよくぞ眠れるものだ。お前たち、何か見たり聞いたりしなかったか？」
「いいえ、何も」
「いいか、お前たちのだれかに、宮廷警備が行うような魔除けのた

Guards do to get rid of evil spirits…and one of you bring some light at once!"

"Yes, my lord."

"Where's Koremitsu?"

"He said he had no orders and left at once."

Genji finds his way back to the room in the dark. Ukon is now lying beside Yūgao, also trembling.

"Ukon, stop that! There's no need for you to be worried about fox spirits or anything else while I'm here with you!"

Genji gently lifts Yūgao. Her body is lifeless and limp. One of his men appears with a candle. Genji quickly pulls over a screen to hide the two women.

"Bring the light over here!"

The man hesitates to enter the room.

"Come on, man, this is no time to worry about good manners!"

Genji takes the candle from him and looks down at Yūgao's white face. Suddenly the mysterious figure of the dream woman flashes into view again in the flickering light. Then it is gone…

Genji's head whirls.

What's going on? Am I being punished for a guilty love? And who was that ghostly woman? Oh, no, it can't be…

He has suddenly realized who she looked like…

Lady Rokujō!

"Find Koremitsu at once and bring him here, and also his brother, who is a priest, if he's still at their mother's house. But don't say anything to anyone else!"

"Yes, my lord." The man leaves.

めの弓の絃打（つるうち）をやってもらいたい……それから今すぐに灯りを持って来てもらいたい！」

「かしこまりました」

「惟光はどこだ？」

「ご用事はないからと、すぐにお帰りになりました」

源氏は暗がりの中、手探りで部屋に戻る。右近は夕顔の傍らに横たわっているが、やはり震えている。

「右近、震えるのはやめなさい！　私がここにいるのだから狐の霊など心配することはない！」

源氏はそっと夕顔を抱き上げる。彼女の体は生気がなく、ぐったりしている。従者の一人が蝋燭を持って現れる。源氏は素早く屏風を引き寄せて二人の女性を隠す。

「灯りをこちらに！」

その従者は部屋に入るのをためらう。

「おい、いいから、作法なんて気にしてる場合じゃないんだ！」

源氏は蝋燭を取り上げ、夕顔の白い顔を見下ろす。不意に、夢に出てきた謎めいた女の姿が、ゆらめく光の中にまたもやすっと現れ、そして消えた……

源氏の頭は混乱する。

　どうなってるんだ？　罪深い恋の罰を受けているのだろうか？　そして、あの幽霊のような女は誰なのか？　いや、そんなはずは……

　彼は突如として、その女が似ている人物に気づく……

　六条御息所！

「すぐに惟光を探してここに連れて来るように。それからまだ母親の家にいるなら僧侶の兄も。だが、他の者には何も言わないように！」

「かしこまりました」従者は立ち去る。

Genji gazes down at Yūgao again.

The wind is sighing in the pine branches and the cry of an owl comes from somewhere in the desolate garden.

"Oh, why did I bring such a delicate flower to this terrible garden? Yūgao, don't do this to me... Come back, please come back!"

There is no reply.

It is the third great parting of Genji's life.

　源氏は再び夕顔を見下ろす。

　風が松の枝にため息をつき、梟の鳴き声が荒涼とした庭のどこからか聞こえてくる。

　「ああ、なぜ、これほどに繊細な花をこんなひどい庭に連れてきてしまったのか？　夕顔、死なないでくれ……生き返って、後生だから生き返ってくれ！」

　返事はない。

　それは源氏の人生で三度めの大きな別れだった。

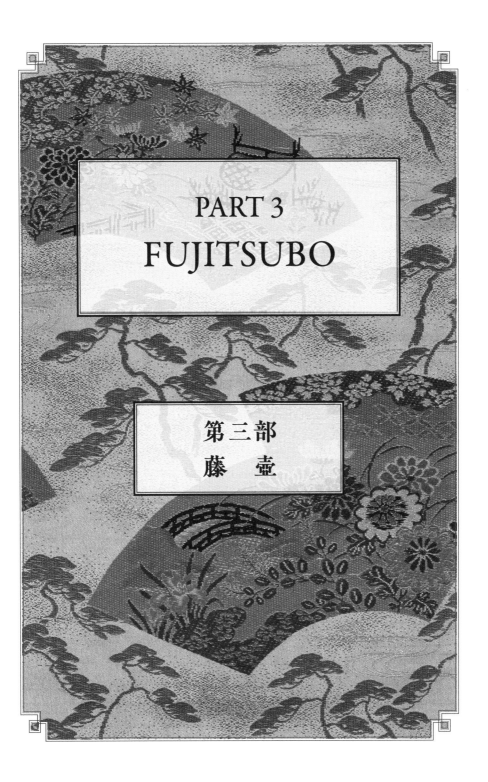

PART 3
FUJITSUBO

第三部
藤　壺

It's early morning in Heian-kyō. The northern hills in the distance are just a faint violet haze—*usuki murasaki*, a pale variety of Tō-no-Shikibu's favorite color, purple. *Murasaki* is the name of the plant with white flowers whose purple roots provide the dye. *Murasaki*—the color of lavender, of violets, of hydrangeas.

Tō-no-Shikibu looks down at the sleeve of her kimono, which she inherited from her grandmother. It's the type of strong purple that is now rather out of fashion—*koki murasaki*. Really, she prefers the lilac gray kimono she more often wears—*keshi murasaki*. So many subtle shades of *murasaki*! *Murasaki*—symbolic of intimacy, of constancy, of royalty, of aging gracefully… and connected with the Fujiwara family name as well!

Murasaki—a good name for a woman…

Out there in the city, another smallpox epidemic has been raging for weeks. None of the Palace residents have dared to leave the Palace grounds. They have been lucky: the disease has not touched them so far. Word has come that the worst is now over, so it's only a matter of time until things return to normal. There has also been a rumor about an old hermit somewhere up in the northern hills who has cured many of the rich and famous with his special medicines and chants.

Yes, that's it! Genji has been sick and depressed for a long time, and he is not recovering. The last hope is for him to go on a real adventure, a trip out of the city into the hills, where a hermit awaits him… And perhaps a new woman will enter his life as well…

平安京の早朝。遠くに見える北の山々は、ほのかに紫色の靄がかかっている。薄き紫、藤式部が大好きな淡い紫色の一種。紫は白い花を咲かせる植物の名前で、紫色の根が染料となる。紫はラベンダーの色、スミレの色、アジサイの色だ。

式部は祖母から譲り受けた着物の袖に視線を落とす。今はやや流行遅れの古希紫、濃い紫色だ。本当は着る機会がより多い滅紫と言う灰色がかった紫色の着物の方が好きだ。紫には微妙な色合いがたくさんある！　紫は、親密さ、忠誠、高貴、優雅な老いを連想させ、藤原姓とも結びついている！

紫は、女性にふさわしい名前だ……

都では、また天然痘の流行が何週間も続いている。宮中の住人は誰も御所の敷地から外へ出ようとしなかった。彼らは幸運にも、今のところ病気にはかかっていない。最悪の事態が収束したという知らせが入ったので、事態が平常に戻るのは時間の問題だ。北部の山に住む年老いた修験僧が、特別な薬とお経で多くの富裕な有名人の病気を治したという噂もある。

そう、それだわ！　源氏は長い間病気で気分が沈みがちだ。しかも病状はなかなか回復しない。最後の望みは、彼が都を離れて山へ冒険旅行に出かけること。そこでは修験僧が源氏を待っている……そして、おそらく彼の人生に新たな女性も現れるかもしれない……

14

11. The Hermit

The fisherman's daughter and the wild carnation…

Genji shuddered as memories of that terrible time came flooding back into his mind.

The long night beside Yūgao's body, comforting Ukon who was also half scared to death… The strange sounds that echoed around that awful dark house… The fears of what the future might bring… Koremitsu finally arriving and arranging for the body to be taken at once and in secret to a mountain temple… The explanations that I couldn't make back at the Palace to all those who had been so worried about my absence—Father, my ladies, and my friends… The secret journey to attend Yūgao's funeral at the temple… The invitation to Ukon to live at the Palace….

Genji had grown thin and pale and it took a long time for him to recover. Nobody knew what had really happened; everyone thought he must be possessed by some kind of evil spirit.

In the autumn he began to feel more like his normal self, but he was still troubled by the memories of the doomed love that had taken over his life and caused Yūgao's life to end. Ukon informed him that Yūgao's daughter—the wild carnation—was now two years old, and she knew where she was being cared for. Genji dreamed

11. 修験僧
しゅ げん そう

　漁師の娘と撫子……

　源氏は、あの悲惨な時期の記憶がどっと脳裏によみがえり、身震
いした。

　夕顔の亡骸の傍らで、半ば怯えきっていた右近を慰めた長い夜
…… あの暗くてひどい家中にこだました奇妙な音……これからどう
なるかという不安……惟光がようやく到着し、直ちにかつ密かに山
寺に遺骸を運ぶ手配をしたこと……二条の院に戻ったときに私の不
在を心配してくれていた帝、女房たち、友人たちの誰にも事情を説明
できなかったこと……寺での夕顔の葬儀に参列するために人目につ
かないように出かけたこと……右近を招いて御所で暮らすように手
配したこと……

　源氏はやせ細り、顔色が悪くなり、回復するまでに長い時間がか
かった。何が起こったのか、誰も本当のところは知らなかった。誰
もが、源氏は何かの悪霊に取り憑かれているに違いないと思った。
　秋になると、彼はいつもの自分らしく感じられるようになったが、
自分の人生を支配し、夕顔の人生を終わらせた不運な恋の思い出に
依然として悩まされていた。右近が、夕顔の娘である撫子が二歳に
なり、保護されている場所を知っている、と彼に告げた。源氏は、い
つかこの娘に会って、自分が彼女の面倒をみる可能性を思い描いて

of seeing her one day and perhaps looking after her himself. But he could do nothing yet, nor could he say anything to Tō-no-Chūjō.

And then, early the following year, an epidemic struck the city again, and, perhaps because of his weakness, the eighteen-year-old Genji fell sick.

The misty valley seemed to be overflowing with the faint pink blossoms of the mountain cherry trees in full bloom.

Genji stopped on the rough track leading to the top of one of the northern hills and looked down on the lovely view. It was truly a sight for sore eyes.

Ah, seeing such beauty and breathing the cool clear air is making me feel better already!

None of the Buddhist priests or doctors in the capital had been able to stop his fever. But one of Genji's friends told him about a hermit living in the hills who had cured many people during the recent epidemic. He was sent for at once. However, the hermit replied that he was now very old and never left his cave.

"So," said Genji, "if the hermit will not come down to the Palace, the Palace must go up to the hills!"

He left early the next morning with several of his men. It was decided a carriage would be both too slow and too uncomfortable, so they went on horseback instead. Genji had said he was strong enough to ride, and in fact he found the fresh morning air refreshing.

But the final steep track up the hill had to be climbed on foot. Genji was supported by two of his men as they slowly went higher and higher. Another followed behind with a large oiled paper parasol to keep the morning sun off his young master's head.

いた。しかし、まだ何もできなかったし、頭中将にも何も言えなかった。

　そして次の年の初め、再び都を疫病が襲い、衰弱していたためか十八歳の源氏は病に倒れた。

　霧に覆われた渓間は、満開の山桜のほのかなピンクの花びらで溢れているようだった。

　源氏は、北の山の頂上へ続く荒れた道で立ち止まり、美しい景色を見下ろした。まさに目を見張る光景だった。

　ああ、こんな美しい景色を目にして冷たくさわやかな空気を吸うと、早くも気分が良くなってきたようだ！

　都の僧侶も医者も、彼の熱を下げることはできなかった。しかし、友人の一人が、山に住む修験僧が、最近の疫病が流行中に多くの人々を治癒したことを、源氏に教えた。源氏はすぐに修験僧を呼び寄せた。しかし、その修験僧は、もう年老いていて、自分が住む巌窟からは出ないと答えた。

　「修験僧が御所まで下りてこないのなら、御所が山に登らねばなるまい！」と、源氏は言った。

　翌朝、源氏は数人の家司（＝従者）を伴って出発した。牛車では時間がかかりすぎるし、乗り心地も悪すぎるので、馬で出かけた。源氏は馬に乗れる体力はあると言っていたが、事実、朝の新鮮な空気は爽快だった。

　しかし、最後の急な坂道は歩いて登らなければならなかった。源氏は二人の家司に支えられながら、ゆっくりと坂道を登っていった。もう一人の家司は、朝日が若い主人の頭に当たらないように、大きな油紙製の日傘をさして後ろに続いた。

At last they arrived at a rocky point near the top. It was a sad and gloomy place. A very old, bent man appeared at the entrance to a cave amongst the rocks. Genji greeted him without saying who he was, but the hermit could see at once that he was someone very important.

"Oh, welcome!" he exclaimed with a toothless grin. "Am I wrong in thinking you're the gentleman who sent for me?"

Genji smiled and nodded, surprised at the hermit's rich, strong voice.

"Well, I'm very happy to see you here," continued the hermit, "but I fear my powers are not what they used to be. Your hard journey may have been in vain. However, I'll do my best to mix you some medicine. And while I'm doing that, please enjoy the view."

Genji and his men walked over to the edge of the cliff. In the far distance, they could just see the roofs and pagodas of Heian-kyō wrapped in mist.

"It's just like an ink painting," murmured Genji. "What finer place could there be to live than this?"

"Oh, I think there are a quite a few, my lord," said one of his men. "People tell me that Mt. Fuji is a wonderful sight."

"And I have heard," said another, "that the sea around Akashi is very beautiful, not to mention the local girls down there!"

Genji smiled, grateful to his men for trying to cheer him up. He looked down into the valley at the thatched roofs of several small temple buildings. There was a steep path leading down to a gate and a fine bamboo fence. Beyond it they could see a garden full of trees, a small stream and a waterfall, and what looked like a splendid country villa.

ついに彼らは頂上近くの岩場に到着した。そこはもの悲しく陰気な場所だった。岩の間にある巌窟の入り口に、年老いた腰の曲がった男が現れた。源氏は自身が何者かを明かさずに挨拶したが、その修験僧（聖人）は、彼が非常に重要な人物であることをすぐさま見抜いた。

「よくおいでになりました！　私を呼び寄せたお方と察しますが、違いますか？」にっこと笑いを浮かべて大声で言った僧の歯は抜け落ちていた。

聖人の豊かで力強い声に驚きながら、源氏は微笑みながらうなずいた。

「ここにおいでくださってとてもうれしいです」と言って、僧は続けた。「しかし、残念ながら私は以前のような修験の力はありません。ご苦労な旅が無駄に終わってしまうかもしれない。とはいえ、最善を尽くして薬を調合いたします。その間にどうぞここの景色を楽しんでいてください」

源氏と従者たちは崖の端まで歩いていった。はるか遠くに、霧に包まれた平安京の家々の屋根と仏塔が見えた。

「まるで水墨画のようだ。居住地としてこれ以上に素晴らしい場所があるだろうか？」と源氏はつぶやいた。

従者の一人が「恐れながら、たくさんあると思います、殿。富士山は素晴らしい眺めだと聞いております」と言った。

「それに、地元の女性たちは言うまでもないが、明石の海はとても美しいと聞いています」と別の従者が言った。

自分を励まそうとしてくれる従者たちに感謝しつつ、源氏は微笑んだ。彼が渓間をのぞき込むと、茅葺き屋根の小さな僧坊がいくつか見えた。急峻な坂道が一構えの門と見事な小柴垣に続いていた。その向こうに木々が生い茂る庭、小さな小川と滝、そして立派な田舎の別荘のような建物が見えた。

Genji returned to the cave to speak to the hermit.

"Excuse me, but may I ask who is living in that villa down there in the valley?"

"Well, sir, I heard an old abbot came here with his family a couple of years ago, to get away from the world, you know. But I never go down there myself, and he doesn't come up here."

"I see. I think I will send two of my men down to have a look."

While they were gone, Genji drank the hermit's medicine and the old man chanted loudly for a while in the cave. Then Genji sat on a rock to rest under the parasol, still enjoying the view.

At last his men came back.

"Well?"

"My lord, we saw several young women and girls in the garden. It seems there is quite a large family there."

"Hmm. It must be someone noble. I'm sorry I'm dressed so roughly or I could have paid them a visit."

"But you still have a fever, my lord."

"Yes, but I think the hermit's medicine is doing me good already."

Genji turned to smile at the hermit, who bowed slightly in return.

"Then maybe we should start our return journey, my lord."

"Oh, I don't think that's a good idea," said the hermit, shaking his head. "I believe your master's still affected by some bad spirit. The best thing would be for you all to stay here tonight so that I can continue with my rites."

Genji nodded. "Then we shall leave tomorrow morning. There's no need to hurry, and I have never spent a night on a bare mountain!"

源氏は巌窟に戻り、聖人に話しかけた。

「すみません、あの渓間の別荘にはどなたが住んでいるのですか？」

「年老いた 某 僧都が、俗世間から逃れるために家族と共に二年前にここにやって来たと聞いています。でも私はあそこには行きませんし、その方もここには上がってきません」

「なるほど。従者を二人、見に行かせましょう」

従者たちが行ってる間に、源氏は聖人の薬を飲み、その老いた僧は巌窟の中でしばらく大声でお経を唱えた。その後、源氏は岩に腰を下ろし、日傘の下で休みながら、なおも景色を楽しんでいた。

やがて源氏の従者たちが戻ってきた。

「それで？」

「はい、庭に何人かの若い女性と少女を見かけました。かなりの大家族のようです」

「そうか、高貴な方に違いない。こんな不作法な格好をしていて残念だ。そうでなければ訪ねていったものを」

「でも、殿はまだ熱があるのですよ」

「そうだな、でも聖人の薬が早くも効いてきたように思う」

源氏は聖人の方をむいて微笑んだ。僧は軽くお辞儀をして応えた。

「では、殿、そろそろ帰路についた方がよろしいでしょう」

聖人は首を横に振って言った。「いいえ、それはよいお考えではありません。ご主人さまはまだ悪霊の影響を受けています。私が加持祈祷を続けられるように、今夜は皆さま方がこちらにお泊りになるのが最善策でしょう」

源氏はうなずいた。「では明朝、出発することにしよう。急ぐ必要はないし、禿山の一夜を過ごすのは初めてだからな！」

15

12. Dewdrops

Early evening…

Already feeling more like his normal self, Genji has come down to take a look at the villa in the valley for himself. Koremitsu is with him. They both smile as they stand watching the charming scene through the bamboo fence. They remain perfectly still and silent.

The shutters and reed blinds are all drawn up to let in some air. A middle-aged woman is leaning against a pillar in one of the rooms reading a scroll. With her hair cut at shoulder-length, she appears to be a nun. Her skin is fair and she has a striking face, although she is very thin and gives the impression of being ill. Everything about her suggests she is of noble stock.

The grandmother of the family, perhaps?

Sitting in the room doing some kind of embroidery are two younger women and a handsome woman in her thirties in a dark kimono.

Attendants and a nurse, perhaps?

Several little girls laugh happily as they run up and down the veranda…

Suddenly a girl of around ten years old rushes into the room, dressed in the bright golden yellow of the mountain rose, her rich

12. 露

夕方……

　すでに普段の自分に戻った気がして、源氏は渓間の別荘を自分の目で確かめようと下りてきた。惟光も一緒だ。小柴垣越しに風情ある景色を眺めながら、ふたりとも微笑む。そして微動だにせず、黙っている。

　格子と葦の簾は、外気を取り入れるためにすべて引き上げられている。部屋の一角で中年の女性が柱にもたれて経巻を読んでいる。肩まで伸ばした髪を切りそろえたその女性は尼のように見える。肌は白く、印象的な顔立ちをしているが、とてもほっそりしていて、病弱な印象を与える。すべてにおいて高貴な家柄であることがうかがえる。

　一家の祖母だろうか？

　部屋に座っているのは、刺繍のようなものをしている若い女性二人、そして黒っぽい着物を着た三十代の美貌の女性。

　女房と乳母だろうか？

　数人の童女が楽しそうに笑いながら、縁側を走って行き来している……
　突然、鮮やかな山吹色の表着を着た十歳くらいの少女が部屋に駆け込んできた。豊かな黒髪が扇を広げたように背中でゆれている。

black hair streaming out behind her like a fan. Her eyes are red with tears.

"Shōnagon! Shōnagon!" she cries.

"What's wrong this time?" asks the woman in the dark kimono, looking up from the embroidery.

"Inuki let my baby sparrows go! I was keeping them in a basket."

"Oh dear, that silly girl is always causing trouble, isn't she? Where could the sparrows have gone, I wonder? Let's hope the crows don't find them. I will go and have a look."

The woman gets up and leaves the room.

"And you are a silly girl, too, Murasaki," says the nun, smiling. She steps out and leans on the railing, looking out across the garden. The girl stands beside her.

"Why do you say that, Granny?"

"Because all you worry about is baby sparrows, when your poor grandmother might leave this world at any moment."

"Oh, I'm sorry, Granny! No, please don't leave us!"

The nun smiles again and strokes the girl's hair. "Such lovely hair, and yet you make such a fuss every time I try to comb it! You're still such a baby in many ways. Just remember that your dear mother was only ten when her father died, and yet she could look after herself perfectly well. What will happen to you when I am no longer around to look after you?"

The nun turns to look out at the garden again, clearly about to cry. The girl looks down, her gleaming hair cascading like a waterfall over her face.

Genji is very moved by this scene—not only by the nun's words, but also by the beauty of the girl called Murasaki. He can clearly

彼女の目は涙で真っ赤だ。

「少納言！　少納言！」と叫ぶ。

「今度はどうしたの？」黒っぽい着物の女性が刺繍から顔を上げて
尋ねる。

「犬君が雀の子を逃がしてしまったの！　伏籠の中に入れておい
たのに」。

「やれやれ、あのうっかりやさんはいつも問題を起こしてばかり
ね。雀はどこに行ったのかしら？　烏に見つからないことを祈りま
しょう。私が行って見てきましょう」

女性は立ち上がり、部屋を出て行く。

「でもあなたもいけない子よ、紫」と微笑みながら尼君が言う。そ
の人は外に出て手すりに寄りかかり、庭を見渡している。少女は彼
女の横に立った。

「お祖母さま、どうしてそんなことを言うの？」

「だって、あなたの心配は子雀だけ、かわいそうなお祖母さまは、
たった今にもこの世を去ってしまうかもしれない、というのに」

「ごめんなさい、お祖母さま！　お願いだから私たちを置いていか
ないで！」

その尼君は再び微笑み、少女の髪を撫でる。「こんなに素敵な髪な
のに、私がとかそうとするたびにあなたはうるさがる！　あなたは
まだ、いろんな意味で赤ん坊ね。あなたのお母さまは、ご自分のお父
さまが亡くなったとき、まだ十歳だった。だけど、自分の面倒は自分
で十分にみることができたわ。私がいなくなったら、あなたはどう
なるのだろう？」

尼君は再び庭に目を向ける。明らかに今にも泣き出しそうだ。少
女はうつむく。つやつやと輝く髪が滝のように顔にかかる。

源氏はその光景にすっかり心を動かされていた。尼君の言葉だけ
でなく、紫という少女の美しさにも。その美しい髪と美しい顔立ち

imagine what that lovely hair and that exquisite face will be like when she is a grown woman... And then suddenly he realizes why she attracts him so much...

She reminds me of Fujitsubo!

His thoughts are interrupted by the voice of the nun reciting a poem:

> *Not knowing who will care for the leaf so bare,*
> *The dewdrops cannot vanish in the air.*

One of her ladies sighs and speaks another verse:

> *Surely the glistening dewdrops will not go,*
> *Till the buds of spring to fullness grow.*

A man appears in the room.

Ah, he must be the abbot...

"What, ladies? You're standing outside with all the blinds up?! I've just heard that Lord Genji has come to these hills and is staying with the hermit up in his cave."

"Oh, dear," cries the nun, hurrying back to the room, taking Murasaki with her. "I just hope he and his men haven't been out walking and have seen us in this state!"

The ladies quickly roll down all the blinds.

Genji and Koremitsu can still hear the abbot speaking, even though they can no longer see him.

"If only I'd known earlier, I could have gone up the hill and paid

が、少女が大人の女性になったときにどのようになるか、はっきり
と想像できるのだ……そしてふと気づく、なぜあの少女がこれほど
までに自分を魅了するのか……

　あの子は藤壺の宮を思い出させる！

　彼の思考は、歌を朗読する尼君の声によって遮られる。

　　　　生ひ立たむ　ありかも知らぬ　若草を
　　　　おくらす露ぞ　消えむそらなき

　女房の一人がため息をつき、別の歌を口にする。

　　　　初草の　生ひ行く末も　知らぬまに
　　　　いかでか露の　消えむとすらむ

　一人の男性が部屋に現れた。

　あa、僧都に違いない……

　「おやおや、皆さんどうなさった？　簾をすっかり上げたまま外に
立っているなんて?!　源氏の中将がこの山においでになって、巌窟
の聖人のところに滞在していると聞いたところです」
　「あら、どうしましょ」とちょっと心配そうな声で叫んで、尼君は紫の
君を連れて部屋に急ぐ。「中将とお連れの方々がこの辺りをお歩きにな
って、私たちのこんな姿をご覧になってなければよろしいのですが！」
　尼君たちは素早くすべての簾を下ろした。
　源氏と惟光には、姿はもはや見えなかったが、僧都の話し声はま
だ聞こえている。
　「もっと早く存じておれば、山の上に登って中将さまにご挨拶もで

him my respects! Oh, how exciting it will be to meet The Shining One! You know what they say? That old priests like me are so impressed by his beauty that they all feel younger and want to live on a little longer in this wonderful world! I must write a note to him at once."

Genji and Koremitsu quickly head back up the hill. Genji is now feeling very excited...

Oh, this is the kind of chance meeting that my friends value so much... What a lovely young girl, and so much like Fujitsubo! Whose child could she possibly be? I want to look after her... What can I do to get her to the Palace?...

It is not long before the message from the abbot is delivered to the cave.

"What does he say, Koremitsu?"

"He apologizes for not knowing you were in the area, and says how much he would like to offer you somewhere better than a cave to stay the night."

"Well, I must reply at once. Tell him my purpose in coming here was to recover from my sickness, and I had no wish to bother anyone. But now I am feeling better and I would be glad to visit him."

It's already dark when Genji heads back down toward the villa again. The garden is now brightly lit with torches and lanterns. The abbot greets him and leads him to a room overlooking the garden. The air is filled with incense, the scent of flowers and the perfume of the women... and now the special fragrance of Genji's own clothes as well.

きたものを！ 光の君にお目にかかれたら、どんなに素晴らしいことでしょう！ 世間の噂をご存じかな？ 私のような年老いた僧都たちは、中将さまの美しさに感動して、みんな若返り、素晴らしいこの世でもう少し長く生きたいという気になるそうです！ すぐにでもあの方にお手紙を差し上げなければ」

　源氏と惟光は、急いで山上の寺に引き返す。源氏は今、とても興奮している……

　ああ、これが友人たちがとても大事にしている偶然の出会いというものだ……なんてかわいい少女なんだ！ しかも藤壺の宮にそっくりだ！ いったい誰の子だろう？ あの子の世話をしたい……御所に連れて行くにはどうしたらいいのだろう？

　僧都からの手紙が巌窟に届くまでにそう時間はかからなかった。

「惟光、何と書いてある？」
「殿がこの辺りにいることを知らなかったことを詫び、巌窟よりもましなところでお過ごしになるよう場所を提供したいと言っています」
「すぐに返事をしよう。ここに来たのは病気を治癒するためで、誰にも迷惑をかけたくなかったのだと伝えてほしい。でも今は気分がよくなってきたのでお申し出を喜んでお受けしたい、とな」

　源氏が渓間の僧都の坊に再び向かったときは、辺りはすでに暗くなっていた。庭は篝火と灯籠で明るく照らされている。僧都が源氏に挨拶し庭を見渡せる部屋に案内する。部屋は名香の香り、花の匂い、女たちの薫香が入り混じって漂っている……そこに源氏自身の特別な衣服の香りも加わる。

The women are no doubt listening behind the screens. I wonder what they are thinking?

As the abbot talks at length about life and the world to come, Genji starts thinking how much he—already a sinner at such a young age—would like to live in a place like this himself. For a moment, Yūgao's face slips into his thoughts, but it is soon replaced by the image of the young girl who is somewhere in this villa.

"Abbot, are there any other people here with you, may I ask?"

"Oh, yes. My sister, who has been very ill, is staying with me. Her husband died when their daughter was very young, and she became a nun. She looked after her daughter until she died more than ten years ago. By the way, my niece had been a consort to Prince Hyōbukyō."

"Oh, really?"

"You may well know him?"

"Yes, indeed."

Fujitsubo's brother!

"Well, Lord Genji, the prince's wife is a very proud and jealous woman and it was she who really drove my poor niece to death. It's terrible what one person can do to another, isn't it!"

Genji nods. He has experienced something similar himself. "Did she have any children?"

"Just one, a girl called Murasaki. She was born just before her mother's death. It has been very hard for my sister looking after her all these years."

"I see."

So she must be Fujitsubo's niece!

　女性たちは御簾のかげで話を聞いているに違いない。彼女たちは何を考えているだろう?

　僧都が人生や来世について長々と語るうちに、源氏は、若くしてすでに罪びとであることを自覚して、自身もこのようなところで暮らしたいと思い始める。一瞬、夕顔の顔が脳裏に浮かんだが、それはすぐにこの山荘のどこかにいる童女の姿にとって変わった。

「お尋ねしますが、こちらには他にどなたかおいでになりますか?」
「ああ、はい。大病を患った姉が私のところに滞在しております。姉の夫は、ふたりの娘が幼い頃に亡くなり、姉は尼になりました。そして姉は、十年あまり前に娘が亡くなるまで彼女の面倒を見ておりました。ちなみに亡くなった私の姪は兵部卿宮の妃でした」
「え、そうでしたか?」
「宮さまをご存じですか?」
「ええ、よく」

　藤壺の宮の兄君だ!

「源氏殿、宮さまのお后(＝北の方)は自尊心が強く嫉妬深い女性で、私の哀れな姪を死に追いやったのはまさしくその方なのです。人が人に与える影響とは恐ろしいものですね!」
　源氏はうなずく。彼自身も似たような経験をした覚えがある。「姪御さんにはお子さんがいましたか?」
「ひとりだけ、紫という女の子です。母親が亡くなる直前に生まれました。以来ずっと姉が面倒を見ていますが、大変な日々です」

「なるほど」

　藤壺の宮の姪に違いない!

"Er, Abbot, now you have kindly told me this sad story, I wonder if I might suggest helping you by looking after this poor child? This may surprise you because she is very young, and I am still a young man myself, but I like to help where I can."

"Oh, you are most kind to offer, Lord Genji, but I really think she is much too young for a man like you to take care of her," the abbot replies, rather coldly. "I feel the only man who should do that is the one she will marry, and I think we will have to wait a while for that to happen. Of course, I shall discuss your offer with my sister. But now will you please excuse me for a while? It is my custom to hold a little service at this time in the evening. Please make yourself at home. There is a bed ready for you if you would like to sleep."

"Thank you."

The abbot bows and leaves the room.

The air is suddenly cooler as a breeze blows down from the hill. Genji hears the low voice of the abbot as he starts chanting in some other room. There is also a rustling of silk behind the screens.

So the women have not gone to sleep yet!

Genji pushes one screen slightly to one side and rustles his fan.

"Oh, this is strange!" comes a woman's voice. "I thought I heard something…"

Genji can hear her approaching the other side of the screen. "Trust in the Buddha to be your guide at all times," he says in a charming voice.

There is silence for a few moments, and then the woman replies. "I am very confused. Which way is the Buddha leading me?"

"I'm sorry to startle you like this," replies Genji, "but I have a poem I would like you to pass to your mistress:

「あの、ご親切にお気の毒な話をお聞かせくださいましたが、そのかわいそうな姫君のお世話をさせていただくことでお役に立てないものでしょうか？ 姫君はとても幼いですし私自身もまだ若輩者なので驚かれるかもしれませんが、できることは何でもさせていただきたい」

「ああ、ご親切にありがとうございます、源氏殿。でも、貴方さまのような方が面倒を見るには、あの子はまだ若すぎると思います」僧都はやや無愛想に答えた。「そうすべき男性は、あの子が結婚する相手だけだと思いますが、そうなるまでにはしばらく時間がかかるでしょう。もちろん、貴方さまのお申し出については姉と相談します。では、しばらくの間、失礼させてくださいますか？ 夕方この時間にはちょっとした勤めを行うのが習わしなのです。どうぞおくつろぎください。お休みになりたければ寝床を用意してございます」

「ありがとうございます」

僧都は一礼して部屋を出る。

山から風が吹き下ろし、空気が急に涼しくなった。別の部屋から僧都が読経する低い声が、そして屏風の向こうでは絹の擦れ合う音が聞こえる。

　そうか、女性たちはまだ起きている！

源氏は一枚の屏風を少し片側に寄せ、扇を鳴らした。
「あら、変ね！」女性の声がした。「何か聞こえたような……」

源氏には、その女性が屏風の向こう側に近づいてくるのが聞こえる。「仏さまを信じなさい、どんな時もあなたの道しるべになります」と彼は魅力的な声で言う。

しばらくの沈黙の後、女性が答えた。「私はとても混乱しています。仏さまはどちらへお導きなのでしょうか？」

「こんなふうに驚かせて申し訳ありません。でも、尼君さまに手渡してもらいたい歌があります」と源氏は答える。

> *My traveler's sleeves have been soaked with dew*
> *Since the fresh young leaves came into view."*

The woman repeats the poem to the nun, who is very surprised by Genji's boldness.

"He must have overheard my conversation with Murasaki! Perhaps he thinks she's older than she really is? Please give him this reply:

> *The dew from one night on the open hills will dry,*
> *But not for those who in the mountains live and die."*

"I am not used to this kind of conversation," Genji replies when the woman behind the screen brings him the poem. "Please tell your mistress that I would like to talk to her in person."

The woman takes his reply to the nun.

"But I don't really want to talk to him!"

"My lady, it would be rude not to hear what he has to say."

"All right, I will talk to him briefly…"

She slowly goes over to the screen.

"I think you must have made a mistake," she says to the shadow on the other side. "I am not the person to talk to a fine young gentleman like you."

Genji replies at once. "Forgive me, but Buddha knows my intentions are pure. I have heard the sad story of your daughter and your granddaughter. It reminds me of my own childhood when the one dearest to me left me all alone. I just want to tell you that I am willing to take over the role of mother for her."

> 初草の若葉の上を見つるより
> 旅寝の袖も露ぞ乾かぬ

　女性は尼君に歌を繰り返す。尼君は源氏の大胆さにたいそう驚いている。
　「紫との会話をお聞きになったのに違いありません！　もしかして、紫が実年齢より上だとお思いなのでしょうか？　こう返辞を差し上げてください」

> 枕結ふ今宵ばかりの露けさを
> 深山の苔にくらべざらなん

　屏風の奥から女性が歌を持ってくると、源氏は「私はこのような会話には慣れておりません。どうか直にお話したいと尼君さまにお伝えください」と答える。
　女性は尼君に彼の返事を伝える。
　「でも、あまり話したくないのです！」
　「奥様、あのお方のお話をお聞きにならないのは失礼というものです」
　「よろしい、少しだけ話しましょう……」
　尼君はゆっくりと屏風に近づく。
　「何かお間違えではないでしょうか」彼女は反対側の影に向かって話しかける。「私は貴方さまのような立派でお若い殿方にお話ができる者ではありません」
　源氏は即座に答える。「お許しください、仏さまは私の意図が純粋であることをご存じです。私はあなたの娘さんとお孫さんのお気の毒な話を聞きました。そして私自身の幼い頃を思い出しました。最愛の人に去られ、一人ぼっちになってしまったのです。私はただ、お孫さんのために母親の役割を引き受ける意思があることをお伝えしたいだけなのです」

"At other times, I would be very happy to accept your kind offer, but I think there has been some misunderstanding. The girl I look after now is still very young and could not possibly be of any interest to a young gentleman like you."

Before Genji can reply, he hears the abbot returning.

"I understand. Thank you for talking to me, and goodnight!"

He quickly closes the screen again, happy that at least he has had the courage to say what he thinks. He doesn't realize how strange his offer must have seemed to the nun and her ladies…

「普段なら、喜んでお申し出をお受けするのですが、何か誤解があるように思います。私がいま面倒を見ている孫娘はまだとても幼くて、間違っても貴方さまのような若い殿方がご関心をお持ちになるような相手にはなり得ません」

源氏が返事をする前に、僧都が戻ってくる音が聞こえた。

「わかりました。お話ししてくださってありがとう。ではおやすみなさい！」

少なくとも自分の思っていることを言う勇気が持てたことに満足しながら、源氏はまた素早く屏風を閉じた。自分の申し出が、尼君とその女房たちにとってどれほど奇妙に映ったか、彼は気づいていなかった……

16

13. Cherry Blossoms

When Genji woke at dawn and opened the shutters, the garden of the villa was wrapped in an early morning mist. He could hear the gentle sound of the waterfall and birds singing in the trees. Two deer wandered slowly past, giving him hardly a glance. It all seemed wonderful to Genji. He had forgotten all about his illness.

Not long after dawn, the hermit came down from his cave with Koremitsu and Genji's other men. He held a final service of protection for Genji. Then he expressed his pleasure at meeting Genji with a poem:

> *When I briefly opened my mountain door*
> *I glimpsed a bloom I had not seen before.*

Just then, a group of men arrived on horseback from the Palace. They were all glad to see Genji looking so well again. They had brought a message from his father.

The abbot had sent for unusual fruits, berries and nuts from further down the valley for breakfast, and he encouraged them all to eat well and drink some *sake* before they left.

"I'm sorry I cannot see you home," he said, "but I have made a vow to stay here until the end of the year."

"I really would like to stay here in this fine place with you,"

144

13. 桜

　源氏が夜明けに起きて雨戸を開けると、山荘の庭は早朝の霧に包まれていた。滝の音と木々の間に鳥のさえずりが聞こえる。鹿が二頭、彼には目もくれずゆっくりと通り過ぎた。源氏にはすべてが素晴らしく感じられた。病気のことなどすっかり忘れていた。

　夜が明けて間もなく、聖人は惟光や源氏の従者たちとともに巌窟から下りてきて、源氏のために最後の護身の法を行った。そして、源氏に会えた喜びを一首の歌に託した。

　　　奥山の松の戸ぼそを稀に開けて
　　　まだ見ぬ花の顔を見るかな

　まさにその時、宮中から馬に乗って迎えの一行がやってきた。みんな源氏の元気な姿を見て喜んだ。一行は帝からの伝言を持ってきていた。
　僧都は、朝食のために渓間から珍しい果物、漿果（しょうか）や木の実を取り寄せ、旅立つ前によく食べ、酒を飲むよう皆に勧めた。

　「都のお邸までお見送りできないのが残念です。でも、私は年末までここに籠ることを誓っておりますので」と、僧都は言った。
　「あなたとご一緒にこの素晴らしい場所に滞在したいのですが、父

145

replied Genji, "but my father is worried about me. However, I promise I shall return as soon as I can, and I shall tell all my friends to come quickly to see the mountain cherry trees before the winds blow them away!"

The three men then exchanged gifts. The hermit gave Genji a *tokko* sacred wand to protect him, and the abbot gave him an antique Korean rosary and several beautiful medicine jars. Genji then handed out the gifts for everyone that he had requested from the Palace.

As Genji was preparing to leave, the abbot went to see his sister and told her about Genji's offer, not realizing she already knew all about it.

"Perhaps we can consider it in four or five years' time," she said, "if he doesn't change his mind, that is."

The abbot agreed and returned to Genji with the message.

Genji immediately sent a poem to the nun:

> *The mist is loathe to leave with the morning light*
> *Having glimpsed at dusk a flower so bright.*

The nun replied at once:

> *Strange indeed the mist should want to stay*
> *We can but hope the truth will be revealed one day.*

Genji nodded slowly. Her calligraphy was excellent.

He was about to mount his horse when he heard a loud shout.

"Not so soon! We've come to see the cherry blossoms!" It was Tō-no-Chūjō and Genji's other brothers-in-law who had finally discovered where he had disappeared to. "Since the mountain air

が私のことを心配しております。とはいえ、できるだけ早く戻って
くると約束します。それから友人たちには、山桜が風で散ってしま
わないうちに早く見に来るように伝えます！」と、源氏は答えた。

　三人は贈り物を交換した。聖人は源氏を守る独鈷を、僧都は骨董
品の百済のロザリオといくつかの美しい薬壺を、源氏に贈った。そ
して源氏は、宮中に頼んで取り寄せておいた贈り物を皆に配った。

　源氏が旅立ちの準備をしていると、僧都は姉に会いに行き、彼女
がすでにすべてを知っていたとは知らずに、源氏の申し出について
話した。
　「おそらく四、五年後に考えてもいいのでは、もっともお気持ちが
変わらなければの話ですが……」と姉は言った。
　僧都はその言葉に同意し、源氏のところに戻って伝言を伝えた。
　源氏はすぐさま尼君に歌を送った。

　　夕まぐれほのかに花の色を見て
　　今朝は霞の立ちぞわづらふ

尼君は直ちに歌を返した。

　　まことにや花のほとりは立ち憂きと
　　霞むる空のけしきをも見ん

　源氏はゆっくりとうなずいた。尼君の書は素晴らしかった。
　源氏が馬に乗ろうとしたそのとき、大きな叫び声が聞こえた。
　「ちょっと待って！　花見に来ましたよ！」頭中将と源氏の義兄弟
たちであった。ついに源氏がどこに消えたかを突き止めたのだった。
「せっかく山の空気が君に良い効果をもたらしたようだし、出発前に

seems to have done you so much good, let's have a little party before you leave!"

Genji couldn't help laughing.

And so they held a cherry-viewing party beside the waterfall in the garden. The group had brought lots of food, *sake* and musical instruments with them, and it was not long before the young men were playing and singing.

The abbot brought out a fine Chinese seven-stringed *koto* and persuaded Genji to play by saying, "Please give our mountain birds a little pleasure!"

His playing brought tears to the eyes of all those present.

As Genji's party finally moved off down the valley, all the ladies of the villa declared that they felt they had just been in the presence of someone from another world.

"Yes," said the abbot, "I cannot believe that such a wonderful person exists in this confused and impure world of ours!"

"Well, I think he's much more handsome than my father!" commented Murasaki, who had been watching from the house.

"Would you like to be his little girl?" asked one of the ladies.

"Oh, yes," she replied. "That would be very nice."

And from that day on her favorite doll—the one with the finest clothes—and all the handsome men she drew pictures of were given the name 'Genji.'

ささやかなお祝いの宴を開きましょう！」

　源氏は笑わずにはいられなかった。
　それで庭の滝のそばで花見会を行った。一行はたくさんの料理と
酒と楽器を持参していた。そして若者たちが楽器を奏で歌が始まる
までに時間はかからなかった。

　僧都は立派な中国の七絃琴を持ち出し、「山鳥たちを少しばかり楽
しませてやってください！」と勧めて、源氏に演奏させた。

　彼の演奏は、その場にいたすべての人の涙を誘った。
　源氏の一行がついに渓間に下って行くと、山荘の女官たちは皆、
それまで別世界の人と一緒にいたような気がすると断言するのだっ
た。
　「そうだね、この汚れて混乱した世の中に、あんな素晴らしい人が
いるなんて信じられない！」僧都が言った。
　「そうね、私のお父さまよりずっとハンサムな方だと思うわ！」家
の中からずっと見ていた紫の君が意見を述べた。
　「あの方のかわいい女の子になりたいですか？」と女官の一人が尋
ねた。
　「ええ、そうね。そうなったらとても素敵なことだわ」と答えた。
　そしてその日から、紫の君は、一番上等な着物を着せたお気に入
りの人形や自分が描く絵のハンサムな男性すべてに『源氏』という
名前を付けた。

17

14. Aoi

After all the excitement of his trip to the mountains, it was hard for Genji to face life back at the Palace. He went straight to visit his father, who was delighted to see his son recovered, even though he was so thin. Genji explained what had happened with the hermit and the abbot, leaving out any mention of Murasaki.

The Emperor asked for more details about the hermit and then said, "I have never heard of this great man. He must be rewarded!"

Genji's father-in-law was also there and insisted on taking Genji back to rest for a few days at his home in the Third Ward.

As usual, Aoi did not appear from her room, but her father said she should come out and greet her husband. And so Genji found himself face-to-face with her. She was still very beautiful, but also still very cool toward him. She reminded him of some princess in an old romance locked away from the real world. She seemed even more aloof than ever as he told her about his trip.

If only she would make some comments—whether polite or rude, I don't care!

At last, tired of her silence, Genji said, "My dear wife, I sometimes think it would be so nice if you could actually be more like a dear wife. You know I've been very ill, and yet you haven't asked me a thing about my health. That hurts me a lot, you know!"

14. 葵の上

　すっかり胸躍る経験となった山行きの後、源氏は宮中での生活に戻るのが難しいと感じていた。彼はすぐその足で父を訪ねた。父は、やせ細ってはいたが病状が回復した息子を見て喜んだ。源氏は、紫の君のことには一切触れず、修験僧や僧都と何があったかを説明した。

　帝はその修験僧について詳しく尋ね、こう言った。「その偉大な僧のことはこれまで聞いたことがなかった。褒美を与えなくてはならない！」

　源氏の義父もその場にいて、源氏を三条にある自分の家に連れて帰って数日間休ませると言い張った。

　いつものように葵の上は部屋から姿を見せなかったが、義父は彼女に出てきて夫に挨拶をするべきだと言った。というわけで源氏は彼女と対面することになった。彼女は相変わらず非常に美しかったが、彼に対しては相変わらず非常に冷たかった。外の世界から切り離され閉ざされて過ごす物語のお姫さまそのままであった。源氏が旅の話をすると、彼女はこれまで以上に飄々としているようだった。

　何か言ってくれさえすればよいのだ、それが礼儀正しかろうが無礼だろうが、どうでもよい！

　ついに、沈黙にうんざりした源氏は、こう言った。「葵の上、もう少し普通の妻らしくしてくれたらどんなに良いだろうと、時々考えることがあります。今も私が大病をしているのを知りながら、あなたは私の健康についてこれっぽっちも尋ねてくれません。それはとても辛いことなのです！」

"Oh, does it?" she replied, looking straight at him. There was little sign of love in her cold eyes. "So you understand how much it hurts to be ignored, do you? You know what it's like to sit around waiting for a visitor that never comes?"

"But you hardly ever speak to me. And when you do speak you always say something rude or unkind. And is 'a visitor' a nice way to refer to your own husband? I try to be nice to you, but you seem to get further away from me all the time. How many years will it take for you to understand the depth of my feelings?"

Aoi said nothing, but looked away.

Genji rose and went to their bedroom. She didn't follow.

Genji lay in bed alone, unable to sleep… He sighed and stared up at the patterns of the wood grain on the ceiling. They seemed to be alive in the flickering shadows of the candlelight.

His thoughts went back to the house in the valley and the girl called Murasaki.

Yes, of course, she's too young for me right now, but how eager I am to see her grow up! Is there some way I could bring her to my house in the Second Ward? Well, perhaps I will just have to be patient and wait…

He decided he would write to the abbot, the nun, and the girl called Murasaki first thing the next morning, and see how things developed once they got to know him better…

「そうなの？」源氏をまっすぐに見つめながら彼女は答えた。冷たい目には、ほとんど愛情は感じられない。「無視されるのがどんなにつらいことかお分かりになる、ってこと？ 決して来ない訪問者をじっと待つのがどんなことかわかる？」

「でも、あなたは私にほとんど話しかけてこない。で、話してくれるときはいつも、無礼なことか思いやりのないことだ。それに、『訪問者』とはご自分の夫を指す丁寧な言葉なのですか？ 私はあなたに親切にしようと努めているのに、あなたはいつも私から遠ざかっていくようだ。私の深い気持ちをわかってもらうのに何年かかるのか？」

葵の上は何も言わず、目をそらした。

源氏は立ち上がり自分たちの寝室に向かった。彼女はついてこなかった。

源氏は一人寝床に横たわり、眠れなかった……ため息をつきながら、天井の木目模様を見つめていた。それらは、揺らめく蝋燭の灯りの影の中で生きているように見えた。

彼の思いは渓間の家と紫の君という少女に戻っていった。

　　ああ、もちろん、今の自分には彼女は若すぎる。でも、あの子の成長をどれほど見たいものか！ 二条の家に連れてくる方法はないだろうか？ たぶん気長に待つしかないのだろう……

源氏は、翌朝一番に僧都、尼君、そして紫の君という少女に手紙を書き、彼らが自分のことをもっとよく知るようになったのちに事態がどう進展するかを見てみようと決めた……

18

15. Fujitsubo

Fujitsubo had not been well. The Emperor suggested she should go home for a while, and that is where she was now spending her days.

While feeling rather sorry for his father, who must have been very lonely without Fujitsubo, Genji saw this as a chance to meet her again. He even gave up visiting any other women as the images of both her and the niece who looked so much like her filled his mind.

Ōmyōbu, Fujtsubo's maid, took pity on Genji and agreed to deliver his messages to her mistress every day. However, Fujitsubo tried hard to keep him at a distance. But the more she resisted him, the more eager he seemed to become and the more she wanted to see him, even though she was far from well.

Fate would not keep them apart.

And so it is that one late spring night, The Shining One enters a dark room filled with an unforgettable scent. And for a few brief hours he and the Emperor's favorite wife are no longer younger brother and elder sister, but man and woman...

When, all too soon, the first streaks of light begin to appear over the eastern hills, The Shining One rises from Fujitsubo's bed and stands gazing out across the garden with tears in his eyes.

She rises behind him, walks over, and presses her soft body

15. 藤壺の宮

　藤壺の宮は体調が優れなかったため、帝は、しばらく実家に帰るよう勧め、今、彼女はそこで日々を過ごしていた。

　藤壺の宮のいない父はさぞ寂しいことに違いないと気の毒に思いながらも、源氏はこれを再び彼女に会えるチャンスだととらえた。藤壺の宮と彼女にそっくりの姪の姿で彼の心はいっぱいになり、他の女性を訪ねることさえやめた。

　藤壺の宮の女房、王命婦は源氏に同情し、毎日源氏の伝言を彼女の女主人に届けることになった。だが、藤壺の宮は懸命に源氏と距離を置こうとした。しかし、彼女が拒絶すればするほど、源氏は熱心になるようで、体調が万全ではないにもかかわらず、藤壺の宮は源氏に会いたいと思うようになっていった。

　運命は二人を引き離そうとはしなかった。

　そしてある晩春の夜、光の君は忘れがたい香りに満ちた暗い部屋に入る。そして数時間の短い間、彼と帝のお気に入りの妻は、もはや弟と姉ではなく、男と女になった……

　あまりにも早く、東の山に曙光が現れ始めたとき、光の君は藤壺の宮の寝床から起き上がり、涙を浮かべて庭を見渡す。

　彼女は彼の背後に立ち上がり、歩み寄り、多くの喜び、そして多く

against the young man who has given her so much pleasure—and also so much pain and guilt.

He turns to look at the woman he loves more than anyone else, the woman who has given him so much pleasure—and also so much pain and guilt.

So few the precious memories, so dim the days ahead,
Oh, to be swallowed by this night's dream instead!

Fujitsubo gently wipes away his tears and then murmurs her reply:

In the world of dreams, I also would forget the past,
But this our tale of love and shame is what will truly last.

For a few moments they stand clasped in one another's arms, two hearts beating together in the cool morning air.

They both know that they will never ever meet like this again.

It is the fourth great parting in Genji's life.

の苦痛と罪悪感を与えた若者に、その柔らかい体を押しつける。

　源氏は、女性を振り返り、彼に多くの喜び、また多くの苦痛と罪悪感を与えた誰よりも愛するその女性を見つめる。

　　　　見てもまた逢ふ夜稀なる夢の中に
　　　　やがてまぎるるわが身ともがな

藤壺の宮は源氏の涙をそっと拭い、こうつぶやいた。

　　　　世語りに人やつたへん類ひなく
　　　　憂き身をさめぬ夢になしても

　しばらくの間、ふたりは互いの腕の中に身を任せている、冷たい朝の空気の中で二つの心臓が鼓動する。
　このように会うことはもう二度とないことがふたりにはわかっていた。

　それは源氏の人生で四度めの大きな別れだった。

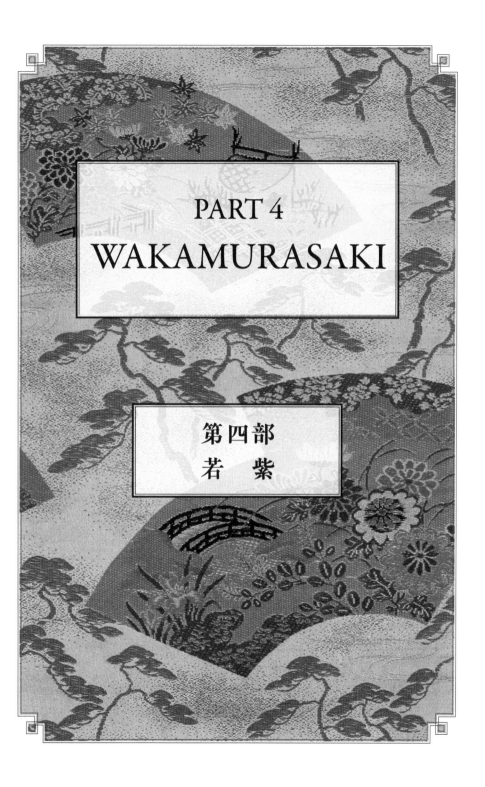

PART 4
WAKAMURASAKI

第四部
若　　紫

19

A fine, fresh autumn afternoon early in the second millennium…

Tō-no-Shikibu is standing on the bridge over the Katsura River at Arashiyama at the western end of Heian-kyō, the capital city. She has been admiring the varied colors of the autumn leaves on the hillside on the far side of the river. Now she turns and gazes across the city toward the northeast.

In the far distance, she can see the dark outline of Mt. Hiei. She knows that in Enryakuji Temple at the top of the mountain there is a gleaming gold statue of Amida Buddha. With eyes half closed, he gazes out at a spectacular view of the dark waters of Lake Biwa through the forest of cedar trees. His gaze never moves from the northeast, the direction from which the evil spirits are said to come. That is why the temple was built there, to protect the people of the capital down in the valley behind him.

But Tō-no-Shikibu can only imagine all this. She has never climbed Mt. Hiei because women are not allowed on its slopes…

So many things are impossible for women, even for those women who enjoy the delights of the Imperial Palace. Despite their power and influence over the men, they live almost like prisoners, with so much time on their hands and so few things to do, so few places to go. I should be grateful that I have so much freedom myself…

She has been staying in a friend's villa near the river, enjoying the sights and tastes of the season. She has also been gaining fresh

二千年紀（11世紀から20世紀）初頭のよく晴れた爽やかな秋の午後
……

　都である平安京の西端に位置する嵐山。藤式部<rt>とうのしきぶ</rt>は、その麓を流れ
る桂川に架かる橋の上に立ち、川向こうの丘陵地の色とりどりの秋
の紅葉に見とれていた。それから振り返り、都を横切って北東の方
角をじっと見つめる。

　はるか遠くに比叡山の黒い輪郭が見える。山頂の延暦寺には金色
に輝く阿弥陀如来像があることを式部は知っている。阿弥陀如来像
は半分閉じた目で杉林越しに暗く水をたたえた琵琶湖の絶景をじっ
と見つめている。その視線は悪霊がやってくるといわれる北東の方
角を向いたまま動かない。だからそこに寺が建てられたのだ。背後
の渓間にある都の人々を守るために。

　しかし藤式部はこの話を想像することしかできない。比叡山は女
人禁制なので登ったことがないのだ……

　女性には不可能なことがたくさんある。御所住まいの喜びを享受
する女性たちでさえ。あの人たちは男たちに対する権力や影響力が
あるにもかかわらず、ほとんど囚人のように暮らしている。時間を持
て余しているのに、やることも、出かけるところも少ない。私はこん
なに自由があることに感謝すべきだろう……

　式部は桂川の近くにある友人の別荘に滞在し、この季節の景色と
味覚を楽しんでいる。同時に、宮廷の女性たちや、彼女たちを暗闇の

inspiration for her novel featuring the women of the Court and the young men who seek them out in the dark.

When I first had the idea of writing my saga, I didn't realize just how much the task would take over my life. Nor did I know how my characters would develop. Now they all seem so real! So where will they all go next?

Well, it's late autumn in Heian-kyō, and Genji has many women on his mind…

中で探し求める若い男たちをテーマにした小説の新たな着想を得ていた。

　長大な物語を書こうと思い立った当初は、私の人生のうちどのくらいをこの執筆作業に費やすことになるのか気づいてもいなかった。また、登場人物たちがどう成長していくのかも分からなかった。今や、誰もかれもがとてもリアルに思える！　これから彼らはどうなっていくのだろう？

　さて、晩秋の平安京、源氏には心に留める女性がたくさんいる……

20

16. The Bare Leaf

At the end of summer, Genji heard that Murasaki's grandmother had returned to the city from the northern hills. He wrote to her several times, but her reply about her granddaughter was always the same—thanking him for his concern, but suggesting it would be better to wait for a few years.

Genji had many other things to worry him, particularly the condition of Fujitsubo. For a while she had hidden the fact that she was pregnant—even from her husband—claiming that she was not feeling well because she was possessed by some evil spirit.

One night, Genji had a very strange dream. He asked a fortune-teller what it could mean, pretending it was his friend's dream rather than his own. The fortune-teller said it suggested some very bad things would happen, and that made Genji feel worried.

Then, the very next day, like a bad omen, Genji heard about Fujitsubo's condition. He had a strong feeling it was his baby rather than the Emperor's, but he had nobody he could talk to about it. The idea of being the father of Fujitsubo's child was both thrilling and frightening. He sent Fujitsubo letter after letter hoping she would forgive him, but Ōmyōbu, her maid, refused to deliver them.

But in early autumn, Fujitsubo returned to the Palace, and the news

16. 若草

　夏の終わり、源氏は若紫(＝紫の君)の祖母が北の山から都に戻った
と聞いた。何度か手紙を出したが、孫娘についての返事はいつも同
じだった。すなわち彼の気遣いに感謝しながらも、数年待ったほう
がいいという勧奨の言葉だ。

　源氏には他にも心配事がたくさんあった、とりわけ藤壺の宮の容
態である。しばらくの間、藤壺の宮は妊娠している事実を夫にも隠
していた。体調が悪いのは悪霊に取り憑かれているからだ、と。

　ある夜、源氏は奇妙な夢を見た。彼は占い師に、自分ではなく友人
の夢だと偽って、その夢が何を意味しているか尋ねた。占い師は、そ
れは何か非常によくないことが起こる暗示だと言い、源氏を不安に
させた。
　すると、まさにその翌日、不吉な予兆であるかのごとく、源氏は藤
壺の宮の容態を耳にする。彼には、その子が天皇の子でなく自分の
子ではないかという強い思いがあったが、それについて話せる人は
誰もいなかった。藤壺の宮の子の父親であることは、感動的であり、
同時に恐怖でもあった。藤壺の宮が許してくれることを願い、何通
もの手紙を送ったが、女房の王命婦は藤壺の宮に届けようとしなか
った。

　しかし、初秋に藤壺の宮が宮中に戻ると、その情報は瞬く間に広

spread fast. There was both great pleasure that she was going to have a baby and fears about her health. Although she was extremely pale and her face seemed thinner, the Emperor thought she looked more beautiful than ever. He prayed that she would present him with another son. As for Fujitsubo and Genji, there were many occasions on which the Emperor asked Genji to join in the music-making at the Palace. Every time this happened, it was extremely painful for the two of them to be so close but yet so far apart on opposite sides of screens, both filled with their guilty secret.

Then one day at the end of autumn, news came that the nun, Murasaki's grandmother, was very ill. Genji visited her at once. She refused to talk to him face-to-face but sent messages through her ladies as Genji sat outside the screen.

"Lord Genji, I hope your feelings toward Murasaki will remain the same when she is a few years older and able to make her own decisions."

"My dear lady, I assure you that my feelings toward your grand-daughter will never change. I would so much like to hear her voice again. Is it possible?"

"She's asleep."

But just then Genji heard the sound of footsteps running into the room and a young girl's voice—it was her!

"Granny, I heard that the gentleman called Lord Genji is here! Why don't you go out and say something to him?"

The ladies all tried to stop her talking, but she continued: "Granny told me that when she saw Lord Genji she felt much better!"

Pretending not to have heard anything, Genji smiled to himself.

まった。懐妊を喜ぶ声と、健康を心配する声の両方があった。藤壺の宮の顔色は極めて悪く、顔つきもほっそりしたように見えたが、帝は宮が以前にも増して美しく見えると思った。帝は、もう一人息子が生まれることを祈った。藤壺の宮と源氏については、帝が源氏に宮中の音楽の遊びに参加を促す機会が何度もあり、そのたびに、とても近くにいるのだが、屏風に遮られ現実には遠く感じることが、後ろめたい秘密を抱えたふたりにとって、この上ない苦痛であった。

　そして晩秋のある日、若紫の祖母である尼君が重病だという知らせが届いた。源氏は直ちに彼女を訪ねた。尼君は、屏風の外に座る源氏に面と向かって話すことは拒んだが、女房たちを通して言葉を交わした。

「源氏殿、若紫がもう少し成長して自分で物事を決められるようになっても、あの子に対するお気持ちが変わらないことを願っております」

「尼君さま、お孫さんに対する私の気持ちは決して変わらないことをお約束いたします。彼女の声をぜひもう一度お聞きしたいのですが、可能でしょうか？」

「今は眠っております」

　しかしちょうどその時、源氏は部屋に駆け込んでくる足音と少女の声を聞いた。若紫だった！

「お祖母さま、源氏のお殿さまがこちらにおいでになっていらっしゃるそうよ！　外に出て、お話しになってみたらどうかしら？」

　女房たちは皆、話をさえぎろうとしたが、彼女は続けた。「お祖母さまは、源氏のお殿さまにお会いしたときに、とてもご気分がよくなった、とお話しになってたわ！」

　何も聞かなかったふりをして、源氏はひとり微笑んだ。

She's still so young and innocent! I'd gladly be her teacher …

The next day, he sent a letter to the nun, including a little poem for Murasaki written in childish handwriting:

> *Following the call of the nesting crane,*
> *My boat returns again and again!*

Murasaki's ladies all thought it was charming and they suggested that Murasaki should copy Genji's calligraphy.

Shōnagon, Murasaki's nurse, sent a rather sad reply: "I fear my lady will not last much longer. She has requested to go back to the villa in the northern hills where you first met her. I am sure she will thank you for your kindness from the next world."

Tears filled Genji's eyes as he read it. He suddenly remembered the poem he had overheard the nun reciting in the hills:

> *Not knowing who will care for the leaf so bare,*
> *The dewdrops cannot vanish in the air.*

Now more than ever he wanted to care for that poor unprotected leaf. He wrote a poem to Shōnagon:

> *Oh, one day will it ever be mine*
> *That plant with the purple roots so fine?*

About one month later, he received the sad news from the abbot that the nun's condition had suddenly got much worse not long

若紫はまだ幼くて無邪気だ！　私は喜んで彼女の先生になろう……

翌日、子供っぽい字体で書いた若紫への小さな歌を添えて、源氏は尼君に手紙を送った。

　　　いはけなき鶴の一声聞きしより
　　　葦間になづむ船ぞえならぬ

若紫の女房たちは皆これを魅力的だと思い、若紫に源氏の書をお手本にするよう勧めた。

彼女の乳母である少納言が、とても悲しい返事を送ってきた。「残念ながら、奥さまはもう長くはもたないようです。彼女は、貴方さまと最初にお会いした北の山荘に帰りたいと申しております。きっとあの世から貴方さまのご親切に感謝なさることでしょう」

読みながら源氏の目には涙があふれた。ふと尼君が山で詠んでいたのを偶然、耳にした歌を思い出した。

　　　生ひ立たむ　ありかも知らぬ　若草を
　　　おくらす露ぞ　消えむそらなき

今かつてないほど、源氏は、あの不幸で無防備な若草を大切にしたいと思うのだった。彼は少納言に歌を送った。

　　　手に摘みていつしかも見ん
　　　紫の根に通ひける野辺の若草

それから約一ヵ月後、僧都から、尼君は帰山して間もなく容態がにわかに悪化し、亡くなったという悲しい知らせを受け取った。

after she returned to the hills, and she had passed away.

Genji was unsure what to do. He hardly remembered his own mother's death, but he could imagine what a terrible time it must be for young Murasaki, now truly a young leaf with no real protection.

　源氏はどうしたらいいのかわからなかった。自身の母との永遠の別れについてはほとんど思い出せなかったが、今まさにまともな保護を失った若草にすぎない幼い若紫にとって、どれほどつらい時であるかということは察することができた。

17. The Storm

At last Genji heard from Shōnagon that Murasaki and her family had returned from the hills, and they were now living in the nun's house in Heian-kyō. Genji went to visit them at once. It was a cold night; the wind was blowing hard and a storm was on its way. Shōnagon welcomed him warmly. After telling him the sad story of the nun's final days, she presented him with some worrying news.

"Lord Genji, I must tell you that what my lady feared the most may now happen, and very soon: Murasaki's father, Prince Hyō-bukyō, is thinking of taking her to live with him. But, as you know, his wife was very cruel to Murasaki's mother before she died. Even the poor girl herself, who is still so upset about losing her grand-mother, is afraid of going there and being bullied by her and her daughters. To tell the truth, we don't know what to do. Of course, we thank you sincerely for your kind offer to look after her, but she is still so young and so childish in many ways!"

"But that is what I like about her so much," replied Genji. "Ever since I first saw her up in the hills, I have believed that we must have some connection from a previous life, and I am eager to teach her. Please let me speak to her."

Shōnagon was still not willing to do that, but Murasaki had heard that a gentleman had come to the house and she came rushing in.

17. 嵐

　ようやく源氏は少納言から、若紫が一家で山から帰り、平安京の尼君の邸に住んでいることを聞いた。源氏は直ちに彼らを訪ねた。寒い夜で、風は強く、嵐が近づいていた。少納言は源氏を温かく迎えた。尼君の人生最期の悲しい日々の話をした後、彼女は気になる知らせを告げた。

　「源氏殿、お伝えしなければならないのは、尼君さまが最も恐れていたことが今すぐにも起こるかもしれないということです。つまり姫君さまを父君である兵部卿宮が、ご自分のもとに迎え入れようとしているのです。しかし、ご存知のように、兵部卿の奥さま（＝北の方）は生前、姫君さまのお母さまにとても残酷な仕打ちをしました。お祖母さまを亡くしてまだ動揺しているかわいそうな姫君さまご自身も、そこに行って奥さまやお嬢さま方にいじめられるのではと恐れています。実を言うと、私たちはどうしてよいのかわからないのです。もちろん、貴方さまがお世話してくださるというありがたいお申し出には心から感謝しておりますが、姫君さまはまだ若く、いろいろな意味で幼いのです」

　「でも、そこが姫君のいいところなのです。山で初めてお目にかかったときから、私たちは前世から何らかのつながりがあるに違いないと信じておりました。ぜひ姫君を養育させてほしいと思っています。どうか話をさせてください」と源氏は答えた。

　少納言はなおもその気にはなれなかったが、若紫が、殿方が家に来たと聞いて駆け込んできた。

"Shōnagon, is Father here?"

"No, I'm not your father," replied Genji with a smile, "But I'm someone who is happy to treat you like a daughter. Please come over to the blinds!"

Murasaki hesitated.

"Oh, please don't be shy," said Genji.

Shōnagon pushed her over close to the blinds.

Genji reached out and touched the bottom of her robe and stroked the ends of her beautiful black waterfall of hair. Then he reached round and took hold of her hand. She trembled slightly and pulled away. She thought he was very handsome, but he was still a stranger.

The storm was growing outside and the shutters started rattling.

"If it will not upset all you ladies, I will stay the night and look after you!" announced Genji suddenly, getting up and pushing aside the blinds. The ladies were all shocked, but they certainly couldn't refuse having such a fine and noble watchman.

Murasaki was still trembling, so Genji carefully placed a kimono over her.

"There's nothing to fear!" he said to her. "You must come and see my lovely house. I have lots of pictures for you to look at and dolls to play with."

Then he and the ladies talked the night away as the wind howled outside and sleet fell on the roof. The ladies were very happy, all of them thinking the same thing: "If only Murasaki were a few years older!"

As soon as the storm died down, Genji prepared to leave. It was still dark.

"I really feel she should come with me," he said to Shōnagon. "I

「少納言、お父さまがおいでなの？」

「いいえ、お父さまではありません」と、源氏が微笑みながら答えた。「でも自分の娘のようにあなたに接することができたらとても嬉しいです。どうぞ、御簾の方へいらっしゃい」

若紫はためらった。

「ああ、恥ずかしがらないで」と源氏は言った。

少納言が彼女を御簾の近くに押しやった。

源氏は手を伸ばし、若紫の上衣の裾に触れ、美しい滝のような黒髪の先を撫でた。そして、彼女の手を捉えた。若紫はわずかに震え、手を引っ込めた。源氏はとてもハンサムだけど自分にとってはまだ見知らぬ男性だ、と彼女は思った。

外は嵐になり、雨戸がガタガタと音を立て始める。

「皆さんが不愉快にお思いでなければ、私が一晩こちらでお守りいたしましょう！」突然そう言って、源氏は立ち上がり御簾を脇に押しやった。女房たちはみなとても驚いたが、そのような立派で高貴な見張り役の申し出を断ることはできなかった。

若紫が依然として震えていたので、源氏は慎重に着物を被せてやった。

「怖がることはありません。いつか私の素敵な邸を見に来てください。絵もお人形もたくさんあるから、ごらんになったり一緒に遊べますよ」と、源氏は若紫に言う。

外では風がヒューヒューとうなり、屋根にみぞれがたたきつける中、源氏と女官たちは夜通し語り明かした。大きな満足感を覚えていた女房たちはみな同じことを考えていた。「姫君さまがもう二、三歳年上だったら！」と。

嵐がやむと、源氏は帰り支度をした。外はまだ暗かった。

「姫君は私と一緒に来るべきだと思います。私は二条の邸でとても

am so lonely in my house in the Second Ward. And this is not a good place for a young lady like her to live without proper protection. In fact, I think all you ladies need better protection as well."

"But her father may soon come to take her to live with his family."

"Yes, I understand that. But he is as much a stranger to her as I am. They have never lived together, have they? And I'm sure my feelings toward her are stronger than his!"

He gently patted the head of the sleeping Murasaki and left.

孤独です。それにここは、彼女のような若い女性が適切な保護もなく
暮らすのによい場所ではない。もっとはっきり言えば、皆さんご婦人
方もより良い保護が必要だと思います」と、源氏は少納言に言った。

　「ですが、宮さまがまもなくお見えになってご自分の家族と同居さ
せるために姫君さまをお連れになるかもしれません」

　「それはわかります。でも、姫君にとっては父君も私と同じぐらい
見知らぬ人です。これまで一緒に暮らしたこともないでしょう？
それに、彼女に対する私の思いは彼よりも強いと確信しています！」

　寝ている若紫の頭をそっと撫で、源氏はその場を後にした。

22

18. A Thief in the Night

Prince Hyōbukyō visited them later that morning. It was a while since he had been there, and he was shocked to see the bad state of the house.

"Oh, you must not stay here any longer!" he said to Murasaki. "I have a fine big house you can come and live in, and there are many young girls for you to play with. Your nurse can have her own room, too."

He asked Murasaki to go over and sit by him.

"Oh, what a lovely smell!"

It was Genji's perfume left on her clothes.

"My lord," said Shōnagon, "it is certainly true that we are lonely here, but I think it's better for us to stay until Murasaki is older and understands all that is happening. As you know, she's still very sad about her grandmother's death and is hardly eating any food. I don't think this is a good time for us to move."

"Oh, but she must accept that her grandmother has gone, and realize that her father is here to look after her in her place."

Murasaki started crying.

"Please don't cry," said the prince. "All will soon be fine again. I will come and collect you both tomorrow!"

And with that he left.

18. 夜中の泥棒

　その日の朝、兵部卿宮が若紫たちを訪ねた。久しぶりに訪れた宮
は、屋敷のひどい状態を見て愕然とした。

　「ああ、これ以上ここにいてはいけない！　私にはあなたが住める
大きくて立派な家がある。それに一緒に遊べる若い女の子もたくさ
んいる。あなたの乳母も自分の部屋を持てるのだよ」と、彼は若紫に
言った。
　兵部卿宮は若紫に、自分のそばに来て座るように言った。
　「ああ、なんていい香りなんだ！」
　それは若紫の着物に残った源氏の香りだった。
　「宮さま、確かにここでは寂しい思いをすることもありますが、姫
君がもう少し大きくなって、いろいろなことを理解できるようにな
るまでは、ここにいた方がよいという気がいたします。ご存知のよ
うに、姫君はまだお祖母さまの死をとても悲しんでいて、食事もほ
とんど召し上がりません。今はまだ引っ越しの時ではないように思
うのです」と少納言が言った。
　「ああ、でも、お祖母さまが亡くなったことを受け入れて、彼女の代
わりにこの父が面倒を見ることを十分に理解しなければなりません」
　若紫は泣き出した。
　「どうか泣かないで。またすぐに何もかも良くなります。明日、あ
なたたちふたりを迎えに来ましょう」
　そう言って、兵部卿宮は去っていった。

Genji was busy at the Palace all day, but he was very worried about Murasaki. He sent Koremitsu to see Shōnagon.

"Your lord worries us because he says and does such strange things," said Shōnagon. "Perhaps it would be better after all for her to go with her father. In fact, he came here this morning and promised to take her to his house tomorrow."

Koremitsu hurried back to tell Genji, who then sat alone for a while wondering what to do.

Of course, everyone will think my actions are wild and ridiculous, but I don't care about that! And if I don't act right away, she'll be taken off to the prince's house. If I then try to remove her from there, I'll certainly be regarded as an evil child thief! So I must act now…

He called Koremitsu back in.

"We'll go and get her early tomorrow morning. But this must be kept secret from everyone. All I'll need is a plain carriage and a couple of guards. You can join us on horseback."

It was not long after midnight when they arrived at the nun's house. Koremitsu banged on the gate and the porter let the carriage in without asking any questions. Koremitsu tapped on the door and coughed loudly. Shōnagon came out at once when she heard the noise.

"Forgive me for waking you up," Koremitsu said at once, "but my lord is here with me."

"This is a very strange time to visit us!" she replied, looking very unhappy. She assumed Genji was on his way back from some lover's house.

"Shōnagon, please excuse us for coming like this," said Genji,

　源氏は一日中宮中で忙しくしていたが、若紫のことを非常に案じていた。そこで、惟光を使いに出して少納言に会わせた。
　「あなたのご主人さまはおかしな言動をなさるので気が気ではありません」と少納言は言った。「やはり姫君は宮さまと一緒に行った方がよろしいのではないでしょうか。実は、今朝がた、兵部卿宮がおいでになり、明日、ご自分の家に姫君をお連れすると約束なさいました」
　惟光は急いで帰り源氏に報告をした。それからしばらくの間、源氏は一人でどうしたものかと考えた。

　もちろん、誰もが私の行動を乱暴で馬鹿げていると思うだろうけど、そんなことはどうでもよい！　もし私が今すぐに行動を起こさなければ、若紫は宮の邸に連れて行かれてしまう。そこから彼女を連れ出そうとすれば、私は間違いなく邪悪な子ども泥棒とみなされるだろう！　だから、今すぐ行動しなければならない……

　彼は惟光を呼び戻した。
　「明日の朝早く、若紫を迎えに行こう。しかし、これは誰にも秘密にしておかなければならない。必要なのは地味な牛車と二人の随身だけだ。君は馬で同行してほしい」

　尼君の邸に到着したのは真夜中過ぎだった。惟光が門を叩くと、下男は何も聞かずに牛車を入れてくれた。惟光は戸を叩き、大きな咳をした。その音を聞きつけた少納言がすぐに出てきた。

　「起こしてしまって申し訳ありません。殿がお越しです」と惟光は一気に言った。
　「こんな時間においでになるとは！」と、彼女は不機嫌そうに答えた。少納言は、源氏が恋人の家から帰る途中なのだろうと思った。

　「少納言、こんな風にお邪魔して申し訳ない。だが、兵部卿宮が若

appearing behind Koremitsu, "but there's something important I must say to Murasaki before her father comes for her."

"Something important? May I remind you, Lord Genji, that she's only ten years old! And, of course, she's asleep."

"Then we must wake her up at once," said Genji with a smile. "The morning mist is too beautiful to be missed!"

Genji marched straight into the house, giving neither Shōnagon or the other ladies time to say or do anything to stop him. He went straight to Murasaki's bed and picked her up. Still half-asleep, she thought he must be her father.

"Let's go at once," said Genji, gently stroking her hair.

Murasaki recognized the voice and opened her eyes. "No, no!" she cried. "You're not my father!"

"Please be calm and regard me as your new father. Believe me, I will look after you very well."

"No, Lord Genji, you must not do this!" said Shōnagon, trying to block his way.

"As I've already told you," replied Genji, "I just want her to live in a pleasant house where she will not be bullied and I can see her all the time. Do you really think she will be well treated at her father's house with that wife of his and their daughters? Of course, you can come with us as well…"

"But what will we say to the prince when he comes to collect her? As I've said before, you and Murasaki may be destined to be together one day in the future, but only time will tell whether that will happen. But not now, please, not tonight, not like this!"

"Please join us later if that is what you would prefer," is all that Genji replied as he carried the girl out to the waiting carriage. She was weeping loudly.

紫を迎えに来られる前に、彼女に伝えておかねばならない大事な話
があるのです」と、惟光の背後から現れた源氏は言った。

「大事なこと？　申し上げておきますが、源氏殿、彼女はまだ十歳
ですよ！　それに当然ながら、今、姫君はお寝み中です」

「それでは直ちに姫君を起こさなければなりません。この美しい朝
霧を見逃すなんて！」と、源氏は微笑みながら言った。

彼はまっすぐ家の中に入って行った。少納言も他の女房たちも源
氏を止めるために何か言ったり行動を起こしたりという間はなかっ
た。源氏は若紫の寝床に直行し、彼女を抱き上げた。まだ半分眠っ
ていた若紫は、その人は自分の父宮に違いないと思った。

「さあ行きましょう」髪を優しく撫でながら源氏は言った。

その声に気づいた若紫は目を開けて、「いや、いや！　あなたはお
父さまではないわ！」と叫んだ。

「どうか静かにしてください。これからは私を新しいお父さまだと
思ってください。私がちゃんとあなたのお世話をしますから。嘘じ
ゃありません」

「源氏殿、いけません！」そう言って、少納言は彼の行く手を阻も
うとした。

「すでにお話ししたように、私は、この子がいじめられることがな
い快適な家に住んで、いつでも会えるようにしたいだけなのです。
あの奥方と娘たちがいる宮さまの家でこの子がよくしてもらえると
思いますか？　もちろん、あなたも一緒に来ればよい……」

「でも、兵部卿宮が姫君さまを迎えに来たとき、私たちは何と申せば
いいでしょう？　前にも申し上げたように、おふたりはいつかご一緒
になる運命にあるかもしれませんが、時のみがそうなるかどうかを教
えてくれます、つまり、なってみないとわからないことです。今ではあ
りません、どうか、今夜は、そしてこんなやり方はおやめください！」

「後からおいでになりたいなら、そうしてください」とだけ源氏は
答え、少女を外で待たせてある牛車に連れていった。彼女は大声で
泣いていた。

Shōnagon realized there was nothing she could do to stop him.

"Alright," she said. "I think you're doing a very dangerous thing, but I will come with you. It's my duty to stay with her, whatever happens. Please wait a few minutes while I get some things together…"

It was still dark when the carriage arrived at Genji's house. Not a word had been spoken during the journey.

Genji lifted Murasaki out. Shōnagon hesitated to leave the carriage.

"I'm beginning to think this is some kind of nightmare," she said.

"No," said Genji, shaking his head. "One day you will realize that this is really a pleasant dream. But if you prefer not to stay here, I'll send someone home with you immediately."

Shōnagon took a deep breath. The future looked as dark as the night sky, but at least they were being protected by a great and noble young man, and this was no time for her to be selfish. She had to stay beside Murasaki.

"No, my lord. I will stay here with my princess."

"Good. And please send for the other ladies whenever you feel it is a suitable time."

Genji gently carried Murasaki into the house and Shōnagon followed. The West Wing was normally empty, so Koremitsu was busily arranging screens, curtains and bedding.

Murasaki had stopped crying, but looked very frightened when Genji showed her where she could sleep.

"I don't want to be alone!" she murmured. "I always sleep with Shōnagon…"

少納言は、源氏を止めるために自分ができることは何もないと悟った。

「分かりました。これは非常に危険なことだと思いますが、私も一緒に参ります。何があっても、姫君さまのおそばにいるのが私の務めです。荷物をまとめる間、しばらくお待ちください……」と彼女は言った。

牛車が源氏の家に着いたとき辺りはまだ暗かった。道中、ひと言も会話はなかった。

源氏は若紫を抱き上げて降ろした。少納言は牛車を降りるのをためらった。

「これは何か悪い夢だと思えてきました」と少納言は言った。

「いいえ」と源氏は首を振った。「これが本当に楽しい夢だと気づく日がいつかやってくるはずです。でも、ここにいない方がよいとお考えなら、今すぐに誰かに家まで送らせます」と言った。

少納言は深呼吸をした。未来は夜空のように真っ暗だったが、少なくとも自分たちは優れた資質を備え高い地位にある青年に保護されている。それにわがままを言っている場合ではない。自分は若紫のそばにいなければならなかった。

「いいえ、源氏殿。私は姫君さまとここに残ります」

「よろしい。他の女房たちも、適当な時期にこちらにお呼びください」

源氏は若紫をゆっくりと家の中に運び入れ、少納言もあとに続いた。西の対は普段は誰も使っていないので、惟光は屏風や几帳、寝具などの手配に忙しくしていた。

若紫は泣き止んでいたが、源氏が寝場所を教えると、非常に怯えた様子だった。

「一人は嫌だ！」とつぶやいた。「寝るときはいつも少納言と一緒よ……」

"What? You still sleep with your nurse? Oh, I don't think you should do that any longer. You're a big girl now!"

At last dawn arrived. Shōnagon had sat near Murasaki all night without sleeping. She was very tired. But as she sat looking out over the garden, she was surprised to see all the wonderful buildings and the white sand shining like precious stones in the first rays of sunlight. The frost made the flowers look like stars. It was all so perfect and peaceful.

Perhaps, after all, the future will be brighter than I've been imagining...

「え？　まだ乳母と一緒に寝てるって？　それはもうやめた方が
よいと思いますよ。あなたはもうお姉さんなんだから！」

　ようやく夜が明けた。少納言は一晩中、眠らずに若紫のそばに座
っていた。彼女はとても疲れていた。しかし、座って庭を見渡すと、
素晴らしい建物や敷きつめた白砂が朝の光を浴びて宝石のように輝
いているのが見えて驚いた。霜のせいで花々が星のように見えた。
すべてが完璧で静かだった。

　もしかしたら、未来は想像よりも明るいのかもしれない……

23

19. The Little Treasure

As soon as Genji woke up, he sent an order to the East Wing for some young girls to come and play with Murasaki after breakfast. Murasaki herself was still hidden under several kimonos. Genji couldn't tell whether she was asleep or not.

"Now, I don't want you to stay sulking in bed all day," Genji said to the pile of kimonos. "That would make me very unhappy. I'm doing all these things for you because I'm a kind man, and I want to help you and all your ladies. I was very fond of your grandmother. And remember that young ladies should always do as they are told! So please get up, eat your rice gruel, be more cheerful, and enjoy my wonderful house…"

As the day passed, Murasaki began to lose her fear. Genji drew pictures for her and wrote out poems for her to copy, and she played with the other girls. At last, she began to smile again. When Genji left her alone for a while, she peered out at the lovely garden through the blinds, watched the people coming and going outside, and then she looked at all the paintings on the sliding doors and screens…

She decided it was quite a nice place to be.

When Prince Hyōbukyō arrived at the nun's house in the afternoon, he was shocked to find Murasaki and Shōnagon gone. The ladies

188

19. 小さな宝物

　源氏は目を覚ますとすぐに、朝食後に若紫の遊び相手になる何人
かの若い娘たちを連れてくるよう東の対に注文を出した。若紫自身
はまだ何枚かの着物にくるまったままで、寝ているのかいないのか、
源氏にはわからなかった。

　「さあ、拗ねたまま一日中寝床にいてほしくない」と、源氏は着物
の山に向かって言った。「そんなことをしたら、私はとても悲しくな
ります。私は親切だから、あなたのためにいろいろなことをやって
いる。そしてあなたたちご婦人のお役に立ちたいと思っています。
私はあなたのお祖母さまが大好きでした。それに若い女性は、いつ
も言われたとおりにすべきだということを忘れないでください！
だから、起きて、お粥を食べて、もっと明るくふるまって、そして私
の素晴らしい家を楽しんでください……」

　時が経つにつれて、若紫は恐怖心が消えていった。源氏は彼女の
ために絵を描いたりお手本となる歌を書き、そして若紫は他の少女
たちと遊んだ。ようやく彼女は笑顔を取り戻し始めた。しばらくの
間、源氏が彼女を一人にすると、彼女は御簾越しに美しい庭を眺め、
外を行き交う人々を眺め、そのあと襖や屏風に描かれた絵を眺めた
りした……

　若紫は、ここはなかなかよい場所だと思った。

　午後、兵部卿宮が尼君の家に着くと、若紫と少納言がいないこと
に愕然とした。女房たちは、少納言から詳しい事情を説明するな

were in a very difficult position because Shōnagon had told them not to explain in detail what had happened. They simply told the prince that Shōnagon had disappeared with Murasaki in the middle of the night—which was the truth.

"Well, I suppose I should have expected that nurse would do something like this," said the prince. "I know that Murasaki's grandmother was not happy about her living with me, so I suppose she wanted to hide her away somewhere. But this makes me very sad. Please tell me as soon as you hear anything."

He left them, very sorry not to have such a pretty child in his house; and his wife was sorry that she had lost the chance to boss the daughter of her husband's lover.

And so the days passed by. Murasaki soon felt fully at home in the Second Ward. Sometimes she cried for her grandmother, but she had soon almost forgotten about her real father.

Genji stayed at home for a few days to look after her. He drew many charming pictures, helped her make a doll's house and wrote lots of poems for her to copy. She particularly liked an old poem he wrote out on a piece of lavender-colored paper:

> *The Musashi plain is a place I have never been,*
> *But I long for that lavender grass I have never seen.*

Beside it he had written a poem of his own:

> *The roots of the grass are now beyond my reach,*
> *But how fair the new young shoots I wish to teach!*

言われていたので、非常に苦しい立場に立たされていた。彼女たち
は、宮に、少納言が若紫と共に夜中に姿を消したとだけ告げた。これ
は真実である。

「乳母がこのようなことをするかもしれないと予想すべきだった。
若紫の祖母は、孫が私と一緒に暮らすことを快く思っていなかった
ので、乳母がどこかへ隠すことにしたのだろう。でも、とても悲し
い。何か分かったらすぐに教えてください」と、宮は言った。

兵部卿宮は、あんなに可愛い子を自分の家に迎えられないことを
とても残念に思いながら、尼君の家を後にした。そして宮の妻（＝北
の方）は、夫の愛人の娘を思いどおりにする機会を失ったことを残念
がった。

そうして日々は過ぎてゆき、若紫はまもなく二条院にすっかりな
じんできたように感じていた。時々祖母のことを思い出して泣くこ
ともあったが、実の父親のことはそのうちにほとんど思い出すこと
もなくなった。

源氏は二、三日家にいて、彼女の面倒をみた。魅力的な絵をたくさん
描き、人形の家作りを手伝い、若紫が手本とするたくさんの歌を書い
た。彼女は特に紫の色の紙に書かれたこの古い歌を気に入っていた。

　　　知らねどもむさし野と云へばかこたれぬ
　　　よしやさこそは紫の故

その横には源氏自身の歌が書かれていた。

　　　ねは見ねど哀れとぞ思ふ
　　　武蔵野の露分けわぶる草のゆかりを

"Now it's your turn to write something," he said. "Every poem you receive from a gentleman should have a reply, you know."

"But my writing is so bad," she said with a shy look.

"Well, in that case you must practice more. Remember that I am now your calligraphy teacher."

Genji watched with a feeling of great affection as she grasped her little brush just the way a child does and started writing. But when she finished, she suddenly said, "Oh, no, I think that's wrong!" and hid the paper from Genji.

"Your teacher will tell you whether it's right or not," said Genji, and she reluctantly handed over the simple poem she had written:

> *Why you sigh about Musashi I cannot tell,*
> *And what you mean about the roots I don't know well.*

Genji smiled. "It's a fine piece of work, and no mistakes. But I'm not going to explain my poem to you. That would never do!"

He looked down at the girl's strong strokes on the paper.

Hmm, they're childish, of course, but they somehow remind me of her grandmother's fine calligraphy. Yes, to add to her other charms, my pretty young student will soon be a fine calligrapher.

Whenever Genji returned home from work, Murasaki would rush out to welcome him. He would tell her stories of demons and foxes and also of handsome young men who danced and played music for beautiful ladies.

She was the ideal companion for Genji in many ways: she made him feel so relaxed and helped him forget all his worries. Indeed, she was his new little treasure…

「今度は君が何か書く番だ。殿方からもらった歌には返歌を書くのが当然のことなんだ」と源氏が言った。

「でも、うまく書けないの！」若紫は恥ずかしそうに答えた。

「それなら、もっと練習しなくちゃいけない。いいですか、今は私があなたの書の先生なんですよ」

若紫が子どもがやるように小さな筆を握って書き始めるのを見て、源氏はとても愛おしい気持になった。しかし、書き終わったとたん、彼女は「あら、嫌だ、書きそこねたわ！」と言って、源氏から紙を隠した。

「正しいかどうかは先生が見てみましょう」と源氏が言うと、若紫はしぶしぶ自分が書いた簡単な歌を手渡した。

> かこつべき故を知らねばおぼつかな
> いかなる草のゆかりなるらん

源氏は微笑んだ。「立派な歌だし、間違いもありません。でも、先生は歌について説明はしません。それは絶対にできない！」

彼は紙に書かれた少女の力強い筆づかいに視線を落とした。

　ふーむ、子供っぽい字ではあるが、どこか彼女の祖母の見事な書を思い出させる。そう、他の魅力に加えて、私の若くて可愛い生徒は近いうちに美しい文字の書き手になるだろう。

源氏が勤めから戻ると、若紫は急いで出迎えるようになった。源氏は、鬼や狐の話、そして美しい女性たちのために踊ったり音楽を奏でたりするハンサムな若い男たちの話をした。

若紫は源氏にとっていろいろな意味で理想的な話し相手だった。彼を大いにリラックスさせ、すべての心配事を忘れさせてくれた。まったくの話、彼女はこれまでにない小さな宝物だった……

PART 5
SUETSUMUHANA

第五部
末摘花

Tō-no-Shikibu gazes at her face in the highly polished bronze mirror. She has just finished blackening her teeth, as she does every day. Now she is carefully painting on false eyebrows several centimeters above her shaved real eyebrows.

They look more like ink blots than eyebrows…

She suddenly starts laughing. She has just remembered the story about a strong-minded young woman who refused to blacken her teeth or pluck her eyebrows.

Ha-ha… Oh, how everyone disliked that! One man was very attracted to her until he saw her face: he said she had eyebrows like a hairy caterpillar and white teeth like some wild animal or demon! He was quite disgusted and refused to see her ever again.

Yes, how horrible my smile would be if my teeth were white, and who could possibly like a woman with hairy eyebrows? And yet I remember seeing many extraordinary scenes in Echizen as I traveled in the palanquin and peeped out: farming and fishing women who never used make-up and walked around half-naked on their way to and from the public bath; and men in the fields in summer wearing only a loincloth! But rather than appearing horrible, such things seemed quite natural there. To those people, that's ordinary life! So why do I find the naked human body so unattractive? Why can't I imagine myself showing my teeth? And why do I have to pluck my eyebrows? Will ideas of beauty ever change? Will a day come when a woman with white teeth will be regarded as beautiful in Heian-kyō?

磨きぬかれた銅鏡に映る自分の顔を見つめる藤式部。毎日の日課のお歯黒を付け終えたところだ。今、彼女は自身の剃った眉毛の数センチ上につけ眉を丁寧に描いている。

　　眉毛というより墨痕のようだわ……

　彼女は突然笑い出す。歯を黒くすることや眉毛を抜くことを拒否した、気の強い若い女性の話を思い出したのだ。

　あはは……ああ、あれはみんなどれほど嫌がったことか！　ある男性が、顔を見るまではその女性に夢中だった。顔を見た後で彼は言う。彼女は毛深い芋虫のような眉毛に、野生の動物か悪魔のような白い歯をしていた！　その男性はすっかり愛想をつかして、二度とその女性に会おうとしなかった。
　そう、もし私の歯が白かったら、私の笑顔はどんなにひどいものになるだろうか？　そして毛深い眉毛をした女性を誰が好きになれるだろう？　なのに、駕籠に乗って越前を旅して窓から外を覗いたときに、尋常ではない光景をたくさん目にしたのを覚えている。農業や漁業に携わる女性たちは、化粧もせず、銭湯の行き帰りには半裸で歩き回っていたし、夏の畑ではふんどし一丁の男たちがいた！　でも、おぞましい光景というより、それがそこでは自然に思えた。その人たちにとっては、それが普通の生活なのだ！　では、私はなぜ人の裸をそれほど美しいと思わないのだろう？　歯を見せている自分を想像できないのはなぜだろう？　それになぜ眉毛を抜かなければならないのか？　美の概念は変わるものだろうか？　平安京で歯が白い女性が美しいとされる日は来るのだろうか？

No longer smiling, she stares at her mirror image.

Is it true that a mirror shows the soul of a woman?... How many more years will I remain attractive?... And how many more years will I live?

She picks up the mirror and turns it round to look at the design of pine needles and cranes on the back.

Two symbols of long life... But surface beauty fades away so fast beneath the patina of age, just like the dust collecting on my biwa in the corner...

鏡に映る自分を見つめる式部の顔にはもはや笑みはない。

　鏡は女の魂を映すって本当？　……あと何年、私は魅力的でいられるのだろう？　……そしてあと何年生きるのだろう？

　彼女は鏡を手に取り回転させて裏の松葉と鶴のデザインを見る。

　長寿の二つの象徴……だけど、表面的な美しさは、年輪を重ねるにつれてすごいスピードで色あせていく。ちょうど部屋の片隅にある私の琵琶に埃がたまるのと同じ要領で……

25

20. Silence

Genji grinned as he looked at himself in his mirror.

Why is a red nose so funny—so ugly? Is it just because we're so used to pale, white faces covered in powder? Is it because we think people with sunburned noses are somehow below us, not as beautiful as we are?

He slowly rubbed the last traces of red makeup off his nose.

And is someone's face really so important? Surely what's more important is their character, their heart, their skill at writing and playing music, the way they talk and make conversation? And I wonder why we men all like women with very long hair and round faces, and prefer chubby ones to thin ones?

He then began to think about the way he and his friends met young ladies and started relationships with them. In the case of the three women who meant the most to him right now, the way they had met had been very open in terms of seeing their faces.

Aoi was introduced as the woman I would marry, so I saw her beautiful face right away, even though I knew nothing about her abilities. The same was also true of Fujitsubo, introduced into the Palace as a kind of elder sister—or in some ways as a second

20. 沈黙

　鏡に映った自分を見て、源氏はニヤリと笑った。

　赤い鼻はどうしてそんなにおかしいのだろう、どうしてそんなに醜いのだろう？　おしろいをはたいた青白い顔に慣れているからだろうか？　鼻が日焼けしている人は、どこか自分たちより格下で、自分たちほど美しくないと思っているからだろうか？

　彼は鼻にわずかに残っている赤い化粧をゆっくりとこすり落とした。

　顔ってそんなに大事なものだろうか？　もっと重要なのは、その人の性格や心、書いたり音楽を奏でる能力、話し方や会話の仕方のはずではないのか？　それに、なぜ私たち男はみんな、丸顔でとても長い髪の女性を好み、痩せている女性よりもぽっちゃりした女性が好きなのだろう？

　それから彼は、自分や友人たちがどんなふうに若い女性と出会い、交際を始めたかについて考え始めた。現時点で自分にとって最も大切である三人の女性に出会ったときはいとも自然に顔を合わせた。

　葵の上は私が結婚する女性として紹介されたので、彼女の才能については何も知らなかったが、すぐにその美しい顔に向き合うことになった。藤壺の宮も然り、姉のような、ある意味で第二の母の存在として、宮中にやってきた。そして私の小さな宝物、若紫について

mother; I saw her lovely face at once, too. And then there was my little treasure, Murasaki: I was immediately charmed by seeing her face and hearing her voice.

But as for all the other women, it was a different story. Relationships began without any chance to see them face-to-face. Maybe there would be the sound of them playing music or their voice from behind a screen, the charm of their poems and calligraphy, the delicate perfume they wore, a glimpse of a sleeve or the hem of their kimono… And then one night he would find his way into a woman's room in the darkness and stay until dawn—without ever seeing her face! It was rather a strange way to meet someone if you really cared about what they looked like…but at the same time it was very exciting!

Genji's thoughts returned to his red nose and the events of the past six months…

He was very friendly with Myōbu, the daughter of one of his old nurses, who often came to dress his hair. She would chat about all the people she had met and interesting things that were happening around the capital. One day, some time after the sad loss of Yūgao, Myōbu happened to mention that she often went to visit a young princess. She was a noblewoman Genji had never seen—the daughter of the late Prince Hitachi, who Genji had met several times in the past.

"I sometimes play the *koto* with her—although we always sit on opposite sides of a screen."

"Hmm. And what's this princess like?" asked Genji, always keen to know about a new possibility for an interesting romance.

は、彼女の顔を見て、声を聞いて、すぐさま魅了された。

しかし、他の女性たちに関しては、話は別だ。対面する機会もなく
交際が始まった。女性たちが音楽を奏でる音色や屏風の向こうから
聞こえる声、そして歌や書の魅力、身にまとうほのかな香り、ちらり
と見えた袖や着物の裾……そういうのがきっかけになったのだろ
う。そしてある夜、暗闇の中で女性の部屋に忍び込み、夜明けまで過
ごす！　女性の顔を見ることもなく！　相手の容貌が本当に気にな
るなら、これは非常に奇妙なやり方である……だが、同時にとても
刺激的な行為でもある！

源氏の思いは自分の赤い鼻とこの半年間の出来事に舞い戻る……

源氏は、自分に仕えていた乳母の娘である命婦ととても仲が良か
った。命婦はよく彼の髪を結いに来ては、出会った人々や都の周り
で起きている面白いことについて話した。夕顔の悲しい死があって
しばらく経ったある日、命婦は、ある若い姫君のところへよく出か
けるということをぽろりと言った。その人は源氏が会ったことのな
い貴婦人で、源氏が過去に何度か会ったことのある亡き常陸宮の娘
だった。

「ときどきその姫君と琴を演奏します。と言っても、いつも屏風を
挟んで座るのですが」
「ふーん、その姫君はどんな方なの？」と源氏は尋ねる。新たな興
味深いロマンスの可能性については常に乗り気である。

"Well, she's very reserved and has lived a quiet and lonely life since her father's death. I can't tell you much about her appearance because I never talk to her directly, but I do know that she has the most wonderful shiny hair."

Genji immediately got interested. He liked the idea of a prince's daughter living all alone. Perhaps she would be a gentle young woman just like Yūgao? And he remembered that Prince Hitachi had been an expert *koto* player.

"Myōbu, could you take me there one misty, moonlit evening so that I can hear her play?"

"Well, I suppose I could, yes. That's easily arranged. But I was not suggesting you might want to go there. And you're an expert player yourself, so you may be disappointed by what you hear…"

"Oh no, I'm sure I won't be."

"And she's so shy that I really don't think she will interest you very much."

"Anyway, I'd still like to go…"

And so, a few days later, Myōbu took Genji to the princess's house. Genji waited while Myōbu went and talked to the lady—without, of course, mentioning that he was there. The princess was easily persuaded to play her *koto* in the next room. Genji listened with great pleasure; he thought the tone was pleasant enough, although she had a rather old-fashioned style—probably because she had been taught by her father.

However, Myōbu didn't want Genji to stay too long—better to leave him wanting to hear more of the shy lady's playing. She had not really expected him to be interested in a woman like that at all, but he obviously was. She also wanted to avoid upsetting the

「そうですね、とても控えめな方で、父宮が亡くなって以来、静か
で孤独な暮らしをなさっておられます。直接お話ししたことがない
ので、外見についてはよく分かりませんが、艶のある髪がたいへん
素晴らしいということは知っています」

　源氏はたちまち興味を持った。宮の娘が一人暮らしをしている事実
が気に入ったのである。もしかしたら、夕顔のような優しい女性であ
るかもしれない。それに常陸宮が琴の名手であったことも思い出した。

「命婦、霧のかかった月夜の晩に私をそこに連れていって、その方
の琴の演奏を聴かせてもらえないか？」

「そうですね、可能だと思います。難しいことではありません。で
も、そうなさることをお薦めしたわけではございませんよ。それに、
貴方さまご自身が琴の達人ですので、あの方の演奏をお聴きになっ
てがっかりなさるかもしれません……」

「いや、そんなことはないだろう」

「それに、あの方はとても内気な方なので、貴方さまがあまり興味
を持つようには思えませんが」

「それでもとにかく行ってみたい……」

　そして二、三日して、命婦は源氏を姫君の邸に連れて行った。命婦
が姫君と話をしている間、源氏は待っていた。彼がそこにいること
は、もちろん、姫君には知らせなかった。彼女はあっさりと承諾し、
隣の部屋で琴を弾くことになった。源氏は、大いに楽しみながら演
奏を聴いた。そして姫君の琴の音色は十分に心地よいものだと思っ
た。ただ、演奏のスタイルはやや古風だった。おそらく弾き方を父
宮から学んだせいだろう。

　だが、命婦は源氏に長居をさせたくなかった。というのは、内気な
女性の演奏をもっと聴きたいと思わせた方がよいと考えたのだ。源
氏があのような女性に興味を持つとは思ってもみなかったが、明ら
かに彼は興味を持っていた。命婦はまた、姫君の機嫌も損ねたくな

princess. So she told her she had to meet someone soon—which was true—and the princess stopped playing and went back to her own room.

"I would like to have heard more," said Genji when Myōbu returned. "Couldn't you let her know that I'm here?"

"Oh no, sir, I don't think that's a good idea at all! You see, she leads a quiet life and finds it difficult to talk to anyone, especially strangers. She's very delicate, and I don't want to shock her in any way. Also, please remember that she's the daughter of a prince…"

"Yes, I suppose you're right. But I would like you to tell her that I'm interested in her…"

Time passed. Genji started sending messages and poems to the princess, but not a single reply came back. This was most unusual, and also rather annoying. However, Genji had many other things—and other ladies—to worry about. Even so, the image of the mysterious *koto* player with the wonderful shiny hair remained strong in his mind.

かった。そこで命婦は、まもなく人に会わなければならないので、と言った。これは嘘ではなかった。すると姫君は演奏をやめて自分の部屋に戻った。

　命婦が戻ってくると、源氏は言った。「もっと聴きたかった。私がここにいることを彼女に知らせてくれないか？」

　「いえいえ、それはあまりいい考えとは思えません！　姫君は静かな暮らしをなさっていて、誰かと、とりわけ初めての方とお話しになるのは難しいのです。とても繊細なお方ですし、形はどうあれ驚かせたくはありません。それに、あの方は宮さまのお嬢さまだということもお忘れにならないでください……」

　「なるほど、そうだろうね。でも、私が彼女に興味があることは伝えてほしい……」

　時は流れた。源氏は姫君に手紙や歌を送り始めたが、一通の返事もなかった。これはとても珍しいことであり、じれったいことでもあった。だが、源氏には他にも案じることがたくさんあり、気にかかる女性もたくさんいた。それでも、彼の心には、艶やかな黒髪の神秘的な琴奏者のイメージが色濃く残った。

21. Blue Ocean Waves

In the late autumn, the Emperor announced a special celebration at the Suzaku Palace. The entertainment would feature the finest young dancers and musicians performing under the beautiful autumn leaves, so it was an event everyone was looking forward to with great excitement. But the Emperor was upset that Fujitsubo and her ladies would not be able to attend. He decided to hold a full dress rehearsal at the Palace which they could watch.

As everyone expected, the show was stolen by the two finest dancers of them all—Genji and Tō-no-Chūjō. They presented a famous Gagaku dance from China called 'Blue Ocean Waves.' In any other situation, Tō-no-Chūjō would have been the shining light, but on that day he was like a tiny mountain shrub compared with Genji, who was like a cherry tree in full bloom.

The Emperor couldn't hold back his tears as he watched his eighteen-year-old son—and neither could most of the other people present. The climax came when The Shining One sang the Chinese verse with the last rays of the setting sun falling upon him. Everyone thought they were listening to the Bird of Paradise.

Fujitsubo, watching from behind a screen, felt as though she were in some kind of dream that would have been perfection if only they did not share their secret.

21. 青海波
せいがいは

　晩秋の頃、帝は朱雀院で特別な祝宴を催すと発表した。美しい紅葉の下で、優れた若手の舞人や楽人が舞や音楽を披露する催しで、誰もが大はしゃぎで心待ちにしていた。しかし帝は、藤壺の宮とその女房たちが出席できないことに当惑し、宮中で本番さながらの稽古を行い、彼女たちが見られるように手配した。

　誰もが予想したように、舞台の人気をさらったのは、源氏と頭中将、二人の優れた舞人だった。彼らは二人舞の「青海波」という唐代に伝来した有名な雅楽の演目を披露した。状況が違ったら、頭中将は光り輝く存在だっただろうが、この日ばかりは、満開の桜のような源氏に比べると、その傍らの小さな深山の木というしかなかった。

　帝は十八歳の息子を見つめながら涙をこらえることができなかった。その場にいた他の多くの人たちも同様だった。夕陽が彼に降り注ぐ中、光の君が唐国の詩を朗誦したときに舞台は最高潮に達した。誰もが極楽の迦陵頻伽の声を聴いているように感じていたのである。
　屏風越しに見ていた藤壺の宮は、ふたりの間に秘め事さえなければ舞は完璧だったろうと思い、夢の中にいるような気がしていた。

A poem arrived from Genji the next morning and she couldn't refuse to read it:

> *The storm within my heart I'm sure you could perceive*
> *By the dancing and the waving wildly of my sleeve.*

Fujitsubo couldn't refuse to answer, either.

> *Nothing can I say on the movements of your sleeve,*
> *But the way you moved my heart I'm sure you can believe.*

Genji was thrilled when he read it. Fujitsubo already had all the elegance of an empress in the way she wrote. He laid the paper flat on the floor and read it many times. It was one letter he would never part with …

翌朝、源氏から歌が届いた。彼女はそれを読まずにはいられなかった。

> 物思ふに立ち舞ふべくもあらぬ
> 身の袖うち振りし心知りきや

藤壺の宮も返歌を送らずにはいられなかった。

> から人の袖ふることは遠けれど
> 起ち居につけて哀れとは見き

源氏は読んで感激した。藤壺の宮の書き方にはすでにお妃の気品があった。彼はその紙を床に平らに置いて何度も読み返した。それは源氏が決して手放すことのない手紙だった。

27

22. A Dark Room

Autumn was a time of quiet reflection, and Genji's thoughts returned to the princess who never replied to his letters. He sent for Myōbu.

"What do you think is going on in that lady's mind?"

"Well, I'm sorry things have gone like this, but I think she's simply afraid to open up to the outside world."

"Hmm. But she is not some teenager who lives with her parents and has no experience with men. She's an independent woman! I've never met anyone like her—well, of course I haven't really *met* her even now! I just want her to open up her heart to me, but she doesn't seem to understand. Perhaps I should just go and see her without her permission. Please help me, Myōbu. I'll behave myself, I promise you."

Myōbu smiled as she looked at the lovely face of the young lord and thought for a moment…

I only mentioned the princess in the first place as someone unusual I'd met—as I often do when talking to Genji. But for some reason he's become so interested in her, so I have to do something! I know the young ladies around the princess have urged her to reply to his letters—because they're all so eager to get a glimpse of such a wonderful man! But she's still too shy even to read the letters…

22. 暗い部屋

秋は静かに思索にふける季節で、源氏は手紙に返事をくれない姫君に思いを馳せた。彼は命婦を呼びに行かせた。

「あの姫君の心の中はどうなっているのだろうか?」

「まあ、このようになってしまったことは残念ですが、彼女はただ外の世界に心を開くことを恐れているだけだと思います」

「うーん、でも、姫君は、親と同居で男性経験がない少女、ではない。れっきとした自立した女性だ! 私は彼女のような人に出会ったことがない。まあ、もちろん今でも実際に会ってはいないわけだが! ただ彼女に心を開いてほしいだけなのだが、それを分かってもらえないようだ。おそらく許しを得ないで会いに行くしかないのだろうか。命婦、何とかしてほしい。約束する、彼女の機嫌を損ねるようなことはしないから」

命婦は、若い殿の愛らしい顔を見て微笑み、一瞬考えた……

そもそも姫君のことは、源氏と話すときによくすることだが、珍しい人に会ったから話しただけだ。でも、なぜか彼は姫君に興味を持つようになってしまったので、何とかしなければいけない! 周りの若い女房たちが、姫君に手紙の返事を書くように強く勧めていることは知っている! でも、彼女はまだ恥ずかしがって手紙を読むことさえできないでいる……とにかく、ふたりの間に関係ができたとして

Well, even if a relationship does begin between them, nobody will blame me…

"Alright," she said out loud, "I'll help you."

A few nights later, Myōbu arranged for Genji to listen once again to the princess playing her *koto* in the moonlight, making it possible for him to enter the house without anyone noticing. He went down the veranda aisle and called out for Myōbu. She pretended to be surprised by his sudden appearance.

"Oh, Princess, please excuse me, but I think that is the voice of Lord Genji!"

"Oh!" said the princess.

"It seems that he's come to see me. He's always asking why I don't help him to arrange a meeting with you, so I suppose he has come to do something about it himself!"

"Oh!" said the princess.

"What shall I tell him? Perhaps you could just say a few words to him through the door panel?"

"Oh!" said the princess.

"Don't worry. I'm sure he will be very kind and gentle."

The princess was very alarmed and didn't know what to do.

"I have no idea what to say to him!" she said, sounding like a little girl.

"Oh, Princess, you must not be so childish!" said Myōbu. "A woman like you must meet the outside world sometimes. And this is not just *anybody*—it's Lord Genji, who has come here especially to see you!"

も、誰も私を責めないだろう……

「分かりました。何とかしましょう」と彼女は声を大にして言った。

　数日後の夜、命婦は、源氏が誰にも気づかれないようにその邸に入り、月明かりの中でもう一度、姫君の琴の調べを聴けるよう手配をした。源氏は縁側の通路を進み、命婦を呼んだ。命婦は彼が突如現れたことに驚いたふりをした。

「あらあら、姫君、申し訳ございません、あの声は源氏殿だと思います！」
「まあ！」と姫君は言った。
「どうやら私に会いに来たようです。源氏殿はいつも、私がどうしてあなたに会わせてくれないのかと聞いてきます。それで、ご自分で何とかしようとやって来たのでしょう！」
「まあ！」と姫君は言った。
「何と申しましょうか？　よろしければ妻戸越しに、源氏殿に少しだけ言葉をかけていただけないでしょうか？」
「まあ！」と姫君は言った。
「ご心配はいりません。あの方はとても親切で優しく接してくださるはずです」
　姫君はとても不安がり、どうしていいかわからなかった。
「なんて声をおかけしたらいいのかわからないわ！」と、まるで幼い少女のように言った。
「まあ、姫君、そんな子供じみたことではいけません！」と命婦は言った。「姫君のような方は、時には外の世界に触れなければなりません。それに、この方はそこらの人とは違います、光源氏さまですよ。その方が特別に姫君に会うためにここに来られたのですよ！」

The princess couldn't say anything back. Her maids quickly dressed her in some better clothing, even though Genji would not be able to see her through the blinds.

He was sitting quietly on a cushion in the aisle outside her room waiting. At last, he heard a lot of rustling of silk and a charming perfume of sandalwood came drifting from the room, which now seemed quite dark. He imagined a quiet, but passionate, woman sitting down on the other side, her long shiny hair spilling across the floor.

"Princess Hitachi," he said to the door panel, lit only by the moonlight. "It is such a delight to talk to you at last! I have been thinking about you for several months now…"

There was no reply.

"As you know, I have written to you many times," he continued, "but I fear I may have upset you because I have never received a reply…"

No reply.

"How I have longed to see the writing of a princess like you on the finest paper…"

No reply.

"But now I can tell you how I feel face-to-face and give you the chance to tell me how you feel."

No reply.

Genji sat silent himself for a moment, thinking…

It seems that talking to this woman is no different from writing to her! She's becoming a real challenge… Perhaps I should try reciting a poem.

　姫君は何も言い返すことができなかった。女房たちは、源氏が御簾越しに姫君を見ることができないにもかかわらず、素早く彼女により上等な服を着せた。

　源氏は、姫君の部屋の外の廊下にある座布団に座って、静かに待っていた。やがて衣擦れの音がして、白檀の魅力的な香りが部屋から漂ってきた。部屋はかなり暗いように見えた。源氏は、物静かだが情熱的な女性が向こう側に座り、その長い艶やかな黒髪が床にこぼれる姿を想像した。

　「常陸の宮の姫君、やっとあなたとお話ができることを大変嬉しく思います！　ここ数ヵ月、あなたのことをずっと考えておりました……」と、月明かりだけに照らされた妻戸に向かって源氏は言った。

　返事はなかった。

　「ご存知のように、私は何度もあなたに手紙を書きました。しかし、お返事をいただけなかったので、もしやご気分を害されたのではないかと心配しております」と続けた。

　返事はない。

　「あなたのような姫君が、最上級の和紙に記した書を拝見したいと、どれほど待ち望んでいたことか……」

　返事はない。

　「でも、今なら面と向かって私の気持ちをお伝えできますし、あなたの気持ちをお聞きすることもできます」

　返事はない。

　源氏は少しの間、黙って考えた……

　この女性と話すのは、手紙を書くのと何ら変わりはないように思える！　まことに難しい人だ……歌でも詠んでみようか。

If silence is golden, it means I can be free
To hope for more in future, since you do not silence me.

No reply.

"But I am very confused," continued Genji. "If you really do not wish me to write or talk to you, please tell me now and I will not bother you again!"

Again there was no reply.

At this moment, Jijū, one of the young maids decided she must help the princess. Unknown to Genji, she went quietly up beside her mistress and replied with a poem of her own:

I regret I strangely seemed to lose my tongue,
But silence falls when the meditation bell is rung!

Genji was very surprised to hear the sudden voice: it sounded so young and bright, and the poem didn't seem to fit a rather shy, old-fashioned princess at all...

He replied at once with another poem—not the finest perhaps, but all he could think of in his confusion:

Silence so much more than words may say,
But guessing someone's feelings is a tricky game to play.

He tried to continue the conversation, but there was silence as before. At last he got tired of it all; he slid open the door panel and entered the dark room. There were several gasps of amazement from the ladies inside, who hurried off into the shadows. So did Myōbu.

It was difficult for Genji to see anything inside the room, but

いくそ度君が沈黙に負けぬらん
物な云ひそと云はぬ頼みに

　返事はない。
　「今、とても戸惑っています。もし、本当に手紙も話もお望みでないなら、たった今そのようにおっしゃってください。そうすれば二度とお邪魔することはありません！」と源氏は続けた。
　またしても返事はなかった。
　この時、若い女房の一人である侍従（じじゅう）が、姫君を助けなければと思い立ち、源氏に気づかれないように、静かに女主人のそばへ寄って、彼女自身の歌を詠んで返事をした。

鐘つきてとぢめんことはさすがにて
答へまうきぞかつはあやなき

　源氏は突然の声にたいへん驚いた。その声はとても若々しく明るい響きで、その歌はとても内気で古風な姫君にはまったく似つかわしくないように思えた……
　源氏はすぐに別の歌を詠んで返事をした。最高傑作ではなかったかもしれないが、混乱の中で思いついたのはこれだけだった。

云はぬをも云ふに勝ると知りながら
押しこめたるは苦しかりけり

　会話を続けようとしたが、前のように沈黙が続いた。ついにうんざりしてしまった源氏は、妻戸を引き開け暗い部屋に入った。中にいた女房たちははっと驚きの声を上げて、急いで陰に身を隠した。命婦もそうだった。
　部屋の中の様子は源氏にはよく見えなかったが、空気は上質のお

the air was filled with a mixture of perfumes of high quality. It took him a while to realize that the princess was kneeling silently at the far side of the room with her back to him. Her hair could just be seen gleaming in the moonlight, flowing down like a dark mountain stream to the floor. But he couldn't see much else. Her back seemed very long in the pale kimono, suggesting she was rather tall. She wouldn't speak to him, but neither did she seem to want to escape.

Genji took a deep breath and moved over toward her…

The following day was very gray and misty. When a man had spent a night in a lady's room, he was expected to send her a love letter as soon as he returned home, with perhaps a poem and a flower attached. But Genji arrived home feeling unhappy.

I've never had an experience like this before—a woman who seemed happy I was there, but said nothing to me and was strangely lacking in any kind of passion. I even wonder if she's ever had a man in her room before? And I was so surprised to touch a woman with a body so long and bony—much thinner than any woman I've ever known before…

His mind went back to Fujitsubo's soft form and her tender warmth, the handsome Lady Rokujō with her strong and voluptuous body, and his shapely wife Aoi…

Even the tiny Yūgao wasn't all skin and bone!

He realized he had no energy or even desire to write a note to the silent bony princess.

香の香りに満たされていた。しばらくして、部屋の奥に姫君が背を
向けて静かにひざまずいていることに気づいた。あまりはっきりと
は見えないが、月明かりにきらきらと輝く黒髪が暗い渓流のごとく
床に流れ落ちていた。それ以外のことはよく見えなかった。淡い色
の着物を着た背中はとても長く見え、かなり背が高いことがうかが
えた。姫君は、源氏に話しかけようとはしなかったが、逃げようとす
る気配もなかった。

　源氏は深呼吸をすると、彼女のほうに歩み寄った……

　翌日はとてもどんよりして靄がかっていた。女性の部屋で一夜を
過ごした男性は、家に帰るとすぐに、歌と花を添えた恋文を送るの
が当然のことである。が、源氏は不機嫌な気持ちで家に戻ったのだ
った。

　こんな経験は初めてだ。私がそこにいることが嬉しそうなのに、何
も言わず、不思議なくらい情熱がない女性。自分の部屋に男性を招い
たことがあるのだろうかとさえ思った。それに、あんなに長くて骨ば
った体の女性に触れたことにとても驚いている。これまで知ってい
るどの女性よりもずっと痩せこけている……

　彼は、柔らかな体つきと優しい温かさを備えた藤壺の宮、たくま
しく豊満な肉体を持つ美貌の六条御息所、そしてスタイルの良い妻
の葵の上に思いを馳せていた……

　小さな夕顔でさえ、骨と皮だけではなかった！

　彼は、無口で骨ばった姫君に短い手紙を書く気力も意欲もないこ
とに気づいた。

He was busy all day at the Palace, and it was not until the evening that he sat down to write a note to the princess; it would be too rude to ignore her completely.

By then it was raining heavily. Myōbu and the ladies had been feeling very sorry all day for their mistress because no note had come from Genji. The princess herself didn't seem to be quite so upset about it, although Myōbu never really knew how she felt. But at last a messenger arrived, bringing Genji's poem:

> *Tonight, the evening mists just would not clear*
> *And now comes rain—more gloom, I fear.*

Genji had added a note: "How difficult it is waiting for the moon to appear!"

It was clear that he was not going to visit them again that night, as they had all been hoping. Even so, the ladies told the princess that she should send a reply, and at last she managed to put together a poem with some more help from Jijū.

Genji carefully looked at the note when it arrived. The poem was written on paper which may have been violet once, but had now faded to a dull gray.

> *At least it's well perfumed…*

The calligraphy was strong, but also strangely old-fashioned and more like that of a man:

> *The country folk still waiting for the moon to show…*
> *Their gloom and yours are clearly different, though.*

　源氏は一日中御所で忙しく、姫君に短い手紙を書こうと腰を下ろ
したのは夕方になってからだった。彼女を完全に無視するのはあま
りにも失礼だ、と考えたのだ。

　その頃には大雨が降っていた。命婦や女房たちは、源氏から何の
手紙も来なかったので、その日一日、姫君をたいへん気の毒に思っ
ていた。当の姫君自身はさほど動揺しているようには見えなかった
が、果たしてどう感じていたか命婦にはよくわからなかった。しか
し、ついに源氏の歌を持って使者がやって来た。

　　　　夕霧の晴るるけしきもまだ見ぬに
　　　　いぶせさ添ふる宵の雨かな

　源氏は「月が出るのを待つのは何と難しいことか」と書き添えて
いた。

　女房たちはみな望んでいたが、源氏がその夜、再び訪ねてこない
ことは明らかであった。それでも、女房たちは姫君に返事を出すよ
うに言い、姫君は侍従の助けも借りて、ようやく一首の歌を詠ん
だ。

　源氏は届いた手紙を注意深く見た。歌は、かつては紫色だったか
もしれないが、今はくすんだ灰色に色あせてしまった紙に書かれて
いた。

　少なくとも、香りは良い……

　その書は力があるが妙に古めかしく、むしろ男性の文字に近かっ
た。

　　　　晴れぬ夜の月待つ里を思ひやれ
　　　　同じ心にながめせずとも

So the fact that he—'the moon'—had not appeared was bringing deep gloom to that old house and all the 'folk' in it? Genji realized that he had started a game he could not stop—but it was also a game he felt he *shouldn't* stop.

　つまり、源氏という「月」が現れなかったという事実が、あの古い邸とそこに住むすべての「田舎人」をひどく憂鬱な気分にしているのか？　源氏は、自分が止めることのできない、また止めるべきでもないゲームを始めてしまったことに気づいた。

28

23. Snow

Autumn moved into early winter and Genji was kept very busy, not only with his duties at the Palace but also with looking after Murasaki. As for Lady Rokujō, his wife Aoi, and Princess Hitachi, Genji found little time to visit any of them. Lady Rokujō was a woman of great passion and he knew she was getting very angry about his lack of attention, but she seemed to forgive him every time he appeared with all his charm. Aoi was used to his ways and saw little point in fighting him any more; she only wished he would spend more time with her and did her best to be friendlier. As for Princess Hitachi, Genji did visit her a few times, but those encounters in the dark were always strangely silent.

The winter storms started earlier than in normal years; the cold winds blew in from China and the snow began to pile up in Heiankyō.

One moonless evening, Genji decided he must find out what the princess really looked like. As usual, he crept into her house and found a place where he could see into the main hall. The room was lit by the dim light of just one candle. The princess didn't seem to be there, but several of her old ladies were sitting having dinner. The food looked very simple, and they were eating it from fine antique Chinese dishes that were badly chipped. He noticed their white

23. 雪

　季節は秋から初冬に移り、源氏は宮中での仕事だけでなく、若紫
の世話もあって非常に多忙な日々を送っていた。六条御息所、妻の
葵の上、常陸の宮の姫については、訪ねる暇がほとんどなかった。六
条御息所はとても情熱的な女性で、自分をかまってもらえないこと
に腹を立てているのが分かっていたが、源氏が愛嬌を振りまいて現
れるたびに許しているように見えた。葵の上は彼のやり方に慣れて
おり、これ以上彼と争うことにあまり意味がないと思っていた。た
だ、自分ともっと一緒にいて、もっと優しくしてくれたらよいのに
とだけ思っていた。常陸の宮の姫については、源氏は何度か彼女を
訪れたが、暗闇の中の出会いはいつも不思議なほど静かだった。

　例年より早く冬の嵐が始まり、大陸から冷たい風が吹き込んでき
て、平安京に雪が積もり始めた。

　ある月の出ていない夜、源氏は常陸の宮の姫君が実際はどんな容
貌なのか突き止めなければならないと考えた。いつものように彼女
の邸に忍び込み、正殿の中が覗ける場所を見つけた。部屋は一本の
蝋燭だけの薄明かりに照らされていた。姫君はそこにいないようだ
ったが、年配の女房たち何人かが座って夕食をとっていた。食事は
とても質素なもので、縁がひどく欠けた支那製の上品で古風な食器
を使って食べていた。彼女たちの白い上衣は色あせた灰色で、髪は

robes were faded gray and their hair was badly arranged. One of them seemed to be shivering. Genji wondered if all the younger ladies had left.

"Oh, this winter is so cold!" he heard one of the ladies say.

"Yes, it's terrible to grow old and have to stay in a place like this!"

"We never thought we'd have so many troubles when the prince was still alive, did we? At least he looked after us well…"

"Yes, he was a good man."

Genji was not comfortable listening to this conversation. He moved along the corridor and tapped on one of the shutters as though he had just arrived. One of the ladies hurried over with a candle at once. The others expressed their surprise as usual, but made no attempt to stop him entering. They were all, of course, hoping that he would stay the night again so that they might get a glimpse of him leaving just before dawn—what could be more exciting than that!

It was very difficult to sleep that night, even under a huge pile of kimonos. At least the princess had a warm body, even though her manner had no more passion than usual and she didn't speak. The place reminded him of the old house where he had spent his last night with Yūgao, but this one was lived in by many people.

Genji awoke much later than he had wanted; it was already getting light. Beside him the princess was fast asleep, buried face down under the many layers of kimono. He looked at the fine shape of her head and the mass of hair that spread in all directions…

Splendid!

He got out of bed, pulling on his kimono. It was very cold. He walked over to the shutters and opened them. The overgrown

ひどく乱れていた。一人は震えているようだった。源氏は、若い女
房たちはみんなやめてしまったのだろうか、と不思議に思った。

「ああ、今年の冬は本当に寒いわね！」と、女房のひとりが言うの
が聞こえた。

「ええ、歳を取ってこんなところにいなければならないなんてひど
いことだわ！」

「宮さまが生きていた頃は、私たち、こんなに苦労するとは思いも
しなかったわね。少なくとも私たちの面倒をよく見てくださった……」

「そうね、いいお方だったわ」

源氏はこの会話を聞いてどうにも居心地が悪かった。それで廊下
を進んで、たった今到着したばかりであるかのように、その先の雨
戸の一つをたたいた。女房の一人がただちに蝋燭を持ってそこに急
いだ。他の女房たちはいつものように驚きを示したが、源氏が入っ
てくるのを止めようとはしなかった。言うまでもないが、彼女たち
は皆、彼がまた一晩泊まってくれることを望んでいた。そうすれば
夜明け前に彼が帰って行く姿を一目見ることができるかもしれな
い、それ以上にワクワクすることがあるだろうか！

その夜は、着物を幾重に重ねても眠るのが非常に困難だった。姫
君の物腰は、いつもと変わらず情熱がなく言葉も発しなかったが、
少なくとも体は温かった。そこは夕顔と最後の夜を過ごした古い
家を思い出させた。しかし、こちらには人がたくさん住んでいる。

源氏が目を覚ましたのは、思いのほかずっと遅かった。辺りはす
でに明るくなってきていた。彼の横で姫君は、何枚も重ねた着物の
下に顔をうつむけにして、ぐっすりと眠っていた。源氏は姫君のよ
い形をした頭と、四方八方に広がる豊かな黒髪に目をやった……

素晴らしい！

彼は寝床から起き上がり、急いで着物を身につけた。とても寒か
った。雨戸まで歩いて行って開けた。草木の生い茂った庭は、数セ

garden had been turned into a winter wonderland under several centimeters of snow.

Just like the right makeup helps a woman with a plain face to look good! But how about the princess? What is her face like? Well, the time has come to find out…

He called to the mass of hair in the bed.

"Princess, come and join me. It's a wonderful sight!"

There was a rustling sound behind him and she came and stood beside him, her fan up to her face.

"It's beautiful, isn't it?" said Genji, still gazing out at the garden.

The princess murmured slightly.

"Oh, look, there's a rabbit!" said Genji.

The princess lowered her fan in delight and surprise as she watched the rabbit hopping through the snow…

Genji quickly glanced at her profile…and then stood for a few moments in amazement, quite speechless. She had the most extraordinary face. Her skin was so pale it was almost blue. Her forehead was much too big, but the rest of her face was very long and bony. In fact, she looked rather like a horse—hardly the ideal of Heian beauty. But what surprised Genji most was her nose: he had never seen anything like it before. Like the rest of her face, it was very long and thin and the end of it not only drooped, it was bright red, the color of…*suetsumuhana*, *benibana*, the safflower! It could not just be the result of the cold—his own nose wasn't red at all, as far as he could tell.

As Genji stood in silence, the princess turned toward him and he realized that her eyes were rather too close together and also very small. It struck Genji that she looked less like a horse than

ンチほど積もった雪の下で冬の不思議の国に姿を変えていた。

　地味な顔立ちの女性でも、適切な化粧をすればきれいに見える！
だが、この姫君はどうだろう？　どんな顔をしているのか？　さて、
それを知る時が来た……

　源氏は寝床にいる豊かな黒髪の塊に向かって声をかけた。
「姫君、こちらへいらっしゃい。素晴らしい景色ですよ！」
　背後でガサガサという音がして姫君が近づき、扇を顔の上まで広
げて彼の傍らに立った。
「美しいでしょ？」源氏は庭に目を向けたまま、そう言った。
　姫君はわずかに声にならない音を立てた。
「ごらんなさい、あそこにウサギが！」と源氏。
　雪の中をぴょんぴょん飛んでいくウサギを見て、喜びと驚きのあ
まり姫君は扇を下げた……
　源氏は素早く彼女の横顔に目をやった……そしてしばらくの間、
驚きのあまり言葉を失い突っ立っていた。彼女はとんでもない顔を
していた。肌はほとんど青に近い青白さ。おでこはあまりに広く、お
でこから下の部分はとても長く骨ばっている。言ってみれば、むし
ろ馬のような容貌。理想的な平安美人とはほど遠い。しかし、源氏
が最も驚いたのは鼻だった。というのも、今までにそのような鼻は
見たことがなかったからだ。他の部分と同じように、鼻はとても細
長く、その先が垂れ下がっているだけでなく、真っ赤だった！　末
摘花、紅花、サフラワー……の色なのだ！　これは寒さのせいだけ
ではないはず。源氏自身の鼻は、彼の知る限り、まったく赤くはなか
った。
　源氏が黙って立っていると、姫君が彼の方を向いた。それで彼女
の両目が寄りすぎていて、しかもとても小さいことに気づいた。心
に浮かんだのは、馬というより、赤い鼻を持つ普賢菩薩の白象のよ

Bodhisattva Samantabhadra's white elephant with a red trunk ...

But Genji was too well-behaved to show his surprise. He decided the best thing would be to give her a gentle smile, as a lover should do at dawn ... and she smiled back. It was in no way a pretty sight. Prince Hitachi had left his daughter with several skills and attractions, but her face was not one of them. The image of her skinny old father suddenly flashed in Genji's mind ... Yes, there was a great likeness. The poor lady had inherited her mother's hair and her father's face.

However, Genji was a young man who never forgot any woman he had approached and spent time with, and he never neglected them. He decided he would continue to look after the princess and her ladies whatever happened. They needed his help.

He began sending presents of silks and more up-to-date kimonos to the house, including lots of warm clothes for the old ladies. He also went to stay now and then and discovered that gradually both the atmosphere in the house and the personality of its mistress were slowly warming up. But, however many times he told himself that there is no such thing as a woman who is perfect in every way, and you must never judge a book by its cover, he still preferred not to set his eyes on Princess Hitachi's nose.

うだ……ということだった。

　しかし、源氏はあまりにお行儀が良すぎて驚きを表に出すことは
できなかった。夜明けに恋人がするように、優しい微笑みを返すの
が一番だと考えたのだ……すると彼女も微笑み返した。それは決し
て美しい光景とは言えなかった。常陸宮は娘にいくつかの技能と魅
力を残したが、彼女の顔はその一つではなかった。源氏の脳裏にふ
いに痩せこけた姫君の老父の姿がよぎった。そうだ、とてもよく似
ている。かわいそうな姫君は、母の黒髪と父の顔を受け継いでいた
のだ。

　だが、源氏は、自分から近づき時間を共にした女性のことはどん
な女性でも決して忘れない青年で、しかも決して彼女たちをおろそ
かにすることはなかった。どんなことがあっても姫君たちの世話を
し続けようと決めた。彼女たちは彼の助けを必要としていた。

　源氏はその邸に、年配の女房たちのための数多くの暖かい衣服を
はじめ、絹織物やより今風の着物を贈るようになった。また、時々泊
まりに行くうち、邸の雰囲気も女主人の人柄も、だんだんとゆるや
かに温かみを増してきていることに気づいた。しかし、すべてにお
いて完璧な女性など存在しない、そして本を表紙で判断してはいけ
ない、と何度自分に言い聞かせても、やはり常陸宮の姫君の鼻に目
を向けたくはなかった。

29

24. Red Noses

When Myōbu visited Genji at the end of the year, she entered his room smiling.

"You look amused by something. What could it be?"

"Oh, Lord Genji, I really didn't know whether I should have brought this or not, but I couldn't really refuse the request of the princess. This is her New Year present to you…"

She placed a large clothes box in front of Genji.

"Princess Hitachi? She sent me a present?"

"Yes, but don't worry. When you've seen it, I can take it away and hide it somewhere."

"Why would I want to hide a present from her?"

"Oh, when you open it, you'll see why! But first please read her note…"

Genji opened the letter. It was written on very thick paper, perfumed with the scent he now knew well.

> *My sleeves like these sleeves, with tears are always wet*
> *Because of your coldness, but still I cannot forget!*

It was a brave attempt at a poem, but Genji thought it might have been a better idea not to send it. Obviously, she had not been helped by anyone this time. At least he admired her courage, and he

24. 赤い鼻

　年末に命婦が源氏を訪ねたとき、彼女は微笑みながら源氏の部屋に入った。

「何だか楽しそうですね。何だろう？」

「あの、貴方さまにこれを持ってくるべきかどうか本当に迷ったのですが、姫君のご依頼をお断りするわけにもいきません。これは姫君から貴方さまへの新年の贈り物です……」

　そう言って源氏の前に大きな衣装箱を置いた。

「常陸の宮の姫君？　贈り物？」

「はい、でもご心配なく。ご覧になった後は、私が持ち帰ってどこかにしまっておきますので」

「どうして私が姫君からの贈り物をしまいたくなると思うの？」

「はい、開けてみればその理由がお分かりになります！　でもその前に、姫君のお手紙をお読みください……」

　源氏は手紙を開けた。それは、今ではなじみの香りがするとても厚い紙に書かれた。

　　　唐衣も君が心のつらければ
　　　袂はかくぞそぼちつつのみ

　歌は勇気ある試みだったが、送らないほうがよかったかもしれない、と源氏は思った。今回は、明らかに姫君を助ける者が誰もいなかったようだ。少なくともその勇気は賞賛に値するし、自分のためだ

imagined her working away so hard just for him.

He turned to the old box wrapped in cloth. It contained a thick red winter robe that might have been in fashion twenty years earlier. The lining was pink.

"She's hoping you'll wear this at the New Year," said Myōbu, looking rather red herself.

Genji didn't know what to say. All he could think was, *"I can't possibly wear that!"*

He picked up the princess's note and jotted down a poem himself:

> *I love not the color red, you must believe,*
> *Yet I let the suetsumuhana stain my sleeve!*

Myōbu didn't understand for a moment why he mentioned the *suetsumuhana*, famous for its red flowers and dye. Then she remembered that she had once caught a glimpse of the princess's nose.

Oh, how cruel Genji can be, and how sad for the poor princess!

She wrote a poem at once and handed it to Genji:

> *As pale as this lining your love may be,*
> *But do not soil her reputation eternally.*

Genji nodded and smiled.

How much better a poet Myōbu is than the princess—and much prettier, too!

けに懸命に歌を詠もうとしている姫君の姿が想像できた。

　源氏は布に包まれた古い箱に目を向けた。二十年も前に流行った
かもしれない冬用の厚手の赤い直衣(のうし)が入っていた。裏地はピンクだ
った。

　「お正月にこれを着てくれることを望んでいるようです」と、命婦
は顔を真っ赤にして言った。

　源氏は何と答えるべきかわからなかった。「こんなもの着れるわけ
がない」としか思いつかなかった。

　源氏は姫君の手紙を手に取り、手早く歌を書き留めた。

　　　なつかしき色ともなしに何にこの
　　　末摘花を袖に触れけん

　命婦は、なぜ源氏が赤い花と染料で有名な末摘花を歌にしたのか
一瞬わからなかった。そのあと、姫君の鼻を一度ちらっと垣間見た
ことを思い出した。

　ああ、なんと残酷な源氏殿！　そして可哀想な姫君！

　命婦はすぐに歌を詠んで源氏に手渡した。

　　　くれなゐのひとはな衣うすくとも
　　　ひたすら朽たす名をし立てずば

　源氏はうなずき、微笑んだ。

　命婦の方が姫君よりもずっと優れた歌人であり、しかもずっとか
わいい！

There was the sound of ladies approaching the room and Myōbu quickly replaced the robe in the box and took it away.

The next morning, she took a note from Genji to the princess. It was written in a casual style on very elegant white paper. Her ladies all gathered around her and admired it:

> *Like layers of robes each lonely night apart*
> *One more layer still, yet from the heart.*

They all agreed that although *his* poem was clever, her poem had been full of honest feeling well expressed. In fact, the princess had been so pleased with her own effort, she had written a copy of it before sending and put it in her album of favorite poems.

Genji had also returned the box, filled with fine items of clothing for the princess and her ladies to wear at the New Year. He made no mention of the red robe with the pink lining.

　女房たちが部屋に近づいてくる音がしたので、命婦は急いで直衣を箱に戻し持ち去った。

　翌朝、彼女は源氏からの短い手紙を姫君へ持っていった。とても上品な白い紙に砕けた文体で書かれていた。姫君の周りに集まった女房たちは皆、それを感心して読んだ。

　　　逢はぬ夜を隔つる中の衣手に
　　　重ねていとど身も沁みよとや

　源氏の歌は巧みであるが、姫君の歌は素直な気持ちがよく表現されていると、女房たちの意見は一致した。実際、姫君は自作をとても気に入っていたので、送る前にそれと同じものを作り、自分の好きな歌集に加えておいた。

　源氏はまた、姫君と女房たちが新年に着る上等な衣類を詰めて衣装箱を返した。ピンクの裏地がついた赤い直衣のことについては何も言わなかった。

30

25. The New Year

New Year's Day arrived, and everyone became one year older: Murasaki now entered her eleventh year, Genji his nineteenth, Aoi her twenty-third, Fujitsubo her twenty-fourth, and Lady Rokujō her twenty-seventh…

Shōnagon got up very early and sat watching the sun rise from the rooms at the far end of Genji's house where she and Murasaki now lived. She could still hardly believe all that had happened to them during the year just ended—many things that were very sad and bad, but also some that were very happy and good.

Genji had continued to look after Murasaki and herself very kindly. He spent a lot of time at home playing with the young girl and teaching her many things. She still often cried for her grandmother when he was not there, but as soon as he appeared she became bright and cheerful again.

However, Shōnagon couldn't stop worrying about the future.

Genji has a wife of the highest status living in the Third Ward, and also—so I hear—several other lovers around the city. They could cause Murasaki a lot of trouble in the future… However, she seems to be the one who receives most of his affection at present, so perhaps I shouldn't worry too much… Still, I can't be sure…

25. 初春

お正月を迎え、誰もがひとつ歳を重ねた。若紫は十一年目、源氏は十九年目、葵の上は二十三年目、藤壺の宮は二十四年目、六条御息所は二十七年目に突入した……

少納言はかなり早起きをして、自分と若紫が今住んでいる源氏の家の一番奥の部屋に座って日の出を眺めていた。彼女は、終わったばかりのこの一年間に自分たちの身に起こったすべてのことを、いまだに信じることができないでいた。悲しいことや悪いことだけでなく、嬉しいことや良いこともたくさんあった。

源氏は若紫と少納言の世話をとても親切に続けていた。源氏は家にいる間、たくさんの時間をかけてこの若い少女と遊び、いろいろなことを教えた。源氏がいないとき、若紫は祖母を思ってよく泣いていたが、源氏が現れるととたんに再び明るく元気になった。

しかし、少納言は将来への不安を禁じ得なかった。

源氏には三条に住む最高位の妻がいる。また都のあちこちに何人かの愛人がいる、と聞いている。将来、若紫を悩ませることになるかもしれない……でも、今のところ、彼の愛情を一番受けているのは彼女らしいから、あまり心配しなくてもいいのかも……それでもやはり、確信は持てない。

The mourning period for her grandmother had just ended, so Murasaki no longer had to wear gray clothes. The nun had been both a grandmother and a mother to her, so she decided she would show her respect by not wearing anything too bright, only pale pink or lavender or yellow. For the first day of the year she chose lavender.

Genji visited them just after breakfast, splendidly dressed in his finest kimono of bluish-green—*ao*, a lucky color for the New Year. Murasaki did not yet know that his wife was also called Aoi.

"Ah, yes," cried Genji the moment he saw her, "Murasaki in lavender! You look perfect. A very Happy New Year to you! And to you, Shōnagon…"

They both bowed deeply to him.

"Well, Murasaki, now a new year has begun, do you feel you have grown up a little?"

Murasaki raised her head to look at him. It was obvious that she had been crying.

"What? Crying on New Year's Day? That will never do!"

"Inuki was chasing the devils out of the house last night and she knocked my doll's house over!" replied Murasaki, trying not to burst into tears again. "She broke this doll and I've been trying to glue it back together…"

"Oh, that silly Inuki! Well, never mind. We'll get your doll fixed for you. So let's see a big smile from you before I go to greet my father. Now, do you know what kind of presents I have to take him to wish him good health and prosperity all this year?"

Murasaki shook her head.

"Rice cakes shaped like a mirror…melons…and some giant radishes!"

　祖母の喪が明けたので、若紫はもはや灰色の服を着る必要がなくなった。尼君は、彼女にとって祖母であり母でもあった。だから彼女は、あまり明るい色の服は着ず、淡いピンクかラベンダーか黄色で敬意を示そうと決めた。年の初めの日、彼女はラベンダーを選んだ。

　源氏は朝食後すぐに、青みがかった緑色の上等の着物を華麗に着こなしてふたりを訪ねた。青は初春の縁起の良い色である。若紫は源氏の妻も葵と呼ばれていることをまだ知らなかった。

　「おお、いいね」と、彼女を見るなり源氏は叫んだ。「ラベンダー色の若紫！　完璧だ。新年おめでとう！　少納言、あなたにもおめでとう……」

　ふたりは深々と頭を下げた。

　「さて、若紫、新しい年が始まったばかりだが、ご自分が少しは成長したと思いますか？」

　若紫は頭を上げて彼を見た。彼女がそれまで泣いていたのは明らかだった。

　「どうした？　元旦の日に泣いてる？　決していい行いとは言えないよ！」

　「犬君がゆうべ、悪魔を追い出していて、人形の家を踏んづけてしまったの！」再び涙をこぼさないようにしながら、若紫は答えた。「それでこの人形を壊したから、元どおりにくっつけようとしているの……」

　「ああ、あのうっかりやさん！　まあ、がっかりしないで。人形は私たちが直してあげるから。さあ、私が父上にご挨拶に出かける前に、満面の笑みを見せてください。ところで、今年一年の彼の健康と繁栄を祈って、私は父上にどんな贈り物を持っていかなければならないか、わかる？」

　若紫は首を横に振った。

　「それはね、鏡餅……瓜……それと巨大な大根！」

Murasaki laughed as she imagined Genji going to meet the Emperor with a bunch of radishes in his hand…

After watching Genji's splendid procession leave the house, Murasaki hurried back inside to play with her dolls. She wrapped a piece of blue cloth around the one she called 'Genji' and pretended he was going off to visit the Emperor with lots of fruits and vegetables.

Shōnagon watched her for a while, and then said, "Now, young lady, you're growing up very fast, you know, but you're still playing with dolls! I think you should start behaving more like a grown-up this year. Remember that you now have a wonderful husband. You must be quieter and treat him well, just like a wife should…"

Murasaki only nodded without speaking, but many thoughts were racing around inside her head.

Oh, so I have a husband? Just like all the other women here? Hmm… But mine is so much younger and more handsome than theirs! What a lucky girl I am!…

A few days later, Genji suddenly decided to visit Princess Hitachi. He was pleased to find that the atmosphere was brighter than before, and the ladies were all happily wearing the clothes he had sent. Even the princess herself seemed a little warmer.

As he prepared to leave in the morning, Genji said to her, "Princess, I hope we will hear more words from you this year."

"Oh," she murmured, still hiding her face behind a fan, "the calls of many birds begin in spring when everything is fresh and new…"

Genji smiled at her and nodded, ignoring the fact that the poem she was quoting from ended with the words "but here I just grow old."

　若紫は、源氏が大根の束を手に帝に会いに行く姿を想像して笑った……

　源氏の壮麗な行列を見送った後、若紫は急いで家の中に戻って人形と遊ぶ。『源氏』と呼んでいる人形に青い布を巻きつけ、たくさんの野菜や果物を持って帝を訪れるごっこ遊びをした。
　少納言はしばらくその様子を見て、それから言った。「姫君さま、あなたはどんどん成長なさっていくのに、まだお人形遊びをなさってる！　今年からは、もっと大人のような振舞をなさるべきだと思います。今は素敵なご主人がいることを忘れないでください。ふつうの妻がするように、もっとおとなしくして、ご主人を大事にしなくてはなりません……」
　若紫は何も言わずにうなずくだけだったが、頭の中ではさまざまな思いが駆け巡っていた。

　まあ、私には夫がいるの？　ここにいる他の女性たちと同じように？　ふーん……でも、私のはみんなのよりずっと若くてもっとハンサムだわ！　私はなんて幸運な女の子なの……！

　数日後、源氏は不意に常陸の宮の姫君を訪ねることにした。行ってみると、これまでよりも明るい雰囲気があって、嬉しく思った。また女房たちは皆、源氏が送った服を喜んで着ていた。姫君自身さえ、以前に比べると少し温かい感じに見えた。
　朝、家を出る支度をしながら、源氏は姫君にこう言った。「姫君、今年はもっとあなたの言葉が聞けることを願っております」
　「あら」彼女は、依然として顔を扇子で隠したまま小声でつぶやいた。「百千鳥さへづる春は物ごとに改まれども……」
　源氏は、彼女が引用した歌は「われぞ古り行く」という言葉で終わる事実は無視して、彼女に微笑み、うなずくのだった。

Genji headed straight back to the Second Ward, where Murasaki was waiting for him. She looked lovely in a white robe with a lining that was closer to red than pink. Genji decided that perhaps he didn't dislike the color red so much after all. Murasaki had not yet started blackening her teeth and her eyebrows had not been plucked, so she seemed very fresh and young, even though she was growing up fast every day.

Hmm, I wonder why I go out in search of idle pleasure when waiting here at home is such a solid treasure?

They played with Murasaki's dolls for a while and then started doing some drawing together. Genji drew a picture of a thin woman with very long hair and completed it by daubing her nose with red. Just that little touch completely changed her appearance. Then he went over to his mirror and put some red on the end of his own nose. He didn't look very good!

Murasaki couldn't stop laughing when she saw him.

"How would you like me if I always looked this?"

"Oh no, I don't think I'd like it at all!"

Then Genji pretended to rub the red off. "Oh no, it won't come off! I'll be like this forever! What will my father say when he sees me?"

Murasaki looked worried for a moment, and then realized he was only joking. She laughed again and rushed over to help him rub the red off…

All of that happened in my eighteenth year, and now I have a new year to look forward to…

　源氏は、若紫が待つ二条にまっすぐ戻った。ピンクというより赤に近い裏地のついた白い上衣を着た彼女はとてもかわいらしかった。源氏は、やはり赤い色はそれほど嫌いではないのかもしれないと思った。若紫はまだお歯黒を始めておらず、眉毛も抜いていなかったので、毎日すくすく成長しているにもかかわらず、とても新鮮で若々しく見えた。

　うーん、こんなにも確かな宝物が家で待っているというのに、どうして私は無為な楽しみを求めてさまようのだろう？

　ふたりはしばらく若紫の人形で遊び、それから一緒に絵を描き始めた。源氏は髪がとても長い痩せた女性の絵を描き、鼻を赤くぬって完成させた。そのちょっとした一筆で、その女性の外見はすっかり変わった。そして鏡のところに行って、自分の鼻の先を赤く塗った。あまり見栄えはよくなかった！

　若紫は彼を見て笑いが止まらなかった。
「私がいつもこんな顔だったら、どう？」
「まあひどい、全然好きになれないわ！」
　そのあと源氏はその赤をこすり落とすふりをした。「おおどうしよう、落ちないよ！　この先ずっとこのままだ！　父上が見たら何ておっしゃるだろう？」
　若紫は一瞬心配そうな顔をしたが、すぐにそれが冗談だとわかった。彼女はまた笑い、駆け寄って源氏が赤を落とすのを手伝った……

　このすべてが私の十八歳の年に起こった。そして今、楽しみな新しい年が始まる……

Genji checked his nose one more time and then placed his mirror back in its wooden box. He walked over to the veranda. The sun was shining and it almost felt like spring. The red buds of the plum tree right beside the room were about to burst open.

Oh, they are just like lips parted in a faint smile!

He went back inside and smiled as he wrote another poem:

> *Though so eager for the scarlet blossoms of the plum,*
> *The bloom of the finest family tree can leave us glum!*

　源氏はもう一度自分の鼻を確認し、鏡を木箱に戻した。縁側に出ると、日差しが強く、ほとんど春のようだった。部屋のすぐそばにある梅の木の赤いつぼみが今にもほころびそうだった。

　まるでかすかな微笑みで開いた唇のようだ！

　彼は家の中に戻り、歌をもう一句書きながら微笑んだ。

　　　くれなゐの花ぞあやなく疎まるる
　　　梅の立枝はなつかしけれど

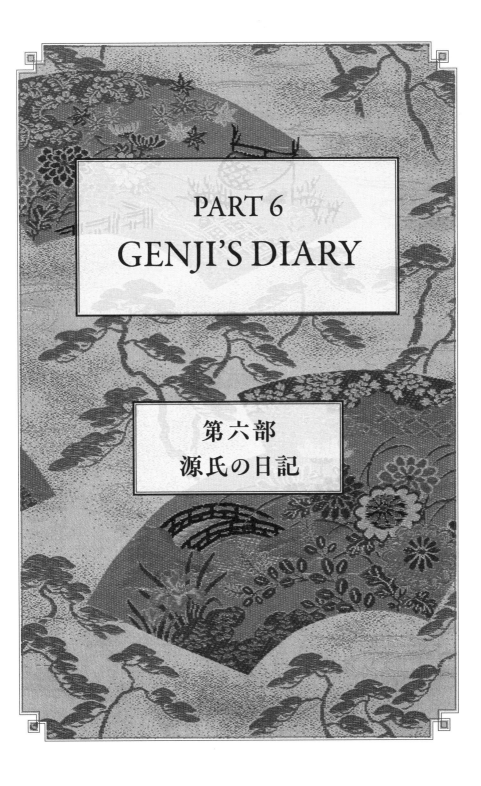

PART 6
GENJI'S DIARY

第六部
源氏の日記

Tō-no-Shikibu lays down her brush and reads the words she has just written in her diary:

> *Midday had already arrived, but it felt as though the sun had just appeared in a clear blue sky. We were all so thrilled that Her Majesty had safely delivered her child, and, of course, everyone was over the moon that it was a baby boy!*

She sighs and looks out across the garden at the maple tree proudly bearing its autumn colors.

The birth of a baby, especially a boy... What a difference that can make to all our lives! Ah, what a busy and noisy time we all had both before and after the happy event! The fears for the Empress, all those priests chanting sutras, the mediums gathered around to drive away evil spirits, the ladies-in-waiting all weeping, the Palace staff running around like beetles...

But all's well that ends well, and now the ceremonies have started—the first bath, the ceremonial sword, the giving of presents to and from the nobles and ladies, the baby's first milk, the big celebrations on the third, fifth, seventh and ninth days after birth...

So what about Fujitsubo? She's pregnant and Genji believes it's his child. But she won't be giving birth in the autumn. It will have to be some time in the early spring, in the First or Second Month of Genji's nineteenth year. Yes, he will have many things to record in his own diary...

藤式部は筆を置き、日記に書いたばかりの文字を読む。

すでに正午を迎えていたが、あたかも澄み切った青空に
太陽が顔を出したばかりというような陽気だった。中宮
彰子（＝藤原道長の長女）が無事にご出産されたことに私
たちはみな感動し、しかも男の子であったことに一人残
らず大喜びだったのは言うまでもないことだった！

式部はため息をつきながら、庭を見渡す。楓が誇らしげに紅葉し
ている。

赤ちゃんの誕生、ことに若宮の誕生……それは、わたしたちすべて
の人生を大きく変えることになる。この喜ばしい出来事の前も後も、
皆、なんと慌ただしく騒々しい時間を過ごしたことか！　中宮彰子
を案じる声、お経を唱える僧侶たち、悪霊を追い払うために集まった
陰陽師たち、泣いている侍女たち、カブト虫のようにせかせかと走り
回る御所の家人たち……

しかし、終わりよければすべて良し。これから産屋（うぶや）の儀式
が始まる。すなわち、初めて湯を浴びさせる湯殿（ゆどの）、宮中から
祝いの剣が届く佩刀（はかし）、高官や女官たちからのお祝いと帝から
のお返しの品々、初めて乳を含ませる乳付（ちつけ）、生後三日め、五
日め、七日め、九日めの盛大なお祝い、などなど……

では、藤壺女御はどうなのか？　彼女は身重であり、源氏は赤ん坊
が自分の子だと信じている。しかし、中宮（＝藤壺女御）が秋に出産す
ることはない。彼が十九歳の一月か二月、早春のころになるはずだ。
そう、源氏には自分の日記に記録しておくことがたくさんある……

32

26. It's a Boy!

Seventeenth Day, First Month

Like everyone else, I'm worried about Fujitsubo. She should have had the baby by now. There's a lot of talk of evil spirits—especially from that cruel Lady Kokiden—and I hear that's worrying Fujitsubo as well.

First Day, Second Month

I've secretly asked several priests to hold services in their temples. I can't bear to think that she might die and I'll never see her again!

Fifteenth Day, Second Month

It's happened! It's a boy! And it seems that mother and child are both alright. There's great rejoicing at the Palace. But will anyone ever suspect it may be my child and not Father's?

Twenty-fifth Day, Second Month

I visited Fujitsubo's home, hoping to see the baby (our son?). I sent her a note saying that Father was eager to see him and perhaps I could see the baby first and give him a report. Of course, she refused to see me. I suppose she has the same worries as I do. Ōmyōbu told me that the baby looks a lot like me already…

26. 男の子だ！

一月十七日

　みんなと同じように、私も藤壺女御のことが心配だ。今ごろはもう子どもが生まれていてもおかしくはない。悪霊の噂が絶えない。とりわけあの邪険な弘徽殿女御が出どころで、それがまた中宮を苦しめていると聞く。

二月一日

　何人かの住職に、お寺で祈祷をしてくれるよう密かに頼んだ。藤壺女御が死んで二度と会えなくなるなどと考えただけでも耐え難い！

二月十五日

　生まれた！　男の子だ！　母子ともに無事である。宮中は大喜びだ。しかし、帝の子でなく、私の子でないかと疑う人は果たしているだろうか？

二月二十五日

　赤ん坊（私たちの息子？）に会えることを願って、中宮の邸を訪れた。父上が若君に会いたがっているが、まず私が赤ん坊に会い、それを父上に報告してもいいかもしれない、と書いた短い手紙を送った。尤もなことだが、中宮は私に会うことを拒否した。彼女も私と同じ懸念を抱いているのだろう。王命婦は、赤ん坊がすでに私にとてもよく似ていると話していた……

Third Day, Third Month (Peach Festival)

I've been visiting every day, but I'm still not allowed to see the baby.

"My lord, you shouldn't come every day," Ōmyōbu said to me today. "You'll have many chances to see the boy later."

But I could sense she was feeling sorry for Fujitsubo and me. I replied with a poem that showed my unhappiness:

> *Oh, what must we have done in a former life*
> *To keep us now apart and full of strife?*

She replied at once:

> *Sad for her beside the child, sad for him who's kept apart;*
> *Oh, the dark depths of suffering of a parent's heart!*

And then she added softly, "How much I wish you could both be happy and not have to suffer so much…"

Fifth Day, Fourth Month

Fujitsubo returned to the Palace, but I still haven't seen the baby. Reports are that he's a lovely child and seems quite big and strong and can even sit up already. Father is thrilled and says how much the baby reminds him of me when I was a baby. He calls him his new 'jewel.' I don't think he has any idea of the truth. I pray he never does… I hate to think how much Fujitsubo must be suffering…

三月三日（桃の節句）

　毎日訪れているが、いまだに赤ん坊に会わせてもらえない。

「殿、毎日お越しになるものではありません。若君には後日いくらでもお会いになれますから」と、今日、王命婦は私に言った。

　しかし、彼女が中宮と私に対して同情しているのが感じられた。私は、自分の悲しみを表す歌で返事をした。

　　　　いかさまに昔結べる契りにて
　　　　この世にかかる中の隔てぞ

　王命婦はすぐに返歌した。

　　　　見ても思ふ見ぬはたいかに嘆くらん
　　　　こや世の人の惑ふてふ闇

　そして、彼女はそっとこう付け加えた。「おふたりが、こんなにも苦しむことなく、幸せになることをどれだけ願っていることか……」

四月五日

　中宮は宮中に戻ったが、私はまだ赤ん坊に会っていない。聞くところによると、かわいらしい子供で、かなり大きくてたくましく、もうお座りもできるそうだ。父上は大喜び、その赤ん坊を見ると赤ん坊だった頃の私をどれほど思い出すことかと言って、その子を新たな『宝石』と呼んでいる。父上は真実をまったく知らない。これからも決して知ることがないようにと祈る……中宮がどれほど苦しんでいるか、考えたくもない……

Twentieth Day, Fourth Month

Today was both wonderful and terrible. At last, I've seen my son! I went to play music as usual, aware that Fujitsubo was probably behind the screens listening. Suddenly Father came in with the child in his arms.

"I have had many children, Genji," he said with a huge smile, "but up to now you were the only I was with all the time from the same age as this baby. He reminds me of that happy time. Of course, all babies look similar, but I suppose that's why I think he looks so much like you!"

I was totally confused and didn't know what to say. I felt proud and delighted and frightened and full of shame all at the same time! I could feel my eyes filling with tears and I'm sure my face was burning red. But I think father just thought I was moved and happy for him and Fujitsubo. Anyway, he's certainly a lovely child.

I returned home as soon as I could and lay around feeling very miserable. Then I went for a walk outside in the garden and noticed some pinks were already in flower. I quickly picked some and wrote a letter and a poem to Fujitsubo and sent them via Ōmyōbu:

> *These tiny blooms like you, like him, so sweet,*
> *Yet so wet with dew when parents cannot meet.*

I never thought Fujitsubo would reply, but Ōmyōbu brought back a beautiful note in no time at all. She, too, seemed happy that Fujitsubo had replied. The note had been written quickly in Fujitsubo's very faint calligraphy, but it gave me great pleasure:

四月二十日

　今日はよい一日であり悪い一日でもあった。やっと息子に会えた！　いつものように奏楽のために宮廷に出かけたのだが、中宮がおそらく御簾の向こうで聞いていることは分かっていた。突然、父上が子どもを抱いて入ってきた。

　「源氏、私にはたくさんの子どもがいる。しかし、この子と同じ年齢からずっと一緒にいたのは、お前ひとりだけだ。この子はその幸せな時間を思い出させてくれる。だからだろうね、この子がお前にそっくりだと思うのは。もちろん、赤ん坊はみんな似たような顔をしているけれど」と、彼は満面の笑みで言った。

　私はすっかり当惑し、何を言ってよいのかわからなかった。誇らしさ、嬉しさ、恐ろしさ、気恥ずかしさのすべてを同時に感じていた！　目が涙でいっぱいになり、そして顔が真っ赤になっていたのは間違いない。でも父上は、私が感動して、父上と中宮のために喜んでいると思っただけだろう。いずれにしろ、かわいい子どもであることは確かだ。

　できるかぎり急いで家に戻った私は、とても惨めな気分で横になっていた。その後、庭を散歩したら、早くも撫子の花が咲いていることに気づいた。さっそくいくつか摘んで、中宮に手紙と歌を書き、王命婦を通して送った。

　　　よそへつつ見るに心も慰まで
　　　露けさまさる撫子の花

　まさか中宮から返事が来るとは思ってもみなかったが、王命婦はたちどころに美しい手紙を持ち帰った。王命婦も中宮が返事を書いたことを喜んでいるようだった。その手紙は非常に力のない書体で急いで書かれていたが、私には大きな喜びを与えてくれた。

It is this flower of our hearts that makes us cry,
But my love stays with it and will never die!

Feeling a little better, I thanked Ōmyōbu and she left. I then went to see my other little treasure in the West Wing. When I walked in playing my flute, she didn't come running over to greet me. Instead, she stayed where she was, leaning on an arm rest. She looked both very grown up and also as fresh and charming as the pinks I had sent to her aunt. I realized at once she was unhappy that I hadn't been to see her earlier. I asked her to come and sit by me on the veranda, but she murmured part of an old poem I taught her: 'Hidden like the seaweed at high tide.' It's the one that ends 'I sigh for him so often, but rarely see him.'

"Oh, that's a naughty thing to say!" I replied. "I don't want you to see me too often in case you get tired of me, the same as the fishermen at Ise get tired of looking at all that seaweed every day!"

I asked for her *koto* to be brought, and she soon became her normal bright self again. We played together for a while and then looked at some pictures. She really is growing into a most graceful young woman.

Then I heard my men outside ready to take me off to the Sixth Ward, but I could see Murasaki was looking unhappy again. She lay down and hid her face in a cushion. I stroked her beautiful hair and said, "Do you really miss me so much when I'm out?"

She nodded.

"Well, I miss you, too," I continued. "But you must remember that you're still a child and I sometimes have to go and visit a certain lady who gets very jealous if I don't go and see her. And if people like her begin to hate me, who knows what might happen? I want

　　袖濡るる露のゆかりと思ふにも

　　なほうとまれぬやまと撫子

　少し気分が良くなったので、王命婦にお礼を言うと、彼女は帰って
いった。それから私は、西の対にいるもう一人の小さな宝物に会いに
行った。私が笛を吹きながら入っていくと、駆け寄ってきて挨拶するこ
とはなく、脇息_{きょうそく}にもたれかかったまま動かなかった。若紫はとても大人
びて見えると同時に、彼女の叔母に送った撫子の花と同じくらい可憐
で愛らしくもあった。もっと早く会いに来なかったことを彼女が不満
に思っているのだと、私は一瞬にして悟った。縁側に来て私の傍に座
るように促したが、彼女は私が教えた古い歌の一部『入りぬる磯の草
なれや（潮が満ちて来ると水の下に入ってし
まう磯の草であるわけでもないのに）』を小声でつぶやいた。その歌は、『見ら
く少なく恋ふらくの多き（お会いすることは少なく、お会いした
いと恋い焦がれることの多いことよ）』で終わるものだ。

　「おや、生意気なことを言いますね！」と私は答えた。「私に会う機会
が多すぎて飽きてしまってはいけないと思ってね。ちょうど、伊勢の
漁師が毎日あの海藻ばかり目にしてうんざりするのと同じように！」

　琴を持ってくるように言うと、やがて彼女はいつもの明るい彼女
に戻った。しばらく一緒に演奏をしたあと、絵を見た。紛れもなく
彼女はとてもしとやかな若い女性に成長している。

　その後、私を六条に連れていこうとする従者たちの声が外から聞
こえた。だが、若紫が再び浮かない顔になっているのが見て取れた。
彼女は横になって座布団に顔をうずめた。彼女の美しい髪を撫でな
がら、私はこう言った。「私がいないと、そんなに寂しいの？」

　彼女はうなずいた。

　「そう、私も寂しい。でも、忘れないで、あなたはまだ子どもだし、
私は時々、ある女性に会いに行かなければならない。そうしないと
その人はとてもやきもちをやくことになるからね。そして彼女のよ
うな人に憎まれるようなことになったら、何が起こるかわからない

to live a long and happy life looking after you. When you're grown up, I'll never leave you, I promise!"

After a while she fell asleep, and I decided not to go out. Instead, I ordered some dinner and Murasaki and I enjoyed the rest of the evening together...

I suppose I did the right thing, but I'm still worried about Lady Rokujō.

Ah, I'm exhausted...

Fifth Day, Fifth Month (Iris Festival)

I went to see Father and I was surprised by what he said to me: "My dear boy, the Minister of the Left has suggested that he's rather unhappy with you. I don't know what he knows about you, but could it be because you're not seeing enough of Aoi? I'm very sorry if you're not happy with her... I've been a little surprised that you don't seem to show any interest in any of the lovely ladies here at Court, but I have also heard that you have a secret young mistress. That is your business, of course. But I think you should remember all the things that the Minister has done for you since you were very young."

I couldn't reply anything, but just thanked him for his advice. It seems that word of the mysterious young lady in my West Wing is spreading around...

Seventh Day, Seventh Month (Weaver Festival)

The day on which the young star-crossed lovers can meet every year—but not Fujitsubo and me! And now she's moved one step further away. Father has made her his official Empress, just like her

でしょう？　私はあなたのお世話をしながら長く幸せな人生を送りたい。あなたが大人になったときには、あなたを決して一人にはしない、約束します！」

　しばらくすると、彼女は眠ってしまい、私は外出を止めることにした。代わりに夕食の準備を頼み、若紫とふたりでその後の時間を楽しく過ごした……

　正しいことをしたとは思うが、六条御息所のことがやはり気になっている。

　ああ、へとへとだ……

五月五日（端午の節句）

　父上に会いに行ったとき、彼が私に言ったことに驚いた。「左大臣はどうも君に不満があるようだ。彼が君について何を知っているかは知らないが、もしかしたら、君が葵の上にあまり会っていないせいではないだろうか？　彼女に不満があるのなら、とても残念だ……それに君が宮中の素敵な女官たちに興味を示さないようなので少し驚いている。とは言え、君には秘密の若い愛人がいるとも聞いている。もちろん、それは君の問題だ。しかし、忘れてはいけないよ、君は左大臣には幼いころから大変お世話になっている、ということをね」

　何も答えることができなかったが、父上の忠告には感謝した。どうやら私の邸の西の対にいる謎の若い女性の噂が広まっているようだ……

七月七日（七夕祭り）

　薄幸の若い恋人同士が毎年出会える日。しかし藤壺女御と私は違う！　しかも今や彼女はさらに一歩遠くなってしまった。父上は、母上と同じように、藤壺女御を正式なお后にしたのだ。それは、ずっ

mother was. That'll upset Lady Kokiden, who has always been his principal wife. I can see that Father's getting ready to step down from the throne. He'd like to make Fujitsubo's child the crown prince, but he doesn't have enough support outside for that. Anyway, Kokiden's son will be the next emperor—perhaps that will be enough to keep her happy. But now Fujitsubo is the Empress, that will at least give her more power when Father's no longer emperor. And could it mean that our son will one day become the emperor himself?! Well, that would be something, I suppose...

I've been given a seat on the Council of State, but that doesn't mean much to me...

Twenty-first Day, Seventh Month

Tonight was the official ceremony making Fujitsubo Empress... Oh, what mixed feelings I had following her with all the other lords and ladies in the procession and seeing her and Father and our boy! They all looked so splendid, and yet I felt so very, very sad...

> *My jewel vanished into the clouds where I can never go,*
> *Leaving me in the dark depths of love far down below.*

と正妻である弘徽殿女御を動揺させるだろう。父上は帝位を退く準備を進めているようで、藤壺女御の子どもを東宮にしたいお考えだが、そのためには外部の支持が足りない。とにかく、弘徽殿女御の息子が次の帝になる。彼女を喜ばせておくにはおそらくそれで十分だろう。しかし、藤壺女御は中宮になった。それによって、父上が帝でなくなったときは、少なくとも今より大きな権力が与えられることになる。それはつまり、私たちの息子がいつか帝になる可能性があるということか？　そうなったらすごいことだ……

　私は中将から参議に上ったが、あまり意味がないことだ……

七月二十一日

　今夜は藤壺女御を中宮にする正式な式典だった……他の殿上役人や女官たちと共に行列を作り、中宮の後ろを歩き、彼女や父上や自分たちの息子を見ている私の気持ちはどんなに複雑だったことか！みんなとても素晴らしく見えたのに、私はどうしようもないほど悲しかった……

> つきもせぬ心の闇にくるるかな
> 雲井に人を見るにつけても

33

27. The Misty Moon

First Day, First Month

The start of my twentieth year (and Murasaki's twelfth)!

Twenty-second Day, Second Month

Oh, what an amazing night I had last night! It was father's annual cherry blossom viewing and poetry party around the wonderful tree in the palace grounds. Of course, Empress Fujitsubo was there in one enclosure and the Crown Prince and his mother in another (I don't suppose she wanted to be anywhere near Fujitsubo, but she can't keep away from anything!).

It was a lovely fine day with the sun shining down and lots of birds singing in the trees. Everyone was there, it seemed: from all the important lords and ladies to the funny old poetry professors in their funny old clothes (and they were the ones who seemed to have the most trouble writing a Chinese poem!). I was given the theme of 'Spring' for my poem.

As usual, Father had gathered the finest musicians, and when the dancing started at sunset the Crown Prince asked me to perform part of the dance he had enjoyed so much in the autumn. He even gave me some flowers to wear in my headdress, so I could hardly refuse. I think I did alright. I chose the sleeve-waving part that I know Fujitsubo liked so much. Tō-no-Chūjō followed me with a

27. 朧月夜

一月一日

　私の二十歳の年の始まり。若紫は十二歳！

二月二十二日

　ああ、昨夜はなんて素晴らしい夜だったことか！　御所の敷地内の素晴らしい桜の木の周りで、父上の毎年恒例の花見と歌会が行われた。もちろん、中宮（＝藤壺女御）は観覧席に、そして東宮とその母親（＝弘徽殿女御）はもう一方の観覧席にいた（彼女は中宮の近くにいたくはなかっただろうが、どんな催しも絶対避けることができない人なのだ！）。

　太陽が照りつけ、たくさんの鳥が木々でさえずる素晴らしい快晴の日だった。高級官人や女官から、おかしな古着に身を包んだ年配のおかしな詩の博士（しかも漢詩を書くのに一番苦労しているように見えたのがその人たちだった！）まで、みんなそこにいたようだ。私は「春」という題材を与えられた。

　いつものように、父上は最高の楽士を集めてくださった。日没後に踊りが始まると、東宮（＝朱雀帝）は、秋に心から楽しんだ踊りの一部を私に披露してほしいとおっしゃった。頭飾りにつける花までくださったので、断ることはできなかった。まあまあうまくできたと思う。私は、中宮が非常に気に入っていた袖振りの部分を選んだ。頭中将は「柳花苑」の完全版を私に続いて披露した。彼はとても上手だ

full version of 'The Willow Garden.' He was so good, I think he'd been practicing hard. Father presented him with a robe to show much he liked it—a rare thing, but well deserved.

When the poetry reading began, my effort was well received by everyone, including my father-in-law. (I hope that Fujitsubo liked the part about the blossoms that bloom far out of reach of mortals.)

We went on well into the night until a misty moon had risen high above the Palace. Eventually, Fujitsubo left and then the Crown Prince. Father left with Kokiden. And gradually everyone else drifted home.

Everything went quiet and all the torches were put out. I'd drunk rather too many cups of *sake* and I really didn't want the evening to stop. I wanted to find someone who could appreciate the beautiful stillness of the night with me. It suddenly struck me that there was just a possibility that there might be some door left open near Fujitsubo's room. I really wanted to know what she thought about my poem, and I knew Father wasn't spending the night with her. All her ladies would be fast asleep. I wandered across to check, feeling a bit like a thief in the night… But I was out of luck. All the doors were firmly closed—just as they should be.

I walked on a bit until I came to the Kokiden Wing. I knew Kokiden was with Father, so all would be quiet there as well. And then I noticed one door (third from the left) was slightly open. (Oh, ladies, never forget to lock your doors if you want to avoid trouble!) I paused for a moment, wondering if I really wanted to enter such dangerous territory. But I was so eager to see what I might find, that I stepped inside.

All was quiet. I climbed up on the veranda to look inside. Everyone seemed to be fast asleep—well, not quite everyone, it turned

った。一生懸命練習してきたのだと思う。父上は、頭中将に上衣を贈って、どれだけ気に入ったかを表した。稀なことだったが、褒賞は授与に値した。

　詩の朗読が始まると、私の労作は義父をはじめ、みんなに好評だった（中宮は、人間の手の届かないところに咲く花の部分を気に入ってくれただろうか）。

　宴は夜遅くまで続いて、霧がかった月が御所の上空に昇っていた。やがて中宮が去り、それから東宮が退出した。父上は弘徽殿女御とともに去った。そして、他の人たちも次第にそろりそろり家路についた。

　すべてが静まり返り、松明はすべて消された。酒をちょっと飲み過ぎた私は、この夜を終わらせたくない気分だった。美しい夜の静けさを一緒に鑑賞できる人を見つけたかったのである。ふと、中宮の部屋の近くに開けたままの戸口があるかもしれないと思いついた。彼女が私の詩をどう思ったかどうしても知りたくなった。それに今夜は父上が彼女と過ごしていないことは分かっていた。中宮の女房たちは皆、ぐっすり眠っているだろう。私は、なんだか夜盗になったような気がしながらさまよって確かめた……しかし、運悪く、戸口はすべて固く閉ざされていた。ま、そうあって然るべきだ。

　私は少し歩いて弘徽殿の細殿（ほそどの）までやって来た。弘徽殿女御は父上と一緒にいるので、そこも静かだろう。そのうち、三の口（＝左から三つめの戸）がわずかに開いているのに気づいた。（ご婦人方、災難を避けたいなら、戸口には必ず鍵をかけること！）　私は一瞬立ち止まり、こんな危険な領域に本当に入りたいだろうかと考えた。しかし、何が見つかるか見たくてたまらず、中に足を踏み入れた。

　すべてが静かだった。私は縁側に上がって中を覗いた。みんなぐっすり眠っているようだった。と思ったが、みんなではなかった。突

out. I suddenly heard a faint but very pretty voice singing the end of that famous old song:

Not too dull and not too bright,
A misty, moisty moon tonight!

The shadowy figure of the singer walked straight up to the door where I was standing… I put out my hand and grabbed her sleeve.

"Ah, who is it?" she murmured, sounding frightened.

"Don't be afraid," I whispered.

You came to view the misty moon like me;
That we were bound to meet is clear to see!

"Oh!" was all she replied.

I took her hand, led her out of the room and closed the door.

"I think I should call for help!" she said, without much conviction.

"I don't think that will help you much. I'm someone who has some right to be here, and I'm sure your ladies would all agree."

I suppose she recognized my voice and was as eager to enjoy the moonlight as I was. She didn't seem worried by the fact I was obviously a bit drunk. I quickly led her down the corridor to an empty room.

She was so young and passionate…a total delight!

But we only had a very short time together; it wasn't long before the moon had gone and dawn was approaching. In the dim light, I could see she was very pretty indeed, but she looked worried as well.

如、あの有名な古い歌（＝新古今和歌集55番）の終わりを詠んでいる、
かすかだが、とてもきれいな声を聞いたのだ。

　　　照りもせず曇りも果てぬ春の夜の
　　　朧月夜に似るものぞなき

　その詠み手の人影は私が立っている戸口までまっすぐに歩いてき
た……私は手を出し、彼女の袖をとらえた。
　「あ、だれ？」と彼女は怯えたような声でつぶやいた。
　「こわいものではありません」とささやいて、

　　　深き夜の哀れを知るも入る月の
　　　おぼろげならぬ契りとぞ思ふ

と私は詠んだ。
　「あら！」とだけ彼女は答えた。
　彼女の手を取り、部屋から導き出し三の口を閉めた。
　「助けを呼ぼうかしら」と言ったが、その言い方には大して説得力
がなかった。
　「そうしてもあまり役に立たないでしょう。私はここにいる権利が
ある者だし、あなたの女房たちもみな同意してくれるはずです」
　彼女は私の声に気づいたのだろう、そして私と同じくらい月明か
りを楽しみたくて仕方なかったのだと思う。私が明らかに多少酔っ
ていることは気にしていないようだった。急いで廊下を進み、空い
ている部屋に彼女を連れていった。
　その人はとても若々しくて情熱的だった……そして私は非常に嬉
しかった！
　しかし、一緒にいられたのはほんのわずかな時間だった。間もな
くして月が沈み、夜明けが近づいたからだ。薄明かりの中で見た彼
女はとてもきれいだったが、不安そうでもあった。

"Please tell me your name so that I can write to you," I said. "I hope this won't be our one and only meeting!"

She replied immediately with a poem:

> *If I were to die this very day without a name*
> *Would you wish to come and find me just the same?*

It was a fine answer that made me want to know her name even more.

"I shouldn't have asked, of course," I replied.

> *But it's nice to know where to safely lay your head*
> *Before the wind tells all and brings regrets instead.*

"Let there be no secrets between us, unless you would really prefer never to meet again…"

Before she had time to reply, we heard the ladies starting to move around in the Kokiden Wing. I had to leave at once, hoping that nobody would notice…I quickly gave her my fan and she gave me hers. I left and hurried back here to my own rooms in the Kiritsubo Wing. (I don't think anyone saw me.)

What a night! So who could she be? She's obviously a young lady of some note, not a lady-in-waiting. Most likely she's one of Kokiden's sisters—and, luckily, she seems to be nothing like that horrible woman! Now, there are six of them in all, and she must be either No. 5 or No. 6, because No. 3 is the wife of my half-brother Prince Hotaru, and No. 4 is married to Tō-no-Chūjō. It's not such good news if she's No. 6 because she's supposed to become one of the Crown Prince's consorts! Is that why she wouldn't tell me her

「手紙を書くので名前を教えてください。これっきりの出会いにならないことを願っています！」と私は言った。

彼女はすぐに歌で答えた。

　　　うき身世にやがて消えなば尋ねても
　　　草の原をば訪はじとや思ふ

彼女の名前をさらに知りたくなるようなみごとな答えだった。

「もちろん、聞くべきじゃなかった」と私は答えた。

　　　何れぞと露のやどりをわかむ間に
　　　小笹が原に風もこそ吹け

「ふたりの間に秘密を持たないようにしましょう。二度と私に会いたくないのでしたら別ですが……」

　彼女が返事をする間もなく、弘徽殿の細殿で女房たちが動き出す音が聞こえた。誰にも気づかれないことを願いながら、私は直ちにその場を離れなければならなかった……素早く自分の扇子を彼女に手渡すと、彼女も自分のものを私にくれた。私はその場を離れ、急いで桐壺（＝二条院）の自分の部屋に戻った。（誰にも見られなかったと思う）

　なんという夜だ！　で、彼女は誰なんだ？　明らかに身分の高い若い女性だ。侍女ではない。おそらくは弘徽殿女御の姉妹の一人だろう。幸いなことに、この女性はあのひどい女御とは全く違うようだ！　全部で六人いるが、五の君か六の君だろう。というのは、三番めは異母弟の帥宮（＝蛍兵部卿宮）の妻で、四番めは頭中将と結婚している。もし六の君だとしたら、東宮のお妃になるはずだから、さほどよいことではない！　だから名前を教えてくれなかったのだろうか？　でも、まだ確かではない。どうやって見つけ出そうか？　少

name? But I still can't tell for sure. How am I going to find out? Well, at least I have her fan. It's nothing special, but it has a nice painting of a misty moon on one side—very appropriate. Misty moon... *oborozukiyo*. Yes, that's the name I'll give her! And I must think of some way to see her again.

Twenty-third Day, Second Month

Visited the Third Ward. Aoi was still not very welcoming, but better than before. Her father, however, was full of praise for the cherry and poetry party and my part in it. I seem to be back in his good books...

Second Day, Third Month

Murasaki is getting prettier and cleverer every day and now seems to be used to me slipping out late at night. Tomorrow we'll have some fun at the Peach Festival.

Sixteenth Day, Third Month

I bumped into the Minister of the Right this morning and he told me all about rebuilding his new mansion and its wonderful late-flowering cherry trees. He said he's holding an archery contest on the twenty-first and would I like to attend? I said I wasn't sure whether I'd be free or not. Do I really want to get mixed up with that family...even though I suppose it might be a chance to solve the Oborozukiyo mystery? Probably not...

Twenty-second Day, Third Month

The mystery is solved (for better or worse)! I had decided not to go to the archery party after all, but suddenly in the early evening

なくとも、彼女の扇子を持っている。特別なものではないが、片側に霧にかすんだ月の絵が描かれている。とてもふさわしい。霧がかった月……朧月夜。そうだ、あの人はこの名前にしよう！　そして、もう一度彼女に会う方法を考えなければならない……

二月二十三日

　三条を訪問。葵の上は依然としてあまり歓迎してくれなかったが、以前よりはましだ。しかし彼女の父君は、桜と詩の宴、そこで私が披露した詩や舞を褒めてくれた。どうやら、私は父君に再評価されているようだ……

三月二日

　若紫は日に日に可愛く、賢くなり、今では私が夜遅くに抜け出すのにも慣れてきたようだ。明日はふたりで桃の節句を楽しむ予定である。

三月十六日

　今朝、右大臣にばったり会った。彼は新しい邸の再建や遅咲きの桜の木が素晴らしいことなど、いろいろと教えてくれた。彼は、二十一日に弓の勝負の催しを開くが、私に参加しないかと訊いた。私は都合がつくかどうかわからないと答えた。私は本当にあの家族と関わりたいだろうか……朧月夜の謎を解くよい機会にはなるかもしれないけれども。おそらく無理だろう……

三月二十二日

　謎は(良くも悪くも)解けた！　私は結局、弓の催しには行かないことにしていたのだが、夕方になって突然、右大臣の子息の一人が御

one of the Minister's sons brought me a poem at the Palace from his father:

The flowers in my garden are of a rare and lovely hue,
Yet our party seems pale without the likes of you.

I showed this to Father, who laughed and said, "Oh, he's so proud of his garden! Still, he would obviously like you to be there, so why don't you go? And remember that your half-sisters are being brought up there, so you're not exactly a stranger."

I decided I'd go, and dressed very carefully. It was likely most people there would not be very brightly dressed, so it would be fun to be different—I didn't want the cherry trees to take all the praise. I put on a fine white robe with a red lining, and a train the color of dark grapes. It was getting late when I arrived, but, sure enough, they seemed impressed by my appearance.

Anyway, I had quite a good time... Fortunately, the archery was all over, but there was plenty to eat, lots of *sake*, good music... and I even played them a couple of tunes. But I didn't forget I had a mystery to solve, so I didn't drink very much. When it started getting late, I told the host I'd drunk too much and wasn't feeling too well, so I'd take a walk around. I wandered off and found the East Wing, where I knew the princesses were living. I leaned against a door of the veranda next to the wisteria tree. The shutters were raised so that the ladies could enjoy looking at the blossoms. I knew some of them were there because they were hanging their sleeves outside just like they do at the New Year.

"My dear ladies," I said in a loud voice. "I was not feeling well before I came and now I've drunk too much and the party is so

所にいた私に、右大臣からの一篇の歌を持ってきた。

　　　わが宿の花しなべての色ならば
　　　何かはさらに君を待たまし

　これを父上に見せると、笑って言った。「ああ、右大臣はご自分の
庭がたいへん自慢なんだ！　でもやはり、明らかに君がそこにいるこ
とを望んでいる。だから行ってみたら？　それにいいかい、異母姉妹
もそこで育てられているのだから、君は全くのよそ者ではないんだ」
　私は出かけることにして、非常に慎重に衣裳を選んだ。そこにい
るほとんどの人はあまり華やかな服装ではないだろうから、違う格
好をした方がおもしろいだろう。それに桜の木々に賞賛を独り占め
されたくはなかった。赤い裏地のついた上質な白い直衣を着て、赤
紫色の下襲の裳裾をつけた。到着した時は日が暮れていたが、案の
定、その場にいた人たちは私の装いに感心したようだった。
　とにかく、結構楽しい時間を過ごした……幸いなことに、弓の勝
負はすべて終わっていた。が、食べ物はたくさんあったし、日本酒も
たくさんあったし、いい音楽も聴けた……そして私も二曲ほど披露
した。だが、解くべき謎のことを忘れていなかったから、酒はあまり
飲まなかった。夜も更けてきた頃、私は飲み過ぎてちょっと気分が
悪いからと言って、その辺りを散歩することにした。ふらふらと歩
いているうちに、姫君たちが住んでいる東の対を見つけた。私は藤
の木の隣にある縁側の戸口にもたれた。女性たちが花見を楽しめる
ように、格子が上げられていた。ちょうどお正月と同じように女性
たちの袖口が外に出ていたので、何人かがそこにいることはわかっ
た。
　私は大きな声で言った。「ご婦人方、来る前から体調が良くなかっ
たのですが、今は飲み過ぎた上に宴は騒々しい！　しばらくこちら

noisy! Could I rest here for a while?"

Before anyone answered, I pushed back the blind over the door and peered in. It was very dim inside. I was met with a delicious waft of perfume, a lot of rustling of silk and vivacious laughter.

"Rest in here with us?" cried one of the ladies—not one of my half-sisters, nor Oborozukiyo. "It's always the lower members of the family who come to ask for help from the higher ones. So someone high like you shouldn't ask for our help!"

It was a good answer. They were clearly young women of distinction. I sat down outside against the pillar and recited the words of an old song, replacing 'sash' with 'fan':

> Something bad took place this hour,
> Someone stole my fan!
> Maybe that Korean from Ishikawa,
> I'd like it back if I can!

The ladies laughed. One of them said, "I don't think I know that Korean!" She wasn't the one I was looking for, either. The one next to her seemed to sigh a little, but said nothing. Could she be the one? I couldn't see her face. I risked it—I quickly leaned forward, pulled on her sleeve, and said, very quietly:

> Lost on the mountain and full of pain
> Will I ever see that misty moon again?

And immediately came a reply in a soft and familiar voice:

で休ませていただけませんか？」

　返事を待たずに、私は妻戸の御簾を押し戻し、中を覗き込んだ。その中はとても薄暗かった。私を迎えたのは、ふっと漂う薫香のあまい香り、絹がサラサラと擦れ合う音、そして陽気な笑い声だった。

　「ここで一緒に休む、ですって？」と女性の一人が叫んだ。彼女は私の異母姉妹でも朧月夜でもない。「高貴な縁者を頼って来るのはいつだって身分の賤しい人たちです。だから、あなたのような尊貴なお方が私たちの助けを求めるべきではありません！」

　いい答えだった。彼女たちは明らかに気品のある若い女性たちだった。私は外の柱にもたれて腰を下ろし、古い歌（＝催馬楽）の言葉を暗唱した。「帯」を「扇」に置き換えて。

　　　　扇を取られて　からきめを見る

　　　　　　　（原文：石川の高麗人 帯を取られて からき悔する）

　女性たちは笑った。そのうちの一人が、「そんな高麗人は知りませんわ！」と言った。その人も私が探している女性ではなかった。その隣の女性は少しため息をついたようだったが、何も言わなかった。彼女がそうなのだろうか？　顔は見えなかった。私はいちかばちかやってみた。素早く前に身を乗り出し、彼女の袖を引っ張って、きわめて静かに言ったのだ。

　　　　あづさ弓いるさの山にまどふかな
　　　　ほの見し月の影や見ゆると

　するとすぐに、柔らかく聞き覚えのある声で返事が返ってきた。

An archer with a true heart will hit the mark
Even without a moon to brighten up the dark.

It *was* Oborozukiyo! So that was good news. But I then discovered that she is indeed Sister No. 6... Oh dear, that is *not* such good news!

　　心いる方なりませば弓張の
　　月なき空に迷はましやは

　朧月夜だ！　これは朗報だった。しかし、彼女がやはり六の君であることが後になってわかった……ああ、どうする源氏、これが悲報以外の何であろうか！

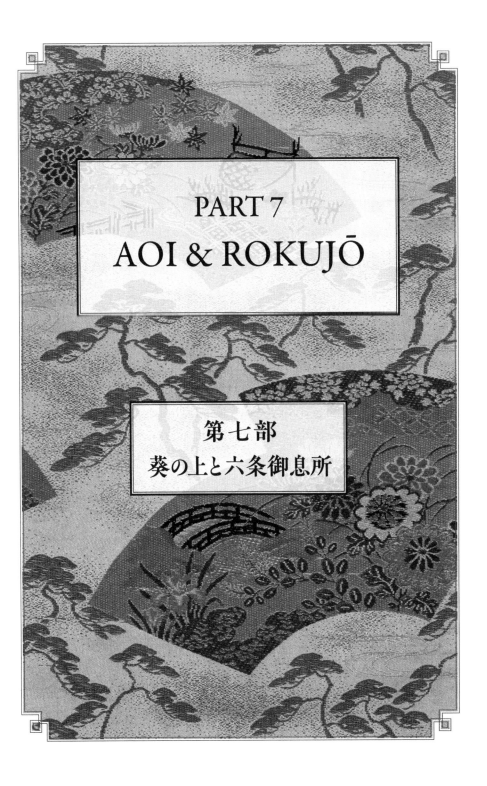

PART 7
AOI & ROKUJŌ

第七部
葵の上と六条御息所

34

Flutes, drums, gongs, and squeaking carriage wheels… giant oiled umbrellas… shining black men's headwear decorated with heart-shaped wild ginger leaves… kimonos of every style and color… people of all walks of life jostling and shouting… line after line of ox-drawn carriages covered in flowing wisteria blossom, with ladies peering from behind blinds and hanging the edges of their sleeves outside… noisy attendants drinking *sake* and trying to give their ladies' carriages the finest view… white horses and black oxen followed by dung collectors…

Tō-no-Shikubu smiles as she sits exhausted in her room. She's remembering all the sights, sound and smells of one of her favorite early summer events in the capital—the annual festival that began as a request to the gods of the two Kamo Shrines to stop flooding and then, more recently, to prevent epidemics. Given the chance to ride in one of the finest carriages, she preferred to disguise herself in a walking skirt and wander around in the milling crowd.

Oh, how wonderful to see a festival dating back over three-hundred years—the Aoi Festival… Aoi… Such a simple word with so many meanings and associations—various flowers, the color, a meeting of lovers, the name of Genji's wife…

Tired as she is, Tō-no-Shikubu is eager to get writing again, inspired by the busy festival scenes. And her head is full of ideas…

Genji is now in his twenty-second year and a new chapter in his life has started. His father has abdicated—as expected—and is

笛、太鼓、銅鑼、軋む牛車の車輪……油紙製の大きな傘……ハート
型の双葉葵で飾られた男たちの黒光りする烏帽子……さまざまなス
タイルと色の着物……あらゆる階層の人々が入り乱れて大声を張り
上げている……流れるような藤の花に覆われた牛車の行列……袖の
端を外に垂らして御簾の陰から覗く女性たち……酒を飲みながら、
自分の女性たちの牛車に一番美しい景色を確保しようと騒がしい従
者たち……白馬と黒牛の後に糞を拾って集める人たちが続く……

　疲れ果てて部屋に座り、藤式部は微笑んだ。彼女は、都で行われる
お気に入りの初夏のイベントの光景、音、匂いのすべてを思い出し
ている。この毎年開催される祭りは二社の賀茂神社の神々に洪水を
止めるよう願ったのが始まりだが、最近は疫病を防ぐために行われ
ている。最高級の牛車に乗る機会もあったが、式部は袴をはいて変
装し、混雑した群衆の中を歩き回ることを好んだ。

　ああ、三百年以上も昔の祭り、葵祭りを見ることができるなんて
……葵……シンプルな言葉でありながら、数多くの意味や関連性が
ある。例えば、さまざまな花、色、恋人たちの逢瀬、源氏の妻の名前
……

　くたびれていたけれども、藤式部は祭りの賑やかな光景に触発さ
れ、再び執筆に取りかかりたくて仕方がない。しかも彼女の頭の中
はアイデアでいっぱいだ……

　源氏は二十二歳になり、人生の新しい章が始まったばかり。父君の
桐壺帝は、予想どおり退位し、中宮（＝藤壺女御）と幸せに過ごしてい

happily spending time with Empress Fujitsubo. Lady Kokiden pre-fers to stay in the Palace with her son Suzaku, the new Emperor. Fu-jitsubo's young son remains at the Palace as the new Crown Prince. Genji, with a mixture of delight and embarrassment, has been appointed his guardian, so he's busier than ever. He's still spending a lot of his time looking after Murasaki, with occasional visits to Princess Hitachi and very occasional visits to Lady Rokujō—whose obvious jealousy scares him a little.

Since there's a new emperor, a new Kamo High Priestess has to be appointed, and that means there will be a colorful procession on her Day of Purification in the Fourth Month.

And the big news is that after ten years of marriage, Genji and Aoi are finally going to have a baby…

る。弘徽殿女御は、新たな帝になった息子の朱雀と宮中にいることを好む。中宮の幼い息子は、新たな東宮として御所に残っている。源氏は、嬉しさと気まずさが入り混じった心情ながらも、東宮の後見人に任命されたので、これまで以上に忙しい。そして相変わらず若紫の世話に多忙ではあるが、時おり常陸の宮の姫君を訪ね、ごくたまに六条御息所を訪ねる。だが、六条御息所の明らかな嫉妬心に源氏は少々怯えている。

　新しい帝が即位したため、新しい賀茂の斎院が任命されることになる。それはすなわち、四月の御禊(みそぎ)の日には色鮮やかな行列が行われるということだ。
　そして大きな話題は、結婚十年目にしてようやく源氏と葵の上に赤ん坊が生まれること……

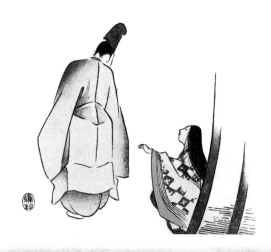

35

28. The Battle of the Carriages

One night, Genji was half asleep with his back to Aoi when she suddenly said, "I've heard it's Lady Kokiden's daughter!"

"Huh? What is?"

"The new Kamo High Priestess."

"Oh, yes. My dear half-sister. She was the only princess available. And Suzaku wants me to be one of the attendants."

"Oh, it would be so nice to go and see you, but I can't. Not in this condition…" In the darkness, Aoi stroked her large belly.

Genji lay thinking about the procession. He was not keen on taking part at all. He began wondering which women might go to view him from their carriages.

Oborozukiyo is sure to be there to see her niece… I have no idea about Princess Hitachi… As for Murasaki, perhaps I can arrange to take her myself to watch the main procession of the Aoi Festival a few days later? That would probably be more fun for both of us… And what about Lady Rokujō?

A few weeks earlier, he had heard that her daughter was also soon to become a High Priestess—of the Ise Shrine, far from the capital. The next time he went to visit his father, he found him in a serious mood.

"Genji, I've heard that Lady Rokujō is thinking of going to

28. 車争い

　ある夜、源氏が葵の上に背を向けて半分眠っていると、彼女が突然、「弘徽殿女御の娘さんだそうよ！」と言った。

「は、何が？」

「新しい賀茂の斎院」

「ああ、そうだよ。私の腹違いの妹。姫宮は彼女しかいないからね。朱雀帝が私に参列してほしいと言ってる」

「あら、出かけてあなたの姿を見たいけど、無理だわ。こんな体では……」暗闇の中で葵の上は自分の大きなお腹を撫でた。

　源氏は横になったまま行列のことを考えていた。参加する気はまったくなかった。どの女性が牛車に揺られて自分の姿を見に行くのだろうか、と考え始めた。

　朧月夜はきっと姪を見に来るだろう……常陸宮の宮の姫君はまったく分からない……若紫は、数日後に行われる葵祭の大行列を見に私自身が連れて行けるかもしれない。その方が私たちふたりには楽しいだろう……六条御息所はどうか？

　数週間前、彼女の娘ももうすぐ都から遠く離れた伊勢神宮の斎宮になることを聞いていた。次に父上（＝桐壺院）を訪ねると、彼は深刻な面持ちをしていた。

「なあ源氏よ、六条御息所が娘と一緒に伊勢に行くことを考えてい

Ise with her daughter, and I think it's partly because of you. Don't think I know nothing about you and her! She's a fine and noble woman and it hurts me that you seem to regard her so lightly. I hope in future you will treat her well, both for my sake and also for the sake of her poor dead husband, my brother. Do you understand?"

"Yes, Father."

"And not only that. As my dear son, I hope that you will treat all ladies with great kindness and respect. Never do anything to bring shame on them, and never do anything that will make them angry! Do you understand?"

"Yes, Father."

Genji didn't know what else to say. He was not happy that everyone seemed to know about his affair with Lady Rokujō. He'd kept it quiet out of respect for her, so someone else must have said something…

But at least Father doesn't seem to know about Fujitsubo and me, and I pray that he never does…

The morning of the Purification Ceremony arrived. Special stands had been erected along the route of the procession and there were flowers everywhere. A main attraction was the chance to get a glimpse of the princess inside her special curtained palanquin dressed in a twelve-layered kimono with a special gold and lacquer headpiece. But many people—especially women—were there because they were eager to see The Shining One himself.

The First Ward rapidly filled with the finest ox-drawn carriages, and more and more kept arriving looking for good places. There

るそうだが、それは君のせいでもあると思う。私が君と彼女のこと
を何も知らないと思ってはいけない！　あの方は立派で高貴な女性
なのに、君が彼女を軽視しているようで、私は心が痛む。今後は、私
のためにも、そして彼女の亡くなった可哀そうな夫、つまり私の兄
のためにも、あの方を大切に扱ってもらいたい。分かったかな？」

「はい、父上」

「それだけではない。私の愛する息子として、すべての女性に親切
に、そして敬意をもって接してほしい。女性たちに恥をかかせるよ
うなことは決してやってはいけないし、また怒らせるようなことも
決してあってはならない！　分かったかい？」

「はい、父上」

源氏は他に何と答えたらいいのかわからなかった。六条御息所と
の関係を皆に知られているようで不愉快だった。彼は彼女に対する
敬意の気持ちから黙っていたのだが、誰かが何か言ったに違いない
……

　でも、少なくとも父上は中宮と私のことは気づいていないようだ。
決して知ることがないことを祈る……

御禊の儀式の朝がやって来た。行列が通る道筋には特別な見物席
が設けられ、いたるところに花が飾られていた。主な呼び物は、金
と漆の特別な頭飾りを付けて十二単に身を包み、特別な幕を張った
輿の中に乗っている斎宮を一目見ることだった。しかし、多くの
人々、ことに女性たちは、光源氏その人を見たいがためにそこに来
ていた。

一条大路は立派な牛車でどんどん埋め尽くされ、良い場所を求め
てさらに多くの牛車が到着していた。やがて大混乱の光景が広がっ

was soon a scene of great chaos, with oxen everywhere, carriages pointing in all directions, and servants trying to push their carriages into spaces that were too narrow. Tempers began to flare, especially as some of the men had started drinking very early.

Back in the Second Ward, Aoi's ladies were trying to persuade her to join them watching the procession. They all thought it was time she had some fresh air.

"My lady, think of all those people coming from far away just to see Lord Genji."

"It would be so nice for us to see him with you!"

"Please come with us!"

"Yes, I think you should go, Aoi," said her mother. "I'm sure it will do you all good."

So Aoi agreed. The carriages were quickly prepared and decked with flowers. By the time they reached the First Ward, there were no parking spaces left. However, some of the great ladies already there were persuaded to have their carriages pushed back to make room for Genji's family. There was also one rather simple carriage; the sleeves showing beneath its blinds were in very good taste. The lady inside was obviously hoping not to be recognized, but Aoi's men knew at once that it was Lady Rokujō! However, they pretended they didn't know.

Her attendants refused to move her carriage. Some of them had been drinking for a while, and they were happy to get into a fight.

"We're not the kind of people to be pushed out of the way!" they shouted.

"And who do you think you are, telling us who we can move and who we can't?" replied Aoi's men, some of whom were in a similar state. "Do you think you have some special protection from Lord

た。牛が至る所にいて、車は四方八方に向いており、使用人たちはあまりに狭い空間に、他の牛車を押しのけて自分たちの牛車を押し込もうとしている。人々の怒りが爆発し始めた、特に、男たちの中には早くから酒を飲み始めていた人もいたからだ。

一方、二条では、葵の上の女房たちは行列を見に出かけようと彼女を説得していた。女房たちは誰もが、葵の上が外の空気に触れるちょうどよい機会だと思ったのだ。

「奥さま、源氏殿をご覧になりたいがために遠路はるばる来られる方々のことをお考えになってみてください」

「奥さまとご一緒に見物できましたら、どれほど素敵なことでしょうか！」

「ぜひご一緒に参りましょう！」

「そうね、葵、行った方がよいと思いますよ。きっとあなたのためになることだわ」と葵の上の母宮が言った。

葵の上は同意した。牛車は急いで用意され、花で飾られた。一行が一条大路に着く頃には、駐車のための場所は残っていなかった。しかし、すでに到着していた貴婦人たちの中に、源氏の家の人たちに場所をあけるために、自分たちの牛車を後ろに引くよう促されている人たちがいた。かなり簡素な牛車も一台あったが、御簾の下に見える袖口はとてもセンスがいい。中に乗っている女性は明らかに気づかれないことを望んでいたが、葵の上の従者たちは、それが六条御息所であることをすぐさま見抜いた！　だが、彼らは知らないふりをした。

六条御息所の侍従たちは彼女の牛車を動かそうとはしなかった。彼らのうち何人かは酒を飲み始めてしばらくたっていたので、喧嘩になるのを喜んでいる風であった。

「我々は押し出されるような車じゃない！」彼らは叫んだ。

「いったい何様だと思っているんだ！　誰を動かして良くて、誰を動かしてはいけないなどと指図するとは？」と、同じように酒を飲んで出来上がっていた葵の上の従者たちが答えた。「わざわざ六条く

Genji or something just because you've come all the way up from the Sixth Ward? Don't you know who we are?"

The struggle went on for a while. For those watching, it soon turned into a comic sideshow; for Lady Rokujō, it was more like a tragedy. In the end it was Aoi's men who won and the Rokujō carriage was pushed back. As a result, it was very difficult for her to see the procession. She was very angry, especially as she realized that they knew who she was. The shaft-rests of her carriage had been broken in the fight and she knew that everyone must be laughing at the sad sight of her shafts leaning against the wheels of someone else's carriage.

Then, as the wonderful procession began to pass, she realized that all the great men on their horses were bowing to show their respect to Genji's wife, but not one of them noticed *her*!

Why on earth did I come here at all with all these horrible people? And there's no way I can get out of here until after the procession has passed… It's all because of that woman!

And then The Shining One himself rode past on his white horse. Lady Rokujō and her ladies did their best to see him past Aoi's carriages.

Oh… He's never looked so grand, so handsome… and yet so far away! I would never have missed this moment, and I'll never forget it, but now I know I can never win… I've been defeated… It's all over…

> *One glimpse of a face in a pure clear stream*
> *And I know that my sad love was but a dream.*

んだりからやって来たからって、源氏殿か誰かから特別に守られているとでも思っているのか？　我らが誰だか知らないのか？」

　闘争はしばらく続いた。見ている者にとってはそれはまもなく滑稽な余興になったが、六条御息所にとっては悲劇に近かった。結局、勝ったのは葵の上の従者で、六条御息所の牛車は後ろに押し下げられた。その結果、彼女は行列を見ることがとても難しくなった。彼女は非常に腹立たしかった、とりわけ自分が誰であるかを知られていることが分かったし、さらには自分の牛車の轅（ながえ）が闘争中に折れ、他人の牛車の車輪にもたれさせてやっとバランスをとっていた。そんな哀れな光景を見て誰もが笑っているに違いないことは分かっていたからだ。

　そして、素晴らしい行列が通り過ぎていくのだが、馬に乗った高官たちは皆、源氏の妻に敬意を払ってお辞儀をしているが、その誰一人として自分には気づいていないことを悟ったのだ！

　いったい全体どうして自分はこんなひどい人たちと一緒にここに来たのか？　しかも行列が通り過ぎるまで、ここから出る方法はない……すべてはあの女のせいだ！

　その後、光源氏その人が白馬に乗って通り過ぎた。六条御息所とその女房たちは、葵の上の牛車の前を通り過ぎていく源氏の姿を見送るのが精一杯だった。

　ああ……あの方がこんなに堂々として美しかったことはない……なのにこんなに遠い！　この瞬間を見逃すわけにはいかなかったし、決して忘れることはないだろう。だが今、私は決して勝てないことを知った……負けた……もう終わりだ……

　　　影をのみみたらし川のつれなきに
　　　身のうきほどぞいとど知らるる

She burst into tears.

Genji was shocked when he heard what had happened. The next day he visited Lady Rokujō and tried to show her how much he still cared for her, but her anger and unhappiness seemed to remain. He blamed Aoi for causing all the trouble, but she was still his wife and would soon be having his baby, so he couldn't say anything to her…

　彼女はワッと泣き出した。

　車の場所争いのことを聞いた源氏は衝撃を受けた。翌日、彼は六
条御息所を訪ね、自分が今でも彼女をとても大切に思っていること
を伝えようとしたが、六条御息所の怒りと不満は治まらないようだ
った。源氏は、葵の上のせいでこんなことになったのだと心では責
めるが、それでも彼女は自分の妻であり、もうすぐ自分の子を出産
する女性、そんな彼女に何も言うことはできなかった……

36

29. Spirits

By the end of the Seventh Month, Aoi's time was getting near. The days were very hot and humid, and she was in a lot of physical and spiritual distress. Everyone around her believed that she was being attacked by evil spirits. Many priests and mediums came to the house in the Third Ward in an attempt to get rid of the spirits inside her body. The room was soon filled with the scent of burning poppy seeds.

At first, they had some success and removed several weak spirits—such as that of her old nurse and other family spirits that had only come because they knew Aoi was weak. But there was one spirit that nobody could move; it wasn't causing her any pain, but Aoi could feel it inside her all the time and it seemed to be very powerful. Her condition was getting worse. She was finding it hard to breathe and was crying a great deal.

The Minister of the Left's family all thought that it must be the spirit of some jealous woman, so they started considering all the women that—as far as they knew—Genji had connections with. In the end, it was decided there were two possible sources: the mysterious young lady living with Genji and Lady Rokujō. They were both likely to be jealous of Aoi…

When Lady Rokujō heard what was happening, she was very upset. She'd been feeling very sorry for herself, but she had certainly never

29. 生霊
<ruby>いきりょう</ruby>

　七月も終わりに近づき、葵の上の出産が近づいていた。とても蒸し暑い日が続いていたが、彼女は心も体もすっかり病んで苦しんでいた。周りは皆、悪霊に憑りつかれていると考えていた。多くの僧侶や陰陽師が三条の邸を訪れ、彼女の体内から生霊を追い払おうと試みた。やがて魔除けの芥子の実を燃やす香りが部屋中に充満した。

　最初は、昔の乳母や他の家族の霊魂など、いくつかの力の弱い生霊を追い払うことに成功した。その生霊たちはただ葵の上が弱いことを知って憑りついただけであった。しかし誰も追い払えない生霊が一体あった。その生霊は苦痛を与えてはいなかったが、葵の上は、それがいつも彼女の中にいて非常に強力だと感じていた。葵の上の状態は悪化の一途をたどっていた。呼吸が苦しくなり、大泣きしていた。

　葵の上の家族、左大臣家の人々は、それは嫉妬深い女性の生霊に違いないと考え、彼らが知るかぎりすべての源氏と関わりのある女性について検討を始めた。その結果、二人の可能性が考えられた。一人は源氏と同居している謎の若い姫君、そしてもう一人は六条御息所。そのふたりが葵の上に嫉妬している可能性が高い……

　葵の上の噂を聞いた六条御息所は非常に動揺した。自身のことをたいへん哀れんではいたが、決してライバルの女性を傷つけような

wished to hurt a rival woman. Was it really possible for her soul to go wandering at night and upset Genji's wife?

I know some people believe that the spirits of the angry dead sometimes stay on in this world to torment those they hate or those who treated them badly when they were alive. But I'm alive! I must admit, though, that I've dreamed more than once about visiting a beautiful woman in a beautiful house and shaking her in anger…which is the kind of thing I would never do! Is something like that going on in real life?…

She had never felt so miserable in her whole life. She told herself that she must stop thinking about her cruel lover. But that was easier said than done, and she fell ill herself worrying about it.

Aoi went into labor, much earlier than expected. The priests immediately started praying harder and the mediums were brought in again. But the powerful spirit would not release its grip.

Then Aoi's eyes suddenly opened wide and she spoke in a loud and rather strange voice:

"Stop! Please stop all the chanting and shouting. I want to speak to Lord Genji…"

Believing their daughter was about to die, her parents sent for Genji at once. He rushed over to the house and found the priests chanting the sutras quietly as though they expected Aoi to leave this world at any moment.

She was lying on her back in her white birth robe with her long black hair flowing out wide. She looked more beautiful than ever. Genji gently took her by the hand.

どとは思いもしなかった。彼女の魂が夜な夜なさまよい、源氏の妻を動揺させることなど本当にあり得るのだろうか？

　怒っている死者の霊魂が、憎んでいる人や生きているときにひどい仕打ちをした人を苦しめるためにこの世にとどまることがある、と信じる人がいるのは知っている。でも私は生きている！　とはいえ、美しい家に美しい女性を訪ね、怒りに任せてその体を揺さぶる、そんな夢を見たことは一度だけではない……そんなこと決して私がやるようなことではない！　そんなことが現実に起こっているのだろうか……？

　こんなに惨めな気持ちになったのは生まれて初めてだった。残酷な恋人のことを考えるのはやめなければならない、と自分に言い聞かせた。しかし、言うは易し行うは難し、そのことを気に病んで彼女自身が病気になってしまった。

　葵は思ったよりずっと早く陣痛が始まった。僧侶たちは直ちに懸命な祈祷を始め、陰陽師たちが再び招かれた。しかし、その強力な生霊はつかんだ手を容易に離そうとはしなかった。
　間もなくして葵の上の目が突然大きく見開かれ、ずいぶん奇妙な大きな声で言った。
　「やめて！　お経も叫ぶのもやめてください。私は源氏殿と話がしたい……」
　娘の死を確信した両親は、すぐに源氏を呼び寄せた。源氏が邸に駆けつけると、僧侶たちは、まるで葵の上が今にもこの世を去ってしまうかのように、静かにお経を唱えていた。

　彼女は長い黒髪を大きく広げ、白い御衣で仰向けに横たわっていた。ふだんより一段と美しく見えた。源氏は彼女の手をそっと取った。

"My dear Aoi, I'm so sad to see you like this…"

Her eyes filled with tears as she gazed up at him.

"I'm sure you'll be alright," continued Genji. "And even if the worse happens, we will all meet again, I am sure. Your parents love you dearly and their bond with you will last for ever…"

Then Aoi spoke to him in a very gentle and loving voice…but it was not her normal voice:

"I wanted them to stop because I was in so much pain…and I wanted to see you, Genji. And you came… Yes, you came to see me! I didn't think you would ever come again! I never dreamed this could happen. But now I believe that a sad soul can wander from the body…"

Genji went very pale. He had suddenly realized who the voice saying those words belonged to…Lady Rokujō!

Then Aoi started to recite a poem:

> *Let my sad soul wander no more through the air;*
> *Knot the bottom of my robe and stop it there!*

Genji was shaking with terror. He took a deep breath and then replied, "But I don't know who are you… Please tell me your name…"

Aoi pulled his head down close to her lips, her eyes staring straight into his, and whispered, "Oh, Genji…I think you do know who I am!"

Then she seemed to calm down.

Genji called in her parents. Just as her mother was hurrying in with some hot water, Aoi let out a great cry…and gave birth to a baby son!

「葵の上、あなたのこんな姿を見るのはとても悲しい……」

夫を見つめる葵の上の目は涙でいっぱいだった。

「きっと大丈夫だよ。たとえ悪いことが起きたとしても、私たちはみんなきっとまた会える。ご両親はあなたを心から愛しているし、あなたとの絆は永遠に続く……」

すると葵の上はとても優しく、愛情のこもった声で源氏に話しかけた……だが、その声は彼女の通常の声ではなかった。

「とても苦しかったから、止めてほしかったの……それに、あなたに会いたかったの。あなたは来てくれた……ええ、会いに来てくれた！ 二度と来てくださるとは思わなかった！ 夢にも思わなかった。でも今、悲しい魂は肉体を離れてさまようことができるのだと信じます……」

源氏は真っ青になった。ふとその声の主が誰だか悟ったのだ……六条御息所である！

すると葵の上は歌を詠み始めた。

> 歎きわび空に乱るるわが魂を
> 結びとどめよ下がひの褄

源氏は恐怖で震えていた。深呼吸をしてから、こう答えた。「だが私はあなたが誰なのか分からない……名前を教えてください……」

葵の上は源氏の頭をつかんで自分の唇に近づけ、彼の目をまっすぐに見つめ、こうささやいた。「まあ、源氏殿……あなたに分からないはずがありません！」

そう言うと彼女は落ち着いたようだった。

源氏は両親を呼んだ。母宮がお湯を持って駆け込んできたちょうどそのとき、葵の上は大きな叫び声を上げ……そして男の子を産んだ！

PART 8
GENJI'S MEMORIES

第八部
源氏の思い出

In the early morning sunshine, Tō-no-Shikibu's carriage reaches the southern end of the long Suzaku Avenue. She lifts the blind as they rumble past the remains of the great two-hundred-year-old Rashōmon gate. Badly damaged in a typhoon for the second time when she was a young girl, it has never been rebuilt. Several ghost stories have been told about it, and few people choose to go near it after dark. She gazes at the massive timbers surrounded by weeds and the huge stones covered in moss.

How wonderful it must have looked to anyone arriving at the capital from the south! Ah, but mighty things and mighty people fall as time goes by! And as I look back on the events of the past few years, my heart is filled again with those emotions we all feel as life passes by—great joy and great pain. In the midst of our happiest days, the cold finger of death suddenly strikes; and from the terrible sadness of loss and parting, new life is born...

早朝の日差しの中、藤式部の牛車は長い朱雀大路の南端に到着する。二百年の歴史を持つみごとな羅城門跡をガラガラと音をたてながら通り過ぎるとき、式部は御簾を持ち上げた。彼女が幼い頃、二度目の台風で大きな被害を受けたこの門は、その後一度も再建されたことがない。いくつかの怪談が語り継がれていて、日が暮れるとそこに近づこうとする人はほとんどいない。式部は、雑草に囲まれて立つどっしりとした建物と苔に覆われた巨大な礎石を見つめた。

　南の方角から都に到着した人々には、どんなに素晴らしく見えたことだろう！　ああ、それにしても時の経過とともに、栄華を極めたもの、そして権力を誇った人たちが没落していく！　そして、ここ数年の出来事を振り返ると、私の心は、人生が過ぎ去るにつれて誰もが経験する大きな喜びと大きな悲しみという感情に、再び包まれるのである。最高に幸せな日々の真っ只中で、突然、身を切るように冷たい死が襲いかかる。そして、喪失と別れのこの上ない悲しみから新たな命が生まれる……

38

30. Clouds

Looking back on the events of the past three years, I can see how life seems to go in cycles, generation after generation. I've been alive for twenty-five years. I don't remember my mother because she died when I was three. Now I have a son, Yūgiri—almost the same age as I was then—and it's sad to say that he'll never remember his mother, either.

Right after his birth, the house in the Third Ward was filled with strong emotions: great joy at the baby's safe arrival, great relief that all the evil spirits seemed to have been defeated, and great hope that he'd follow in the footsteps of his father and grandfathers. But there was also great fear for Aoi's health. She seemed doubly exhausted from the effort of giving birth and being possessed by spirits.

The celebrations went on for several days, with fine presents arriving from Father and the Palace. The baby boy was very beautiful, and looked—perhaps it wasn't surprising—very similar to Fujitsubo's baby.

About ten days later, on the Twentieth Day of the Eighth Month, I felt I should return to some of my duties at the Palace. It was the day for the big meeting about new appointments. I went in to see Aoi. She was very thin and still looked pale and weak. But I felt closer to her than ever before. Why had we spent so many years so far apart?

30. 雲

　この三年間の出来事を振り返ってみると、人生は何世代にもわたり繰り返すものであるように思える。私は二十五年間生きてきた。母は私が三歳のときに亡くなったので覚えていない。今、私には、当時の私とほぼ同じ歳の息子、夕霧がいる。悲しいことだが息子も自分の母のことは決して覚えていないだろう。

　夕霧の誕生後、三条の邸は激しい感情に満ちていた。赤ん坊が無事に生まれた大きな喜び、悪霊が退散したように見えた大きな安堵、赤ん坊が父や祖父の跡をたどるだろうという大きな期待。だが同時に葵の上の健康について大きな不安もあった。彼女は、出産の苦しみと生霊に憑依されたことで、疲れ切っているようだった。

　お祝いは数日間続き、父上や宮廷から立派な贈り物が届いた。男の子はとても美しく、無理もないことかもしれないが、藤壺中宮の赤ん坊によく似ていた。

　それから十日ほど経った八月二十日、私は宮廷での職務に戻るべきだと思った。その日は新しい役職任命についての大きな会議がある日だったのだ。私は葵の上に会いに行った。彼女はとても痩せていて、まだ青白く弱々しく見えた。しかし、彼女がこれまでよりもずっと身近に感じられた。なぜ私たちはこれほど長い年月を遠く離れて暮らしてきたのだろう？

"There are so many things I want to say," I told her, "but I can see you're very tired. Today I must go and visit Father, but I won't be gone for long. And your mother is here with you. You must get your strength back so that you can enjoy our lovely son!"

My father-in-law, my brothers-in-law and I left together. I'll never forget Aoi's expression as she watched us go: so beautiful, so loving, but also somehow very sad...

We hadn't been at the Palace long when a messenger came to tell us that Aoi couldn't breathe well and appeared to be close to death. The meeting was stopped at once and we raced back to the house... We were too late.

My mind went blank; we all thought she was getting better and all would be well. Aoi's father still seemed to think she might only be in a coma and was again possessed by a spirit. But that wasn't the case... My poor wife had gone.

It was the fifth great parting in my life.

I can't remember much about the forty-nine days of mourning that followed. Aoi's body was taken to Toribe Moor and burned. As we returned with her ashes at dawn, a pale moon looked down on us through the clouds. A poem came into my head as I looked up at the sky:

> *These clouds like smoke floating above Toribe Moor*
> *Darken the sadness for the loved one gone before.*

Oh, it was so hard to sleep! All those regrets I had... Why had I been so unkind to Aoi? Why had I played with other women,

「話したいことはたくさんあります。でも、あなたはとても疲れているようだから、長話はやめましょう。今日は父上のところに行かなくてはならないが、早く帰って来ます。母宮さまもあなたの傍にいる。私たちのかわいい息子の面倒をみられるように、まずは体力を回復しなくてはなりませんよ」と葵の上に言った。

　義父の左大臣、義弟たち、そして私は共にそこを後にした。私たちを見送ってくれた葵の上の表情を決して忘れることはないだろう。とても美しく、とても愛に満ちていて、だがどこかとても悲しそうにも見えた……

　私たちが宮廷に着いてまだ間もない頃、使者がやって来て、葵の上が呼吸困難で死が迫っているようだと伝えた。会議はすぐに中止され、急いで家に戻った……が、私たちは遅すぎた。

　頭が真っ白になった。私たちは皆、彼女が快方に向かっている、すべてがよくなるとばかり思っていた。葵の上の父君はまだ、彼女が昏睡状態に陥っているだけで、また霊に取り憑かれているのだと思っているようだった。でもそうではなかった……可哀そうな妻は逝ってしまったのだ。

　それは私の人生で五度めの大きな別れだった。

　その後の喪に服した四十九日間のことはよく覚えていない。葵の上の遺骸は鳥辺野（とりべの）の火葬場に運ばれ、焼かれた。夜明けに遺灰を持って戻ると、雲の切れ間から青白い月が私たちを見下ろしていた。空を見上げたとき、一篇の歌が頭に浮かんだ。

　　　のぼりぬる煙はそれとわかねども
　　　なべて雲居のあはれなるかな

　ああ、とても眠れなかった！　後悔だらけ……葵の上に対してどうしてあんなに思いやりがなかったのか？　彼女が動揺するとわか

knowing she would be upset? Why hadn't I spent more time with her? But regrets cannot change the past. We can only try to live better in the future. And she lived on in our baby son...

Yes, life must go on... I was now the guardian of two young boys as well as my dear Murasaki, already in her fourteenth year. It was hard to leave Aoi's home and her parents and ladies...

When I returned to the Second Ward, everything had been made fresh and bright for me. Murasaki herself seemed to have grown a lot, and I promised her that in the future she would see so much of me that she might begin to find it boring.

As the days went by, playing *go* and other games with Murasaki, it struck me that the time had come for us to be really husband and wife. She was already older than I was when I got married. I knew it would be a shock for her when it happened, but I just prayed she would understand—even if not now, then later...

After that first night, she refused to get out of bed, but lay there crying for a long time. I wrote her a poem and then left for a few hours:

> *So many nights have we slept so close but apart*
> *But now we are truly one, heart against heart!*

When I returned, she was still in bed. I did everything I could to cheer her up, but without much success. In the end I told her that if she wanted to remain so childish, I didn't wish to see any more of her. It was the Day of the Boar and I had some special sweets

っていながら、どうして他の女たちと遊んでしまったのか？　どうしてもっと一緒にいてやらなかったのか？　後悔先に立たず。今後、より良く生きるために努力するしかない。そして、葵の上は私たちの息子の中に生き続ける……

　そう、人生は何があっても最後まで続けなくてはならない……私は今、二人の幼い男の子と、すでに十四歳になった愛しい若紫の後見人である。彼女のご両親や女房たちを後に残して、葵の上の家を去るのは辛いことだった……

　二条院に戻ると、私のためにすべてが新鮮で明るく整えられていて、若紫はずいぶんと大人になったように見えた。これからはふたりが会う時間がたっぷりあることを彼女に約束し、そのせいで彼女がつまらないと感じるかもしれない、と私は言った。

　若紫と碁を打ったり他の遊びに興じながら、日が経つにつれて、ふと、ふたりが実質的に夫と妻になる時が来たという考えに至った。彼女はもう私が結婚したときの歳よりも上である。そうなったら、彼女にとっては衝撃だろうと分かっていたが、ただ、理解してくれることを祈った。その時がたとえ今でなくても、いつか……

　その最初の夜の朝、若紫は起きてこようとせず、長い間寝床で泣いていた。彼女に歌を書いたあと、私は数時間その場を離れた。

　　　　あやなくも隔てけるかな夜をかさね
　　　　さすがに馴れしよるの衣を

　戻ってくると、若紫はまだ寝床にいた。彼女を元気づけようとあらゆる手を尽くしたが、あまりうまくいかなかった。ついに私は、いつまでも子供っぽいままでいるなら、もうこれ以上会いたくないと彼女に言った。その日は亥の日だったので、私は、無病息災と子宝を

brought in, wishing for good health and fertility: rice cakes in the shape of a wild boar piglet!

The next day, Koremitsu kindly made the special rice cakes that are served to celebrate a marriage, inventing a name for them as it was the Day of the Rat, another fertility symbol!

"Here you are, just a few Rat-Day sweets!"

Murasaki was not interested at all, but, of course, Shōnagon and the other ladies understood what was happening and they were very happy about it. I knew I would just have to wait for Murasaki to accept me as a real husband…and some time I would also have to tell her father.

Meanwhile, I'd been in touch with Oborozukiyo by letter and I realized that Lady Kokiden and her father knew of her feelings toward me. I got the impression that her father was not very worried about it, but Lady Kokiden still disliked me as much ever. It seemed that she was arranging a position for Oborozukiyo at court to try and keep me out of her life. Anyway, much as I liked Oborozukiyo, I wanted to lead a simpler life centered around Murasaki at home. And life is short.

As for Lady Rokujō, despite that terrible voice I had heard before Aoi gave birth, I couldn't ignore her. I felt it was a mysterious force that she herself couldn't control. I didn't want her to possess me, so it was impossible to make her one of my consorts, but I couldn't break away from her for ever.

Then one misty autumn day I received her message and poem, elegantly written on bluish-gray paper with a chrysanthemum bud attached:

願って用意してくれた特別なお菓子、亥の子餅をいただいた。

　翌日、惟光が親切に婚礼を祝って供される餅を作ってくれた。子の日だったので、子孫繁栄の象徴であるネズミにちなんで、彼は餅の名前を創作していた。
「はい、子の子餅をどうぞ！」
　若紫はまったく興味を示さなかったが、当然ながら、少納言や他の女房たちは何が起こっているのかを理解し、たいへん喜んでくれた。私は、若紫が私を彼女の夫として受け入れてくれるのを待つしかない……そしていつか彼女の父宮（＝兵部卿宮）にも話さなくてはならないだろう。

　一方、朧月夜とは手紙で連絡を取り合っていたが、弘徽殿女御と彼女の父君（＝右大臣）が私に対する彼女の気持ちを知っていることに気づいた。父君はあまり気にしていないような印象を受けたが、弘徽殿女御は相変わらず私を嫌っていた。朧月夜の宮中での地位を画策し、私を彼女から遠ざけようとしているようだった。とにかく、朧月夜は好きだったけれども、私は家で若紫中心のより単純な生活を送りたかった。それに人生は短い。

　六条御息所については、葵の出産前に聞いたあのひどい声にもかかわらず、無視することはできなかった。あれは彼女自身がどうすることもできない不思議な力だったのだと思う。彼女の言いなりになりたくなかったので、妃にすることはできなかったけれど、永久に縁を切ることはできなかった。
　そしてある霧深い秋の日、彼女から手紙と歌が届いた。青鈍色の紙に気品のある文字で書いてあり、菊のつぼみを添えてある。

Tears streamed from my eyes when I heard the news of your wife, and my mind was filled with thoughts on the impermanence of life. Knowing how sad you must be, I have not written to you for a while, but when I saw the color of this autumn sky I could refrain no longer.

> *How much more I feel for you left behind to grieve;*
> *A lonely flood of tears must surely soak your sleeve.*

　奥方さまの訃報に接して私の目から涙が流れました、そして私の心は人生の無常に対する思いでいっぱいになりました。あなたの悲しみをお察し申し上げ、しばらくの間お手紙を差し上げませんでしたが、この秋の空の色を見て、つい書きたくなってしまいました。

　　人の世をあはれと聞くも露けきに
　　後るる袖を思ひこそやれ

39

31. My Twenty-third Year

The New Year was a very quiet one, with many sad memories of the year just ended. I visited Father and found he was aging fast. He didn't seem to be very well at all. Then I went to see the Crown Prince at the Palace; he was growing up well and full of life.

Next, I went to Aoi's house. As usual, her mother had prepared fine New Year robes for me, but she was still too upset about her daughter's death to come and see me in person. I wrote her a poem:

> *This year again the robes I wear are new,*
> *Yet the old ones remain so wet with dew.*

She replied:

> *The new year should bring new hope, I know,*
> *Yet now it seems the same old tears still flow.*

I hadn't written to Lady Rokujō for several months, but then I heard she'd decided to go to Ise with her fourteen-year-old daughter. I wrote many times, hoping she'd change her mind—I hated the thought we might never meet again. She replied that they were making their preparations at a shrine northeast of the city and it

31. 源氏二十三歳

　悲しい思い出がたくさんあった一年が終わったばかりで、新年は
とても静かなものだった。父上を訪ねたが、彼は急速に老いていて、
まったく元気がないようだ。その後、私は御所に行って東宮に会っ
た。彼はすくすくと元気いっぱいに成長していた。

　次に、葵の上の邸を訪ねた。いつものように、母宮さまは私のため
に立派な初春用の衣裳を用意してくれていたが、娘を失ったことが
尾を引いて動揺していたので、直接会うことはしなかった。私は彼
女に歌を書いた。

　　　あまたとし今日改めし色ごろも
　　　きては涙ぞ降るここちする

彼女が答えた。

　　　新しき年ともいはず降るものは
　　　ふりぬる人の涙なりけり

　六条御息所には何か月も手紙を書いていなかったが、そのうち彼
女が十四歳の娘と共に伊勢に行くことを決めたと聞いた。心変わり
を期待して、私は何度も手紙を送った。彼女ともう二度と会えない
かもしれない、と思うとぞっとした。六条御息所は、都の北東にある
神社で準備をしているので、私が会いに行くのは得策ではないと答

would not be a good idea for me to visit her.

However, I was determined to see her before they left. And so—I think it was on the Seventh Day of the Ninth Month—I went to see her with a few of my close servants.

The Nonomiya Shrine was in a lonely place in the middle of Saga Moor surrounded by reeds, with the sound of the late autumn insects all around. I sent in several messages, but she wouldn't appear. I said I wanted to explain everything I'd been thinking about and I hoped I wouldn't be left standing outside like that all night. I suppose she was persuaded by her ladies to take pity on me, and at last I heard her approaching on the opposite side of the blinds.

"May I come up on to the veranda?" I asked. There was no reply, so I went up anyway, just as the moon appeared from behind the clouds. I was carrying a branch of the sakaki tree and I pushed it inside under the blind and recited a poem at once:

> *I come here with this sacred branch of evergreen*
> *To show my heart remains as it has always been.*

She replied:

> *Guests are welcomed by a living cedar at the gate,*
> *Not by a broken sprig of tree that comes too late!*

I replied:

> *But it was the scent of this very sacred tree*
> *That led me to you at this sacred oratory.*

えた。

　しかし、私は彼らが出発する前に必ず会おうと心に決めていた。それで、たしか九月七日だったと思うが、数人の気心の知れた前駆（＝行列の先に立ち騎馬で先導する者）を伴い彼女に会いに行った。

　嵯峨野の野宮神社は葦が群生する寂しい場所にあり、辺りには晩秋の虫の音が響いていた。何度か言伝を送り込んだが、彼女は出てこようとしなかった。私は、これまで考えてきたことをすべて説明したい、また一晩中このまま外で待たされるのは勘弁してほしいと伝えた。私に対する女房たちの哀れみに促されたのだろう、ついに、御簾の向こう側から彼女が近づいてくる音がした。

　「縁側に上がってもいいですか？」と私は尋ねた。返事がなかったので、雲の陰から月が顔を出したちょうどそのとき、とにかく縁側に上がった。私は榊の枝を持っていて、それを御簾の下に押し込み、すぐさま歌を詠んだ。

　　　　変らぬ色をしるべにてこそ、斎垣も越えはべりにけれ。
　　　　さも心憂く

彼女はこう答えた。

　　　　神垣はしるしの杉もなきものを
　　　　いかにまがへて折れる榊ぞ

私は答えた。

　　　　少女子があたりと思へば榊葉の
　　　　香をなつかしみとめてこそ折れ

I couldn't stop myself from pushing the blind to one side and peering into the room. The sight of that elegant woman blew away all those months of doubts and cool feelings. I began to cry as I remembered the wonderful nights we had spent together. I could see she was trying hard not to do the same. Gazing up at the moon, I told her many things that had been on my mind and then she told me all that had been on hers. I asked her again and again not to go to Ise...

But at last the dawn came and I had to leave. It was clear that she would be leaving on the journey south in a few days as she had promised.

I held her by the hand and said softly:

It is always such sweet sorrow to part at dawn
But never has an autumn sky been so forlorn.

She shivered as a cold blast of wind blew across the veranda, bringing with it the strange sound of a bell-cricket. Without looking at me, she said:

Autumn partings are tinged enough with sorrow,
So, cricket of the moor, save your sad cry till tomorrow!

I left immediately, unable to say anything...

I wrote to her as soon as I got home, but I knew she wouldn't change her mind. The only thing I could do was to send her several robes and other things for their journey.

I heard that the ritual at the Katsura River and their meeting

　私は御簾を片側に押しやり部屋の中を覗き込まずにはいられなかった。その上品な女性の姿が、あの数ヶ月の疑念と冷めた気持ちを吹き飛ばしてしまった。共に過ごした素晴らしい夜を思い出し、泣いてしまう私。そうはなるまいと懸命にこらえている六条御息所。月を見上げながら、私は自分の心にあった数々のことを話し、彼女も自分の心にあったすべてを話してくれた。私は繰り返し伊勢には行かないでほしいと頼んだ……

　しかしついに夜が明け、私は帰路につかなければならなかった。彼女が約束どおり、数日後に南へ旅立つことは明白だった。

　私は彼女の手を捉えそっと言った。

　　　暁の別れはいつも露けきを
　　　こは世にしらぬ秋の空かな

　冷たい風が縁側を吹き抜け、彼女は身震いした。そのとき松虫の奇妙な鳴き声がした。私に目を向けることなく彼女は言った。

　　　おほかたの秋の別れも悲しきに
　　　鳴く音な添へそ野辺の松虫

　私は何も言えず、すぐにその場を立ち去った……

　帰宅してすぐに手紙を書いたが、彼女が考えを変えないことはわかっていた。私にできることは何着かの上衣や旅に必要なものを送ることだけだった。
　桂川での御禊の式や帝との会見は素晴らしいもので、彼女の娘（＝

with the Emperor were fine events, and her daughter looked very graceful, but I couldn't bear to attend. Their procession passed here on its way south on the Sixteenth Day of the Ninth Month in a heavy morning mist. I just sent out a message of farewell:

Will we ever meet again?

From the Tenth Month, even more sadness came upon us. Father was getting weaker and weaker, and everyone was worried about him. As though he felt he wouldn't live much longer, he asked to see Emperor Suzaku and then the Crown Prince. He also sent for me. Many times, he asked me to look after Fujitsubo's son well. I was surprised that Kokiden wasn't there, but I heard later that she didn't want to meet Fujitsubo. She waited too long; that evening, Father quietly passed away. It was the First Day of the Eleventh Month.

We were plunged into mourning again.

It was yet another great parting.

From that moment, everything in the Palace began to change—as I knew it would. Emperor Suzaku was still young and now power rested truly in the hands of his grandfather, the Minister of the Right, and his mother. What would happen to the Crown Prince, my son? And what would Fujitsubo do?

After the mourning period ended on the Twentieth Day of the Twelfth Month, Father's ladies began to leave his house, and it wasn't long before Fujitsubo also went back to her home in the Third Ward. It was a cold, snowy day and I went to see her. Prince Hyōbukyō, her brother, was there helping her. In that sad and quiet place he and I talked of the old days. The branches of Father's

斎宮）もたいへん優雅に見えたと聞いた。私はとても耐えられず、出席しなかった。九月十六日、濃い朝もやの中、その行列はこの二条の院を通過し南へ向かった。私は別れの言葉を送った。

　また会うことはあるのだろうか？

　十月に入ると、私たちはさらなる悲しみに襲われた。父上がどんどん衰弱し、誰もが心配していた。もう長くは生きられないと思ったのか、父上は朱雀帝に、それから東宮に会うことを求めた。私も呼ばれて、藤壺中宮の息子をよろしく頼む、と彼は何度も言った。弘徽殿女御がその場にいなかったことに驚いたが、後で聞いたところによると、彼女は中宮と顔を合わせたくなかったらしい。そして、あまりに長く待ちすぎて帝に会うことができなかった。その晩、父上は静かに息を引き取った。十一月一日のことだった。
　私たちは再び喪に服した。
　またしても大きな別れだった。

　その時から、御所のすべてが変わり始めた。そうなることはわかっていた。朱雀帝はまだ幼齢だったので、事実上の権力は、祖父である右大臣と帝の母である弘徽殿女御の手中にある。私の息子である東宮はどうなるのだろう？　そして藤壺中宮はどうするのだろう？

　十二月二十日に喪が明けると、父上の女房たちは院を去り始めた。間もなくして藤壺中宮も三条の実家に戻った。その日は雪の降る寒い日だったが、私は彼女に会いに行った。藤壺中宮の兄君である兵部卿宮が彼女の手伝いをしていた。悲しく静かなその場所で、宮と私は昔話をした。父上の好きだった松の枝には雪が積もっていた。宮が詠んだ歌に感動して私は涙した。

favorite pine tree were loaded down with snow. The prince recited a poem that brought tears to my eyes:

> *The pine has withered that once sheltered us all;*
> *As the year passes, the needles too begin to fall.*

I looked out across the pond and replied:

> *I gaze into the frozen mirror of the winter pond,*
> *But where is the reflection of that face so fond?*

蔭ひろみ頼みし松や枯れにけん
下葉散り行く年の暮れかな

私は池を眺めながら答えた。

さえわたる池の鏡のさやけきに
見なれし影を見ぬぞ悲しき

40

32. My Twenty-fourth Year

The saddest New Year I have ever known, with my wife and father both gone. Very quiet, few visitors—only Murasaki and the two young boys to keep my spirits up...

In the 2nd Month, Oborozukiyo—now one of Suzaku's consorts—was put in charge of the ladies' wings at the Palace. I heard that she had moved into Lady Kokiden's old rooms, which made her very happy. But she hadn't forgotten me and often sent secret letters—to which I always replied.

As for Lady Kokiden, she started spending a lot of time at her family house rather than in the Palace. She now had much more power than before and seemed to be trying hard to turn people against me and my poor father-in-law, who also spent less and less time at the Palace. Kokiden had never forgiven him for marrying Aoi to me rather than to Suzaku.

Meanwhile, I'd told Prince Hyōbukyō all about my marriage to Murasaki. Luckily, he was delighted with the news about his daughter and started writing to her. However, I also heard that his wife was somewhat less happy about the news.

But to return to Oborozukiyo... She made it clear how keen she was for me to visit her again. Obviously, there was a lot of danger in secretly meeting Lady Kokiden's own sister, although it wasn't

32. 源氏二十四歳

妻も父上も亡くなり、今までで一番悲しい新年だった。とても静かで、来客も少なく、若紫と二人の幼い男の子だけが私の心を支えてくれた……

二月、今は朱雀帝の妃の一人となった朧月夜（おぼろ・りきょ）は、御所の後宮（こうきゅう）を任されていた。弘徽殿女御の旧居（＝弘徽殿）に引っ越し、そのことを彼女はとても喜んでいると聞いた。しかし、彼女は私のことを忘れておらず、秘かに手紙を送ってきて、私は欠かさず返事を書いていた。

弘徽殿女御はというと、御所ではなく実家で過ごすことが多くなった。彼女は以前よりずっと大きな権力を持ち、私や私の哀れな義父（＝左大臣）を敵対視するよう、やっきになって周囲に働きかけているようだった。弘徽殿女御は、左大臣が葵の上を朱雀帝ではなく私と結婚させたことを決して許していないのである。

一方、私は兵部卿宮に若紫との結婚についてすっかり話をした。幸いなことに、彼は自分の娘のことを喜んでくれて、彼女に手紙を書き始めた。だが、彼の妻（＝北の方）はその知らせをあまり歓迎しなかったとも聞いた。

朧月夜に話を戻すと……彼女は、私が再び訪れることをどれほど切望しているかを明らかにした。弘徽殿女御の実の妹に密会するのは言うまでもなく危険が多かった。とはいえ帝が御所を留守にされ

difficult to arrange when the Emperor was away from the Palace. And I've never been able to resist a challenge…

So one night her maid showed me in through the third door from the left and we went to the very same room we had met in before. It was all like a happy dream! Oborozukiyo was as charming and sensual as before—even more so, perhaps.

Then, just before dawn, something happened that gave us a real fright. A man's voice suddenly cried out, "First Hour of the Tiger Watch!" right outside the room. For a moment I thought he was calling to me. But then I realized it was just one of the palace guards calling out to warn intruders, not aware that the Guard Commander—me—was just a few meters away!

I found it very funny, but Oborozukiyo didn't. And she was not happy when I had to leave just a short time after. Her sad face was so full of charm. I slipped away as quietly as possible into the misty grounds of the Palace, but I saw a slight movement in the shadows. Had someone seen me leave? I wasn't sure…

I know Fujitsubo was trying hard to avoid seeing me, but my feelings hadn't changed. I even thought of her when I was with Oborozukiyo.

So one night I managed to enter her house without anyone seeing me. I emptied my heart to her again, but still she wouldn't soften. Then suddenly she felt strong chest pains and Ōmyōbu and her other ladies rushed in to help her. Dawn was fast approaching, but I was so confused I couldn't move. The ladies pushed me into a closet so that nobody would see me. Fujitsubo was having dizzy spells and Prince Hyōbukyō was sent for at once. All I could do was

ているときに逢瀬を計画するのは難しくなかった。それに私は挑戦することに逆らったことがない……

　ある夜、朧月夜の侍女が左から三番めの戸口から私を招き入れ、ふたりが以前会ったときとまったく同じ部屋に入った。すべてが幸せな夢のようだった！　朧月夜は以前と同じように、いやおそらくそれ以上に魅惑的で官能的だった。

　そのあとだった、夜明け寸前に、ふたりを仰天させる出来事が起こった。部屋のすぐ外で、突然、「寅一つ（＝午前三時から三時三十分）」と叫ぶ男の声がしたのだ。一瞬、私に呼びかけているのかと思った。しかし、それは御所の宿直（とのい）の一人が、侵入者に（夜明けが近いことを）警告するために時刻を告げていたのだということを悟った。（宮中の警固を司る）彼の大将が、つまり私だが、ほんの数メートル先にいる、という事実を知らずに。

　この出来事を非常に面白いと私は思ったが、朧月夜はそう思わなかった。そして、私がその後すぐにその場を去らなければならなくなると、不機嫌になった。彼女の悲しげな顔はとても魅力的だった。私はできるだけ静かに、霧に包まれた御所の敷地内へこっそり退出した。誰かに見られただろうか？　確信はなかった……

　藤壺中宮が懸命に私を避けようとしているのは知っているが、私の気持ちは変わっていなかった。朧月夜と一緒にいるときでさえ、彼女のことを考えていた。

　ある夜、私は誰にも見られずに藤壺中宮の邸に入ることに成功した。私は再び心を打ち明けたが、やはり彼女はかたくなだった。そのとき突如、彼女が強い胸の痛みを感じ、王命婦と他の女房たちが世話をするため駆けつけた。夜明けが間近に迫っていたが、私は混乱して動けなかった。女房たちは私を押し入れに押し込んで、誰にも見られないようにした。藤壺中宮はめまいの発作を起こし、すぐに兵部卿宮が呼ばれた。私は一日中その場に留まることしかできず、

stay where I was all day, unable to think clearly…

By the early evening, Fujitsubo seemed to be much better, and her brother went home. But she had no idea I was still there; her ladies had decided it was best not to tell her. I'm sure they were trying to think of a way to get me out of the house, without her knowing, but before they could do that I quietly left the closet and hid behind a screen.

Fujitsubo was sitting very still looking out at the garden. It was not yet dark, and I could see her clearly in profile. How many years was it since I had seen her in daylight? Oh, the shape of her face, the hair cascading down, the pale skin… What thoughts were going through that lovely head? I have no idea; all I can say is that she had never looked more beautiful… And again it struck me how much Murasaki looked like her…

I moved closer and took hold of her sleeve. Of course, she must have known my scent at once… She fell face down on the floor as though she'd seen a ghost! I wanted to look into her eyes. I tried to turn her round, but she pulled away… However, her hair was caught on her robe and she couldn't get away. I took the chance to start telling her many things. I knew she didn't want me to be there, but with great control and dignity she allowed me to go on talking through the night. However, I don't think she felt at all sorry for me and my passion (as I'm sure her ladies did).

I left at dawn and decided not to visit her again or even write. That would surely be best for both of us…

I shut myself up at home in deep gloom. I was even losing any desire to continue living… But then I thought about my two boys and

はっきりと考えることもできなかった……

　夕方には、藤壺中宮はだいぶ良くなったようで、兵部卿宮は家に帰った。しかし、彼女は私がまだそこにいることを知らなかった。女房たちが言わない方がよいと考えたのだ。女房たちはきっと、彼女が気づかないように私を邸から退出させる方法を考えていたのだろうが、それより前に私はそっと押入れから出て屏風の陰に隠れた。

　藤壺中宮は身じろぎもせず座ったままじっと庭を眺めていた。まだ暗くはなく、彼女の横顔がはっきりと見えた。日中に彼女を見るのは何年ぶりだったろう？　ああ、彼女の顔の形、流れ落ちる髪、青白い肌……あの素敵な頭の中をどんな思いが駆け巡っているのだろう？　私にはわからない。ただ言えることは、彼女がこれほど美しく見えたことはなかったということだ……そして紫の上（＝若紫）がどれほど彼女に似ているか、再びその思いを強くした……

　私は近づき、彼女の袖を捉えた。もちろん、彼女はすぐに私の薫香に気づいたに違いない……まるで幽霊を見たかのように床に顔を伏せた！　私は彼女の目を見たかった。振り向かせようとしたが、彼女は体を引き離した……だが、髪が上衣にからんで逃げられなかった。その隙に、私はいろいろなことを話し始めた。私にそこにいてもらいたくないことは分かっていたが、素晴らしい自制と気高さで、彼女は私が夜通し話し続けることを許してくれた。しかし、私と私の情熱にまったく同情してはいなかったと思う（女房たちはそうだっただろうが）。

　私は夜明けにその場を去り、もう二度と彼女を訪れない、また手紙も書かないと決めた。それが私たちふたりにとってきっと一番よいことに違いない……

　私は家に閉じこもり、深い憂鬱の中にいた。生き続ける意欲さえ失いかけていた……しかし一方で、二人の息子と紫の上のことを考

Murasaki. There was no way I could just abandon them because of my own selfish desires...

As for Fujitsubo, it was a painful time for her, as she was still anxious that her son would be well cared for. And that made her anxious not to upset me—even though she preferred not to see me. But she was also afraid of all the hate that would continue to come from Kokiden's family. She visited our boy in the Palace, feeling it would be better for him if she stopped being Empress and never went there again. But how hard it must have been to think about parting from him like that!

Still feeling full of gloom, I decided to get out of the city for a few days and stay at a temple north of the city, where the head priest was my uncle, my mother Kiritsubo's elder brother. It was so peaceful there, surrounded by the beautiful colors of the maple leaves. I listened to the priests and talked with them all. How sure they seemed about the life to come! Yet my thoughts still went back to Fujitsubo and her niece Murasaki, who had become the focus of this present life of mine.

I studied the sutras hard for several days, but thoughts of the Second Ward kept coming into my head. And so, after giving presents to everyone at the temple and the people living nearby, I left their peaceful world and returned to Heian-kyō.

Murasaki greeted me warmly; at last, she seemed to have understood the meaning of our life together.

I visited the Palace the night before Fujitsubo left. First, I went to see Suzaku. He reminded me so much of Father, but he had a gentler expression. We talked about many things past and present. He

えた。自分の身勝手な欲望のために、彼らを見捨てることなどできるはずがない……

　藤壺中宮はというと、息子（＝東宮）が十分に面倒を見てもらえるかどうか不安で、辛い時間を過ごしていた。そのため、彼女は私の機嫌を損ねないようにと気を遣っていた。にもかかわらず私に会いたがらなかった。しかし、彼女はまた、弘徽殿女御の家族から向けられる絶えることがない憎しみも恐れていた。藤壺中宮は后であることをやめ、二度と御所に行かない方が息子のためだと思い、御所に私たちの息子を訪れた。しかし、そのような形で息子との別れを考えるのは、どんなに辛かったことだろう！

　依然として憂鬱な気分が続いていた私は、二、三日都を離れ、亡き母桐壺の更衣の兄である叔父が、住職を務める都の北に位置する寺に滞在することにした。そこは、もみじの美しい色に包まれ、とても静かで穏やかだった。私は僧侶たちの説教を聞き、みんなと話をした。僧侶たちはこれからの人生について揺らぎがないように思えた！　なのに私は、やはり今の私の人生を大きく占領している藤壺中宮とその姪の紫の上を思い出していた。

　数日間、懸命にお経を読んだが、頭の中には二条院への思いがよぎるばかり。それで、お寺のみなさん全員と近隣の人たちに贈り物のお礼をした後、私はその平和な世界を後にして平安京に戻った。

　紫の上は私を温かく迎えてくれた。ようやく、私たちが一緒に暮らすことの意味を理解してくれたようだった。

　藤壺中宮が退出する日の前夜、私は御所を訪れた。まず朱雀帝に会った。彼は父上を彷彿とさせたが、表情は優しかった。私たちは昔の話、今の話、いろいろと話した。朱雀帝は朧月夜のことには触れ

never mentioned Oborozukiyo; I'm sure he knew about my visits to her, but I have the feeling he would forgive a relationship that had been going on for so long. We talked about the departure of Lady Rokujō's daughter for Ise, and Suzaku noted how lovely she had looked. I told him about my visit to the shrine on the Saga Plain.

"I was thinking of calling on Empress Fujitsubo to say farewell," I said. "Father wanted to make sure that she and their son were well looked after."

"Yes, he said a great deal about that to me as well. The boy is growing up very well, and I will do all I can to care for him."

As my servants and I headed toward Fujitsubo's wing, I remembered how, in Father's time, there would always have been music on a moonlit night like that; I felt sure Fujitsubo was thinking the same thing. Then suddenly a very strange thing happened, something which worried me a lot. We happened to meet Kokiden's nephew, and he had to wait for us to pass along the corridor. I clearly heard him murmur, "Oh, the Crown Prince shakes when the white rainbow moves across the sun!" I ignored him and carried on, but I knew he was referring to the Chinese tale of a failed plot to kill an Emperor. Was he suggesting I was someone not to be trusted? His words showed how much Kokiden and her family were against me…and also against Fujitsubo. How strange it was that her youngest sister and I should be so close!

I apologized to Fujitsubo for being so late and Ōmyōbu brought me a poem from her:

> *So many mists now keep us apart like shrouds,*
> *I can only imagine the moon high above the clouds.*

なかった。私が彼女を訪れていたことは知っていただろうが、長く
続いている関係を許していると感じた。私たちは六条御息所の娘が
伊勢に旅立ったことを話し、朱雀帝は彼女がとても美しかったこと
に触れた。私は嵯峨野の神社を訪ねたことを話した。

「藤壺中宮にお別れのご挨拶をしようと思っております。父上は、
お后と東宮への気配りが十分であることを最後まで気遣っておりま
したので」と私は言った。

「ええ、私にもそのように何度もおっしゃっていました。東宮はと
ても元気に育っています。そして私は彼のためにできるかぎりのこ
とをするつもりです」

　従者たちと藤壺中宮の御殿(＝飛香舎)に向かうとき、父上の時代に
は、このような月夜の晩にはいつも音楽が流れていたことを思い出
した。きっと藤壺中宮も同じような気持ちだろうと思った。そして突
然、非常に奇妙なことが起こった。それはたいへん気がかりなことだ
った。偶然、弘徽殿女御の甥に出会ったのだが、私たちが廊下を通り
すぎるまで彼は待たなくてはならなかった。そのとき「白虹日を貫け
り、太子懼ぢたり」(ああ、白い虹が太陽を横切るとき東宮は震える)と彼
がつぶやくのがはっきりと聞こえた。私は無視して通り過ぎたが、失
敗に終わった秦の国の皇帝殺害計画の話を指していることはわかっ
た。私が信用できない人間だと言いたいのだろうか？　彼の言葉は、
弘徽殿女御とその家族がどれだけ私を……そして藤壺中宮を敵対し
ているかを語っていた。彼女の末の妹(＝朧月夜)と私がとても親密な
関係にあることを考えると、何とも不思議なことである！

　藤壺中宮に遅くなったことを謝ると、王命婦が彼女の歌を持って
きてくれた。

　　　九重に霧や隔つる雲の上の
　　　月をはるかに思ひやるかな

I could feel that she was very close and tears came into my eyes. I replied:

> *It is the very same autumn moon that we once knew,*
> *But cruel are the mists that hide its beauty from our view.*

Our son was with Fujitsubo, refusing to go to bed—he wanted to see his mother off. He would love to have gone with her, of course, but that was impossible. It's hard to be a prince of the highest rank…

The gray days of late autumn passed into the rains of early winter. Then suddenly a poem arrived from Oborozukiyo:

> *All those stormy days that only stripped the trees*
> *But no word from you came carried on the breeze!*

I was moved by how much she felt for me, and I chose a fine sheet of Chinese paper for the reply:

> *It is my tears at not being able to meet at all*
> *Rather than the first rains of winter that fall.*

And I added a note: "But if we both think about each other, we can forget the wet and gloomy skies!"

The Eleventh Month…and the first anniversary of Father's death. Heavy snow. A day of memories and prayer. I sent a poem to Fujitsubo:

彼女がすぐ近くにいることが感じられて、目に涙が浮かんだ。私は答えた。

　　月影は見し世の秋に変はらぬを
　　隔つる霧のつらくもあるかな

　私たちの息子（＝東宮）は藤壺中宮と一緒にいて、寝るのを嫌がっていた。もちろん母君と一緒に行きたかっただろうが、それは不可能だ。皇子という最高位の立場は難しい……

　晩秋の灰色の日々が過ぎて初冬の雨が降り始めた。そんな中、突然、朧月夜から一首の歌が届いた。

　　木枯の吹くにつけつつ待ちし間に
　　おぼつかなさのころも経にけり

彼女の私への思いに感動し、返事に上質の唐紙を選んだ。

　　あひ見ずてしのぶるころの涙をも
　　なべての空の時雨とや見る

　そして「でも、お互いのことを考えれば、雨でどんよりした空は忘れることができます！」と書き添えた。

　十一月……そして父上の一周忌。命日に大雪。思い出と祈りの一日。藤壺中宮に歌を送った。

On this sad day we said farewell and felt such pain,
How many more winters till we all meet again?

She sent a reply in her own elegant style of writing:

Memories of a year of loneliness bring sweet sorrow,
Remembering the joyous past, but fearing for tomorrow.

And then came the four days in the Twelfth Month when Fujitsubo celebrated the readings of the Lotus Sutra: the first day was dedicated to her father, the second to her mother, and the third to Father. I was happy that so many people from the Court were there, despite the bitter feelings of Kokiden. Everything was beautifully arranged and the readings were splendid. But then came the day I shall never forget: the Fourth Day, on which Fujitsubo offered up her own prayers. She suddenly shocked us all by announcing she was about to become a nun.

I cannot describe much of what happened after that. Prince Hyōbukyō and I were in tears as the chief priest of Hiei read the vows and her uncle cut that lovely hair of hers…

The clear light of the moon was reflected off the deep snow, but to me it seemed that the light of the world had gone out.

別れにし今日は来れども見し人に
行き逢ふほどをいつと頼まむ

彼女は上品な文体で返事を送ってきた。

ながらふるほどは憂けれど行きめぐり
今日はその世に逢ふ心地して

　そして、藤壺中宮が法華経の読誦を祝う十二月の四日間がやってきた。御八講という仏事だが、初日は中宮の父君に、二日めは彼女の母に、そして三日めは父上に捧げられた。弘徽殿女御の刺々しい心持ちにもかかわらず、宮廷からは大勢の人たちが来てくれて嬉しかった。すべてが美しく整えられ、読誦も素晴らしかった。四日め、藤壺中宮はご自身の祈りを捧げた。そしてその場で、出家のことを発表し、皆に衝撃を与えた。

　その後に起こったことは、あまり説明できない。比叡山の座主が授戒のことを読み上げ、中宮の伯父がその美しい髪を切ったとき、兵部卿宮と私は涙ぐんでいた……
　澄みきった月の光が深い雪に反射していたが、私にはこの世の光が消えてしまったように思えた。

41

33. My Twenty-fifth Year

And so this year began. The period of mourning ended and we could once again celebrate, hoping for a year brighter than the previous three. On New Year's Day, I visited Fujitsubo's new chapel, where the only sounds were of bells and gongs and sutras being chanted. We exchanged brief messages. I didn't stay long. It was all too sad…

Early in the year, my father-in-law decided to resign. Suzaku asked him many times to continue, but he refused and retired to the Third Ward. That left the Minister of the Right in control and Suzaku became even weaker than before, as did my brothers-in-law—even Tō-no-Chūjō, who was married to one of Kokiden's sisters! But he had never been one to worry much about that kind of thing; he just saw it as the way life went. We started spending a lot of time together, trying to find again some of that spirit we had in our youth. We held many poetry contests and played a lot of music. And so the months passed, all of us wondering what the future might bring.

It was not long before the future brought me more than I had expected. In the summer, Oborozukiyo went home for a while to recover from an illness. The medicine she received, the prayers of the priests, and the change of atmosphere all seemed to do her good

33. 源氏二十五歳

　そして今年が始まった。喪の期間が終わり、前の三年間よりも明るい一年になることを願って、私たちは再び新年を祝うことができるようになった。元旦、私は藤壺中宮の新しい御堂を訪ねた。そこでは、鐘と銅鑼と読経の音だけが響いていた。私たちは短い言葉を交換した。長居はしなかった。すべてがあまりにも悲しかった……

　年明け早々、義父は辞任を決意した。朱雀帝は続行することを繰り返し願い出たが、義父はそれを断り、三条にある左大臣邸に隠居した。このため、右大臣が実権を握ることになり、朱雀帝は以前にも増して力が弱くなり、義弟たちも、弘徽殿女御の妹の一人と結婚していた頭中将でさえも同様に弱くなってしまった！　しかし、頭中将はかねてよりそのようなことを気にする人ではなかった。人生とはそういうものだというふうに考えていた。私たちは多くの時間を一緒に過ごすようになり、青春時代のあの心意気を再び見出そうとした。私たちは詩歌の勝負の会を頻繁に開催したり、音楽をたくさん演奏した。そうして月日は流れ、皆、この先どうなるのだろうと考えていた。

　間もなくして未来が期待以上のものをもたらしてくれた。今夏、朧月夜はしばらく病気療養のため実家に戻った。薬、僧侶の祈祷、環境の変化が功を奏したようで、今はお互いがより頻繁に会えるよい機会であると示唆する手紙を送ってきた。私は喜んでその申し出を

and she sent me a letter suggesting that this was a good chance for us to see more of each other. I was happy to take up her offer and we started meeting nearly every night.

Oh, what a good time we had together! She was back to her bright and charming self and I felt she looked even more attractive having lost a little weight. The danger of our meetings increased when Kokiden came to stay in the same house, but we still met. Some of Oborozukiyo's ladies knew what was going on, of course, but there was no sign that Kokiden or her father knew anything about it.

But then came one of those nights that I will never forget. Not long before dawn, a great thunderstorm began. The rain came down in sheets and the thunder echoed around the house. The ladies all went into a panic and there were people rushing around everywhere. Some ladies even came to shelter in Oborozukiyo's room, just outside her curtains!

Oborozukiyo and I huddled under the kimonos not knowing what to do. It started getting light and still the storm raged. It was impossible for me to get away! The only thing was to stay there in Oborozukiyo's arms and keep quiet...

At last, the thunder seemed to move away across the hills. But because of the sound of the rain on the roof we didn't hear Oborozukiyo's father coming along the corridor. Suddenly he lifted the blind into her room and we heard his loud voice:

"Are you all alright in here? It was a terrible storm, wasn't it! I'm sorry I couldn't come and see you earlier! I was so busy looking after the other ladies..."

Oborozukiyo was shaking badly behind the curtains. I quickly helped her into a cotton kimono and she went out to see her father.

受け、ふたりはほとんど毎晩会うようになった。

　ああ、私たちはなんて楽しい時間を過ごしたことか！　朧月夜は明るく魅力的な自分に戻っていて、以前より少し体重を落としていたが、さらに美しく見えた。弘徽殿女御が同じ邸に滞在するようになってふたりの逢瀬は危険度が増したが、それでも私たちは会っていた。朧月夜の女房たちは当然ながら事情を知っていたが、弘徽殿女御もその父君の右大臣も何か気づいているふうではなかった。

　だがその後、忘れもしない夜がやってきた。夜明け前、非常に激しい雷雨が始まった。雨は滝のように降り、雷は家中に響き渡った。女房たちは皆パニックに陥り、どこもかしこも人でごった返していた。女房たちの何人かは、朧月夜の部屋の几帳（きちょう）のすぐ傍にまで避難してくるほどだった。

　朧月夜と私はどうしたらよいかわからず、着物の下に身を寄せた。明るくなり始めても、嵐はまだ続いていた。逃げることは不可能！朧月夜の腕の中で静かにしているしかなかった……

　ようやく雷は山のかなたへ遠ざかっていったようだった。しかし、屋根を叩く雨音のせいで、朧月夜の父君が廊下をやってくる音は聞こえなかった。突然、父君が御簾を持ち上げて朧月夜の部屋に入ってきた。そして私たちは彼の大声を聞いた。
　「ここはみんな大丈夫か？　ひどい嵐だったな！　もっと早く見に来られなくて悪かった！　他の女房たちの世話で忙しくて……」

　朧月夜は几帳の後ろでひどく震えていた。急いで彼女に木綿の着物を着せてやると、彼女は外に出て父君に顔を見せた。

"Ah, there you are!" he said. "But you look terrible! Were you frightened so much by the storm? Are you sure you're not still possessed by some evil spirit?… Oh, what's that?"

He had noticed my pale purple belt that she had dragged out with her kimono.

Oborozukiyo said nothing.

"And what's that bit of paper with writing on it?" her father continued. As he leaned down to pick the paper up, he lifted the bed curtain.

I turned my face away just in time, but of course he saw me lying there. There was a kind of angry grunt and then I heard him hurrying off. He had taken my note to Oborozukiyo with him…

So we had been discovered by that silly man! But I had no time to think what might happen as soon as Kokiden found out. I first had to look after Oborozukiyo, who had gone so pale she looked as though she was about to die on the spot…

It's not difficult for me to imagine the conversation that went on that wet morning between Kokiden and her father. I'm sure they recognized my handwriting at once. I've always thought that the Minister would have liked to have had me as his son-in-law, but of course Kokiden pushed for Oborozukiyo to be Suzaku's consort— even though she has never become his most popular one. I imagine he understands what boys—and girls—get up to, but he was still shocked to find out that it was going on right under his nose!

As for Kokiden, well, I'm sure she was angry about me being there, but I suppose she was also happy that at last she'd managed to get the upper hand over me! I presumed they wouldn't tell Suzaku what had happened, but Kokiden would certainly show her anger

「ああ、ここにいたのか。ひどい顔つきだね！　そんなに嵐が怖かったのか？　まだ悪霊に取り憑かれているんじゃないのか……？　おや、それは何だ？」

彼は、着物にまといついて出てきた私の薄紫の帯に気づいたのだ。

朧月夜は何も言わなかった。

「それにその何か書いてある紙切れは何だ？」と続けて、父親はその紙を拾おうと身を乗り出し、そのとき几帳を持ち上げてしまったのである。

私はぎりぎりのところで顔をそむけたが、当然ながら彼はそこに横たわっている私を見た。怒りのうめき声をあげた後、彼が急ぎ足で去っていくのを私は聞いた。彼は、私が歌を書いて朧月夜に渡した走り書きを持って行ってしまった……

私たちはあの愚かな男に見つかってしまったのだ！　しかし、弘徽殿女御に知られたとたんどうなるかなどと考える余裕はなかった。まずは朧月夜の面倒を見なくてはならなかった。彼女は青ざめていて今にも死にそうな顔をしていた……

あの雨の朝、弘徽殿女御と父君(＝右大臣)の間で交わされた会話は想像に難くない。彼らは私の筆跡にすぐに気づいたに違いない。右大臣は私を婿に迎えたかったのだとずっと思っていたが、当然ながら、弘徽殿女御は朧月夜を朱雀帝の女御に推した。けれども朧月夜は帝の一番のお気に入りにはなれなかった。若い男子が、そして女子が何をするか、右大臣はわかっているだろうが、それでも自分の目と鼻の先でそういうことが行われていると知ってやはり衝撃を受けたのである！

弘徽殿女御はというと、私がそこにいたことに腹を立てたのは間違いないが、やっと私より優位に立つことができて嬉しかっただろう！　朱雀帝には言えなかったろうが、弘徽殿女御が朧月夜に怒りを露わにしたのは間違いない。私と東宮に対してはどんな陰謀を企

to Oborozukiyo. What plans would she hatch against me and the Crown Prince? And was that the end of my relationship with Oborozukiyo?

We had taken the risk…and the result was just about as bad as it could be.

So here I am now, about to begin my twenty-sixth year. Soon I will decide exactly what I am going to do next. I've been thinking that I should leave Heian-kyō for a while—the city where I'm no longer welcome. I'd like to go somewhere far away from the evil plans of Kokiden. One idea I've had is to live down by the sea at Suma, a place I've heard so much about.

I'm sure that the Crown Prince—now in his seventh year—will be looked after well by Suzaku, whatever his mother may think. As for my other son—now in his fourth year—he should be alright because he's much loved at Aoi's house in the Third Ward. But my main worry is Murasaki, now in her seventeenth year. She's become a strong young woman and a perfect wife. I've talked about leaving the capital for a while and, of course, she wants to go with me if I do. But what pleasures would she find away from this world she now knows so well?

Well, I must make my decision soon…

> *Is there a place among the rocks beside the sea*
> *Where from this world's sad news I can be truly free?*

てるだろう？　そして、私と朧月夜の関係はこれで終わりになるだろうか？

　私たちは危険を冒した……そして結果はまさに最悪のものだった。

　こうして今、私の二十六歳の年が始まろうとしている。もうすぐ次に何をするかはっきりと決めるつもりだ。平安京をしばらく離れようかと考えている。都では、私はもはや歓迎されていない。弘徽殿女御の陰険な策略から遠く離れたどこかへ行きたい。一つは、須磨の海沿いで暮らす案だ。これまでに須磨のことはよく聞いている。

　今年七歳になった東宮は、弘徽殿女御がどう思おうと、朱雀帝がちゃんと面倒を見てくれるだろう。もう一人の息子は、四歳になるが、三条の葵の上の邸で可愛がられているので大丈夫だろう。でも、一番心配なのは十七歳になる紫の上だ。たくましい大人の女性に成長し、完璧な妻になった。しばらく都を離れる話をしたら、当然ながら、そうなったら一緒に行きたいと言っている。しかし、今ではすっかりなじんだこの宮廷生活を離れて、彼女がどんな楽しみを見つけられるだろう？

　いずれにしてもそろそろ決断しなければ……

いかならむ巌の中に住まばかは
世の憂きことの聞え来ざらむ

（古今和歌集952番）

Delving Deeper into the Genji World

Here are some notes on features of Heian court life that appear in this book, with chapter references.

Heian-kyō...In Murasaki's time, its population was about 100,000, more than any city in Europe. The city was surrounded by hills and the bounties of nature. Based on a Chinese model, it was laid out like a chess board, not unlike Manhattan Island. The main east-west streets were called 'jō', from First Avenue (Ichi Jō) in the north to Ninth Avenue in the south (Ku Jō), and the same term referred to the 'wards' between them. Some aristocrats were named after the ward their family was related to, so Lady Rokujō is named after the Sixth Ward in which she lives (Chap. 7). The wide, tree-lined north-south avenues included Suzaku Ōji, running from the Imperial Palace in the north to Rashōmon Gate in the south (Part 8 intro).

Architecture...Aristocratic architecture was simple, with wooden structures designed more for allowing cool breezes to pass through during the humid summer months than to provide comfort in winter. Interior rooms would have been very dark, with candles, braziers and oil lamps, and all the bamboo blinds, screens, standing curtains, and curtained platforms provided only limited comfort and privacy. There were only mats for the highest ranks and no chairs or bedding, just cushions. Hinged, black-lacquered lattice shutters were useful for women to gaze out from (Chap. 8). Raised verandas ran around the buildings. In the

【コラム】源氏の世界を
さらに深く理解するために

　以下は、本書に出現する平安宮廷生活の特徴について、参考となる章を
補足して注釈したものである。

　平安京……紫式部の時代、人口は約10万人で、ヨーロッパのどの都市
よりも多かった。丘陵と豊かな自然に囲まれた都（みやこ）は、唐の都、長安をモデ
ルに、チェス盤のように配置されていた。マンハッタン島とよく似てい
る。東西の主要な通りは「条」と呼ばれ、北の一条から南の九条まであり、
それらの間の区画を同じ用語で呼んだ。なかには、一族に縁のある区画に
ちなんで名づけられた貴族もいて、六条御息所は住んでいる六条にちな
んでそう呼ばれた（第7章）。南北には朱雀大路など広い並木通りがあり、
北は御所から南は羅城門まで続いていた（第八部序章）。

　建物……貴族の邸はシンプルで、木造建築は冬の快適さよりも、湿度の
高い夏に涼しい風を通すことを考慮した設計だった。内部の部屋は非常
に暗く、蝋燭、火鉢、灯明皿（とうみょうざら）が使用され、御簾、屏風、几帳、そして御帳（みちょう）
がほんのわずかの快適さとプライバシーを提供していた。最高位の貴族
用の畳と座布団があるだけで、椅子や寝具はなかった。蝶番（ちょうつがい）のついた黒
塗りの格子は、女性が外を眺めるのに便利だった（第八部）。建物は高くな
った縁側で囲まれていた。砂と砂利が敷いてある庭にはしばしば池や小
さな湖があり、舟遊びに使われることもあった（第二部序章）。

sand and gravel garden there was often a pond or small lake, sometimes used for boating parties (Part 2 intro).

Food... The Heian-kyō diet was limited and not particularly healthy. Eating was concerned more with presentation and ceremony than nutrition. The staples were rice, seaweed, radishes, fruits, nuts, fish, shellfish, game birds, sweet potatoes, eggplants, carrots, onions, Korean garlic, and sugar-free cakes, dried octopus and rice biscuit for snacks (Chap. 25). Water was drunk, but not milk, and ice was stored and made into sherbet. Tea was introduced in the ninth century, but in Murasaki's time it was mostly medicinal. *Sake* was very popular, and the lack of fat in the diet resulted in widespread drunkenness (Chaps. 27, 28)!

Transport... This took various forms depending on rank, place and occasion. Horses provided the fastest means of land transport for lords and messengers, and boats when traveling to distant parts of Japan (Chap. 11). For travel outside the city, as when ladies went on temple pilgrimages, small palanquins called *koshi* were common (Intro Parts 1, 5). They normally held one person and were carried along on poles at hip level by two or four men, rather like a European sedan chair. The word is still used today in the form of *mikoshi*, the portable shrines that are a major feature of big festivals. The version called *kago* with a long shoulder pole shouldered by two men wasn't introduced until the 14th century.

Carriages... Inside the city, for cherry-blossom-viewing parties or on festival occasions, slow two-wheeled ox carriages were the norm, ranging from very simple to very ornate (Chap. 8). Status symbols like cars today, they could hold three or four people. Ladies displayed their elegance by leaving the end of a sleeve or a kimono hem visible under the bamboo blinds that provided privacy. They had no springs so must

　食べもの……平安京の食事は限られており、あまり健康的なものでは
なかった。食事は栄養よりも見た目や儀式が重視されていた。主食は米、
海藻、大根、果物、木の実、魚、貝類、狩猟鳥類、サツマイモ、ナス、ニン
ジン、タマネギ、朝鮮ニンニク、そして間食として砂糖抜きの餅、干しダ
コ、米菓があった(第25章)。水は飲んだが牛乳は飲まず、氷は貯蔵されか
き氷にされた。お茶は9世紀に伝わったが、紫式部の時代は主として薬用
だった。日本酒は非常に人気があり、食事に脂肪が不足していたため、酔
っぱらいがはびこった(第27章、第28章)！

　移動手段……これは、地位や場所、機会によってさまざまな形態がとら
れた。貴族や使者の陸上移動は馬が最も速く、遠方への移動には船が用い
られた(第11章)。女性が社寺を参詣するときなど、都の外へ移動するとき
は、輿と呼ばれる小さな駕籠が一般的だった(第一部、第五部の序章)。通常
は一人乗りで、2人または4人の男性が腰の高さに設けた支柱を担ぐ、ヨ
ーロッパの椅子付きのかご(＝2人で前後を担架のように運ぶ17〜18世紀に
用いられた乗り物)のようなものであった。この輿という言葉は今日でも、
大きな祭りの目玉である神輿の形で使われている。2人の男性が長いてん
びん棒で肩に担ぐ「かご」が紹介されたのは14世紀以降である。

　牛車……都では、花見の宴会や祭礼の際には、二輪の牛車をゆっくりと
走らせるのが普通で、非常に簡素なものから華麗なものまでさまざまだ
った(第8章)。現在の自動車のようなステータスシンボルで、3、4人を乗
せることができた。女性たちは、プライバシーを守る御簾の下に袖の先や
着物の裾を見せて優雅さを誇示した。ばねがないので、荒れた道では乗り
心地がとても不快だったに違いない。その時代の女流作家の何人かが、ど

have been very uncomfortable on rough tracks. Several women writers mention being thrown around when carriages passed over the timber step at the gate of every mansion. There were so many ox carriages in the city that traffic jams were common, and even 'carriage rage'! (Chap. 28)

Superstitions and evil spirits... *Genji* features the Heian belief in evil spirits 'possessing' bodies, even as a kind of living ghost (Chap. 29). This demanded exorcisms, involving many mediums and Buddhist priests. Giving birth was made even more stressful than usual by all the noise and the use of heavy incense (Chap. 29). Imperial guards would twang their bowstrings to drive away evil spirits (Chap.10). There were also directional taboos related to Chinese yin-yang concepts, such as the 'unlucky' north-east direction, guarded from evil forces by the Mt. Hiei temples (Part 4 intro). And 'lucky' and 'unlucky' days on the calendar, restricted activities such as bathing.

Entertainment... Indoor forms of entertainment consisted of music, dancing and singing influenced by Chinese and Korean culture (Chap. 21), board games such as *go* and *sugoroku*, shell-matching games, and incense testing. Outside games included primitive soccer (*kemari*), archery, sumo, and horse racing.

Calligraphy and poetry... In Heian society, calligraphy and poetry were major elements of daily life for men and women alike, and they were evaluated by their calligraphic skills. (Chap. 19). Arthur Waley described it as "a literary civilization...Its real religion was the cult of calligraphy." And it's certain that Murasaki's readers were all writers themselves. The poet James Kirkup commented that he would love to have lived in the *Genji* world, where quoting and writing poems was a part of everyday life, "as natural as breathing"!

の屋敷でも門の木材の段差上を牛車が通るときは激しく揺られた、と述べている。都にはたくさんの牛車が行き来していたため、交通渋滞は日常茶飯で、「牛車の暴動」さえあった（第28章）！

迷信と悪霊……源氏物語では、悪霊が肉体に憑依する、言わば生霊として憑りつくことさえあるという平安信仰が取り上げられる（第29章）。そのため、多くの陰陽師や僧侶が関わる悪霊払いが必要とされた。出産は、あらゆる音と大量の香の使用によって、ふだんよりもさらにいっそう、精神的に疲れる所業となった（第29章）。宮廷の警備は、弓の弦を鳴らす絃打（つるうち）を行い悪霊を追い払った（第10章）。また、中国の陰陽思想に関連した方忌（かたい）みもあった。例えば、「不吉な」北東の方角は、比叡山延暦寺によって邪悪な力から守られていた（第四部序章）。また、暦の上で「吉日」と「凶日」とされる日があり、入浴などの行動を制限した。

娯楽……屋内での遊戯は、唐や高麗の文化に影響を受けた音楽、舞、歌（第21章）、碁や双六などのボードゲーム、貝合わせ、そして薫物合（たきものあわ）せなどがあった。外での遊びには、蹴鞠、弓道、相撲、競馬（くらべうま）などがあった。

書道と詩歌……平安社会では、書道と詩歌は男女を問わず日常生活の主要な要素であり、人々は書の腕前によって評価された（第19章）。Arthur Waley（アーサー・ウェイリー）は、平安社会を「文学の文明……書道は最も重要な宗教のようなものだった」と表現している。そして、紫式部の読者がみんな作家であったことは確かである。詩人のJames Kirkup（ジェームス・カーカップ）は、詩を引用したり書いたりすることが、「呼吸するのと同じように自然な」日常生活の一部である源氏の世界に住んでみたかった、と述べている！

Waka...A total of 795 31-syllable *waka* (=Japanese poem) appear in *Genji*. Today they are more often called *tanka* (=short poem). The ability to write poetry was a vital part of aristocratic communication, especially between lovers or potential lovers, so fine calligraphy was a very highly regarded art. Also important was the choice of paper, with often a seasonal or appropriate flower or leaf attached. (Chaps. 19, 22, 24, 30, 32) A suitable reply was essential (Chap. 31). Gatherings to read and write poetry were common, as well as poetry contests, a passion reflected today at the annual New Year's *tanka* reading event at the Imperial Palace in Tokyo, which is televised nationwide.

Waka lack rhymes but involve subtle seasonal references and allusions to other poems, often Chinese. They help to create atmosphere, further the plot, and reveal a lot about the characters. Involving a combination of feelings of nostalgia, melancholy, joy and sorrow, they often encapsulate the all-important Heian concept of *mono no aware*—the impermanence of life, transience, the awareness that beauty must die.

Waka translations...Waley said that Japanese poems are perhaps the hardest of all the poems in world literature to translate—in fact, almost impossible. Skillful wordplay and puns abound: one frequent example is *matsu*, meaning both 'to wait' and 'a pine tree'. This also works in English, as we can 'pine' (=miss someone very much) as we 'wait' for them!

A poem's meaning is often obscure. It may not even be clear whether the subject is 'I' or 'You', or whether the poem was written from a male or female perspective. Even Japanese experts agree it is difficult to declare that a translation is 'incorrect'.

The main translators all took a different approach to translating the *Genji waka*, and their translations also vary considerably in meaning: Waley preferred to include them in the dialogue; Seidensticker kept

　和歌……源氏物語には、31音の和歌が795首登場する。今日では和歌は
たいてい短歌と呼ばれる。詩歌を書く能力は、貴族のコミュニケーショ
ン、特に恋人同士や恋人候補の間で欠かせないものであったため、優れた
書は非常に高く評価された芸だった。また、紙の選択も重要で、多くの場
合、時節柄の、または、ふさわしい花や葉が添えられていた（第19章、第22
章、第24章、第30章、第32章）。適切な返事は不可欠だった（第31章）。詩歌
を詠んだり書いたりする集まりが、歌合と同じようによく行われた。この
歌に対する情熱は、毎年皇居で行われ、テレビで全国放送されている新春
恒例の「歌会始」に反映されている。

　和歌は韻を踏まないが、繊細な季節の言及や、多くは漢詩だが他の歌の
引喩を含む。それらは雰囲気を作り出し、筋書きを進め、登場人物につい
て多くを明らかにするのに役立つ。懐かしさ、憂い、喜び、悲しみといっ
た感情が織り込まれ、「もののあはれ」という平安時代の重要な概念、す
なわち「人生の無常」、「はかなさ」、「美は滅びるものである」という意識
を要約することが多い。

　和歌の翻訳……ウェイリーは、日本の歌はおそらく世界文学の中で最
も翻訳が難しい、実際ほとんど不可能だ、と言った。巧みな言葉遊びや語
呂合わせがあふれている。よく見かける一例の「まつ」は、wait（待つ）と
pine（松の木）の二つの意味がある。これは英語でも、we can 'pine' as we
wait!（＝待っているあいだ寂しい思いをしている）のように使える！
　歌の意味はしばしば曖昧である。主語が「私」なのか「あなた」なのか、
男性の視点から詠まれたのか女性の視点からなのかさえはっきりしない
ことがある。日本の専門家でさえ、翻訳が「正しくない」と断言するのは
難しい、という意見で一致している。
　主な翻訳者たちはみんな、源氏物語の和歌の翻訳に異なるアプローチ
をとっており、その翻訳も意味がかなり異なっている。ウェイリーは和歌
を台詞の中に含めることを好み、サイデンステッカーは韻を踏まない連

them as simple as possible in unrhymed couplet form; and Tyler used exactly 31 English syllables.

I hope my free translations give some impression, however slight, of the original poems, make sense, and are pleasant to read aloud. I have made no attempt to control the number of English syllables. But *waka* had to meet strict rules of poetic style, so I decided to give them a slightly formal feel by using rhyming couplets, a style much used by English poets from Chaucer and Shakespeare onward that has again been enjoying popularity today via rap music. Here's an example from my translation of the *Ogura Hyakunin Isshu* collection of 100 poems by 100 poets. It's the poem by Murasaki (#57), which could express sadness about a friend suddenly appearing and then disappearing, or be a tongue-in-cheek comment on a lover's fast departure.

> *Was that really, really you, dear friend from the past—*
> *Like the moon within the clouds slipping away so fast?*

Incidentally, it's followed in the collection by a poem by her daughter (#58)

Fashion, colors, flowers... In her actual diary, Murasaki says how she carefully noted seasonal flowers, birdsong, the sky and the moon, frost and snow. For Heian courtiers and ladies, the matching of subtle colors and fabrics was regarded as a great art. This was related to the need to wear many layers of clothing in the poorly heated rooms where they spent so much time. Just like today, colors were carefully chosen to reflect the changing seasons. In translation we lose the subtle significance of various characters' names that are related to colors and flowers, such as Murasaki (Part 3, intro), Yūgao (Part 2), Aoi (Chap. 6), Suetsumuhana (Chap. 20), and Fujitsubo (=Wisteria tub; Chap. 4).

句形式でできるだけシンプルにし、タイラーはきっちりと31音節の英語
で表現した。

　私は、自分の自由訳が、たとえわずかでも元の歌の印象を与え、意味を
成し、声に出して読んで心地よいものであることを願っている。英語の音
節数を調節しようとはしなかったが、和歌は厳格な詩文体の規則に従わ
なければならないので、韻を踏んだ連句を使うことで少しフォーマルな
雰囲気を出すことにした。チョーサーやシェイクスピア以降のイギリス
の詩人たちによく使われ、今日ラップ・ミュージックを通じて再び人気を
博している文体である。下記は私の訳した『小倉百人一首』の一例であ
る。これは紫式部の歌(57番)で、突然現れたちまち去っていく友人への寂
しい気持ちを表現している、あるいは早く去っていく恋人との別れを皮
肉っている、と解釈できる。

　　　めぐり逢ひて　見しやそれとも　わかぬ間に
　　　雲隠れにし　夜半の月かな

　ちなみに、この紫式部の歌に、彼女の娘、大弐三位の歌(58番)が続く。

　ファッション、色、花……紫式部は自身の日記で、季節の花、鳥のさえ
ずり、空や月、霜や雪について非常に慎重にメモをとった、ということを
書いている。平安の宮廷に仕える人や女官にとって、繊細な色と衣服を合
わせることは素晴らしい芸術的手腕と考えられていた。これは、暖房の少
ない部屋で長い時間を過ごすために、何枚もの衣服を重ね着する必要が
あったことに関係している。現代と同じように、季節の移り変わりを反映
する色が注意深く選ばれた。翻訳では、色や花にまつわるさまざまな登場
人物の名前の微妙な意味が失われてしまう。例えば、若紫(第三部序章)、
夕顔(第2部)、葵の上(第6章)、末摘花(第20章)、そして藤壺の宮(第4章)
などだ。

Beauty... The way characters look, dress and associate is a vital element of *Genji*. The isolated society that grew up in peaceful Heian-kyō was described by Ivan Morris as a "cult of beauty". Waley described it as "a purely aesthetic and, above all, a literary civilization... To be worth looking at, a thing must be *ima-mekashi*, 'now-ish', up-to-date..." Theirs was a society of the present rather than the distant past or an unsure future. Heian ideas of beauty in general were deeply connected with many details of fashion, etiquette and artistic achievements. The character who best fulfilled the requirements of Heian beauty and sophistication is perhaps Lady Rokujō, Genji's older lover.

Looks... So what did refined, attractive Heian aristocrats look like? Beauty is, of course, 'in the eye of the beholder', but each age and culture has its own preferences. For example, although modern *Genji* manga faithfully depict 11th-century settings and clothes, they present 20th-century images of slim handsome models with big eyes and long faces, the men like boys' band members and the women like TV starlets or Takarazuka performers. But ancient texts and 12th-century *e-maki* scrolls give us hints of the looks that were considered attractive in Murasaki's time.

Men... In the case of men, it meant plump white faces, small slit eyes, and a little goatee beard. It was normal for men to powder their faces and use personalized perfumes, which served as both an important element of attraction and as a useful means of recognition in dark rooms at night (Chap. 7).

Women... The court ladies seriously lacked exercise and exposure to fresh air and daylight, so they must have been naturally very pale. It

　美……登場人物がどんな容姿か、どんな装いか、どのように交際するか
は、源氏物語の重要な要素である。平穏な平安京で成熟した孤立社会を、
Ivan Morris（アイヴァン・モリス）はcult of beauty『美の礼賛』と表現した。
ウェイリーはそれを『純粋に見た目に美しく、何よりも文学的な文明であ
る……見るに値するものであるためには、ものは「今めかしい」つまり
「今っぽい」、最新のものでなければならない……』と表現した。平安貴族
が住んでいる社会は、遠い昔や不確かな未来ではなく、現在の社会だった
のである。一般に平安時代の美の概念は、ファッションや礼儀作法、芸術
的偉業に関する数々の具体的内容と深く結びついていた。平安時代の美
と知的素養の条件を最も満たした登場人物は、おそらく源氏の年上の恋
人、六条御息所であろう。

　ルックス……では、洗練された魅力的な平安貴族はどのような容貌な
のか？　もちろん、美は「見る人次第」だが、時代や文化によって好みは
異なる。例えば、現代の源氏物語の漫画は11世紀の舞台背景や衣裳は忠
実に描いているけれども、20世紀的な大きな目で面長のスリムでハンサ
ムなモデルのイメージを呈し、男性は少年のバンドメンバー、女性はテレ
ビの若手女優や宝塚俳優のようだ。しかし、古い文書や12世紀の絵巻物
は、紫式部の時代に魅力的と考えられていた容姿のヒントを教えてくれ
る。

　男性……男性の場合、それはふっくらとした白い顔、小さな切れ長の
目、少量のあごひげを意味した。男性は顔に白粉（おしろい）を塗り、個人仕様の香り
を使うのが普通で、これはモテるための重要な要素であると同時に、夜の
暗い部屋で自分を認識させるための便利な手段でもあった（第7章）。

　女性……宮廷の女性たちは運動不足で、新鮮な空気や日光を浴びる機
会が極端に少なかった。なので、当然ながら青白い顔をしていた。男性は

seems that men tended to prefer well-rounded women to thin ones, which is why Genji comments on Suetsumuhana's boniness (Chap. 22).

Hair . . . Another major female attraction was very long, straight, glossy-black hair, parted in the middle and flowing over the shoulders like a waterfall, preferably reaching the ground when standing. The view of such hair alone was sometimes even responsible for desire at first sight (Chap. 20). When a woman became a nun, her hair was cut to shoulder-length, rather like that of a retiring sumo wrestler today (Chap. 32).

Eyebrows . . . In the introduction to Part 5, Murasaki mentions *The Lady Who Loved Insects*, an amusing anonymous Heian-period story titled about an eccentric young girl who flouts 'makeup' fashion regarding eyebrows and teeth. In a custom imported from China, eyebrows were plucked by both men and women, and repainted like ink blots in either the same place or an inch or so above (Part 5 intro; Chap. 22). Two possible reasons were to reduce forehead prominence and to avoid delicate negative messages conveyed by the eyebrows. Noh masks provide excellent examples.

Teeth . . . Another imported custom was for most mature women and men to blacken their teeth for aesthetic reasons with a dye made from soaking iron and powdered gallnut in vinegar or tea (Part 5 intro). It has been suggested that this helped to preserve teeth from rotting. In the Edo Period many centuries later, this indicated married women and courtesans, but in the Heian period it indicated maturity for aristocratic girls who were not necessarily married, rather like girls in Arab societies putting on the veil.

Etiquette, relationships . . . It was normal for Heian nobles to have several 'wives' or 'consorts,' who all had different degrees of status, as

細い女性よりもふくよかな女性を好む傾向があったようで、源氏が末摘花の骨ばった体型を批評するのはそのためである（第22章）。

　髪……もうひとつの大きな女性の魅力は、とても長く、まっすぐで、つやのある黒髪で、真ん中で分けられ、滝のように肩に流れ、立つと地面に届くのが好ましい。そのような髪を見るだけで、一目惚れすることさえあった（第20章）。尼僧になると、髪は肩の長さに切りそろえられた。今日の引退する力士の髪のように（第32章）。

　眉毛……第五部の序章で、紫式部は『虫めづる姫君』について触れている。この話は、眉毛と歯に関する「化粧」の仕方を無視する風変わりな少女を題材にした、平安時代の編者不詳の面白い物語である。唐から伝わった風習では、眉毛は男女ともに抜かれ、同じ場所か1センチほど上に墨痕のように塗り直された（第五部序章、第22章）。理由として考えられるのは、額を目立たなくするためと、眉毛が伝える繊細な否定的メッセージを避けるためである。能面はその好例だ。

　歯……もうひとつの舶来の習慣は、ほとんどの成人女性や成人男性が、美的な理由から、鉄と五倍子紛を酢酸やお茶に浸して作った染料で歯を黒くすることだった（第五部序章）。これは歯が腐るのを防ぐのに役立ったと言われている。何世紀も後の江戸時代には、これは既婚の女性や花魁を意味したが、平安時代には、必ずしも結婚していない貴族の少女が成熟していることを示しており、アラブ社会の少女がベールをかぶることに似ている。

　礼儀作法、人間関係……平安貴族が複数の「妻」や「妃」を持つのは普通で、その地位はそれぞれ異なり、子供も同様だった。通常、正妻が一人

did their children. There was usually one 'principal wife,' but, in the case of an Emperor, she did not always become the 'Empress' (Chap. 1). Sleeping with many women, as Genji does from a young age, was not regarded as a sin but as a social skill indicating health, wealth, and charm. But even in such a polygamous society, jealousy often raised its ferocious head (Chaps. 6, 7). Gentlemen were supposed to avoid being gross or vulgar; the emphasis was on good taste and etiquette. And it was regarded as manly to be driven to tears by beauty or emotion, as in the image of 'dew on the sleeves' which so often appears.

Night liaisons... it was normal for a man to appear after dark, stay in the dark all night, and leave in an elegant way before dawn without ever seeing the lady's face (Chaps. 8, 20, 27). He would then send a love letter and/or a poem of appreciation after reaching home. If that happened successfully three times, it was regarded as a wedding agreement. But not all liaisons happened in the dark. In the cases of Fujitsubo (Chap. 4), Aoi (Chap. 5), and Murasaki (Chap. 12), Genji saw their faces right from the start. We don't know much about what went on in the dark, inside the curtained areas lacking in privacy that were their 'bedrooms'. Murasaki leaves everything to our imagination, simply providing hints, using words full of innuendo. However, we do know that for bedclothes they used kimonos and robes (Chap. 33).

いるが、天皇の場合、その女性が必ずしも「后」になるとは限らない（第1章）。源氏が若い頃からそうであるように、多くの女性と寝ることは罪ではなく、健康、富、魅力を示す社交術とみなされた。しかし、そのような一夫多妻制の社会でも、しばしば嫉妬が凶暴な頭をもたげることがあった（第6章、第7章）。紳士は粗野で下品な振る舞いを避けなくてはならない。重視されたのは趣味の良さと礼儀作法だ。そして、しばしば登場する「袖の露」のイメージのように、美や情緒に涙することが男らしいとされていた。

夜の情事……男が日没後に現れ、一晩中暗闇の中で過ごし、女性の顔を見ることなく夜明け前に優雅に去っていくのが普通のことだった（第8章、第20章、第27章）。そして、家に着いてから恋文と感謝の歌、あるいはそのどちらかを送る。それが首尾よく3回続けば、結婚の同意とみなされた。しかし、すべての情事が闇の中で行われたわけではない。藤壺の宮（第4章）、葵の上（第5章）、若紫（第12章）の場合、源氏は最初から相手の顔を見ている。暗闇の中、プライバシーに欠ける幕で仕切られた寝所、御帳の中で何が行われていたのか、私たちはよく知らない。紫式部は私たちの想像にすべてを委ね、暗示に満ちた言葉でヒントを与えるだけである。しかし、彼らが寝具として着物や上衣を使っていたことは分かっている（第33章）。

Acknowledgements

This is a revised, bilingual edition of two Ladder Series books titled 'Yūgao' and 'Wakamurasaki' that were published by IBC in 2009.

I consulted many publications while producing my version of some of Murasaki Shikibu's stories, but I am indebted to seven scholars of Japanese literature in particular for putting in so much effort to introduce us to the world of *Genji* and the Heian period: Arthur Waley for his lyrical translation of *The Tale of Genji* (1924–1933) that almost single-handedly spread its fame worldwide; Edward Seidensticker for his more precise translation (1973), his diary *Genji Days* (1977), and his translation of *Kagerō nikki* (The Gossamer Years, 1964); Royall Tyler for his well-annotated translation (2001); Ivan Morris for his detailed presentation of Heian life in *The World of the Shining Prince* (1964) and translations of *Makura no sōshi* (The Pillow Book of Sei Shōnagon, 1967) and *Sarashina nikki* (As I Crossed a Bridge of Dreams, 1971; Geoffrey Bownas for his comments on poetry in *The Penguin Book of Japanese Verse* (1964); Donald Keene for his thoughts on Waley and Heian women writers in *Appreciations of Japanese Culture* (1971); and Richard Bowring for his translation of *Murasaki Shikibu nikki* (The Diary of Lady Murasaki, 1996).

Also most instructive were the observations of James Kirkup in *These Horned Isles* (1962), Robin Duke in the Introduction to the 1979 Folio edition of *The Pillow Book of Sei Shonagon*, Janet Goff in her *Noh Drama and the Tale of Genji* (1991), and Donald Richie in *Japanese Literature Reviewed* (2003).

謝辞

　本書は、2009年にIBCパブリッシングから出版された「夕顔」と「若紫」という2冊のラダーシリーズの改訂バイリンガル版である。

　紫式部の物語の一部を翻案するにあたって多くの出版物を参考にしたが、とりわけ7人の日本文学研究者にすっかりお世話になった。彼らは、源氏物語と平安時代の世界を紹介するために多大な努力を払った功績者である。*The Tale of Genji*(1924–1933年)の抒情的な翻訳で、ほとんど独力で源氏物語の名声を世界中に広めたArthur Waley(アーサー・ウェイリー)。より正確な源氏物語の翻訳(1973年)、訳者自身の日記 *Genji Days*(1977年)そして *Kagerō nikki*(蜻蛉日記, 1964年)の翻訳がある Edward Seidensticker(エドワード・サイデンステッカー)。注釈が豊富な翻訳(2001年)の Royall Tyler(ロイヤル・タイラー)。*The World of the Shining Prince*(1964年)における詳細な平安生活の紹介、および *Makura no sōshi*(枕草子、1967年)と *Sarashina nikki*(更級日記、1971年)の翻訳がある Ivan Morris(アイヴァン・モリス)。*The Penguin Book of Japanese Verse*(1964年)で和歌について解説をした Geoffrey Bownas(ジェフリー・ボウナス)。*Appreciations of Japanese Culture*(1971年)でウェイリーや平安時代の女性作家について意見を述べた Donald Keene(ドナルド・キーン)。そして *Murasaki Shikibu nikki*(紫式部日記、1996年)の翻訳がある Richard Bowring(リチャード・ボウリング)。以上の7人だ。

　These Horned Isles(1962年)での James Kirkup(ジェームス・カーカップ)の所見、Robin Duke(ロビン・デューク)の *The Pillow Book of Sei Shonagon*(清少納言の枕草子)1979年フォリオ版の序文、Janet Goff(ジャネット・ゴフ)著 *Noh Drama and the Tale of Genji*(1991年)、そして *Japanese Literature Reviewed*(2003年)における Donald Richie(ドナルド・リッチー)の見解もまた何よりも有益であった。

367

This book is dedicated to the memory of Edward Seidensticker, a legendary translator with the sharpest of wits and a keen sense of humor who was also a fine drinking companion. He finally fell with the cherry blossoms of his beloved Ueno Park one April day in 2007, just one year before the Genji millennium celebrations. He signed my copy of his *Genji Days* with the message "with one or two fine memories", and I can certainly say that I have one or two fine memories of working on this volume.

Finally, I would like to warmly thank Yūko Aotani, Atsushi Iguchi, Rō Kodama, and Jonathan Lloyd Owen for their suggestions and comments. I am also most grateful to Kyoko Kagawa and Mayuko Kurosaka of IBC for their enthusiasm and support, and to Yōko Toyozaki for her painstaking translation work and research.

Stuart Varnam-Atkin
Kanagawa, Japan, 2023

　本書はエドワード・サイデンステッカーの追憶に捧げる。きわめて鋭い機知とあふれるようなユーモア感覚を持つ伝説の翻訳家であり、良き飲み友だちでもあった。源氏物語千年紀を一年後に控えた2007年4月のある日、彼はついに愛する上野公園の桜とともに散ってしまった。私が持っていた彼の日記 *Genji Days* の一冊に「一度か二度のよき思い出と共に」とメッセージを書いてサインをくれた。このたび本書をまとめる作業に携わったことで、私には一つか二つのよき思い出がある。それは確かだ。

　最後に、青谷優子氏、井口篤氏、児玉朗氏、ジョナサン・ロイド・オーウェン氏には、貴重な助言やご意見をいただいた。心よりお礼を申し上げたい。また、IBCパブリッシングの賀川京子氏と黒坂真由子氏の熱意と支援、そして豊崎洋子氏の几帳面な翻訳とリサーチにも深く感謝している。

ステュウット ヴァーナム–アットキン
神奈川県、2023年

Word List

・本文で使われている語のうち、中学校レベル以外の全ての語を掲載しています。

・語形が規則変化する語の見出しは原形で示しています。不規則変化語は本文中で使われている形になっています。

・一般的な意味を紹介していますので、一部の語で本文で実際に使われている品詞や意味と合っていないことがあります。

・品詞は以下のように示しています。

名 名詞	代 代名詞	形 形容詞	副 副詞	動 動詞	助 助動詞	前 前置詞	接 接続詞	間 間投詞
冠 冠詞	略 略語	俗 俗語	熟 熟語	頭 接頭語	尾 接尾語	記 記号	関 関係代名詞

A

☐ **abandon** 图①自暴自棄 ②気まま, 奔放 動①捨てる, 放棄する ②(計画などを) 中止する, 断念する

☐ **abbot** 图僧綱 (そうごう)《僧尼・諸大寺を統括する役職》, 僧正 (そうじょう)《僧階の最高位》, 僧都 (そうず)《僧正に次ぐ僧綱》

☐ **abdicate** 動退位 [譲位] する, 放棄する

☐ **ability** 图①できること, (～する) 能力 ②才能

☐ **abound** 動①たくさんある ②(～に) 富む

☐ **about to**《be –》まさに～しようとしている, ～するところだ

☐ **above all** 何よりも

☐ **absence** 图欠席, 欠如, 不在

☐ **accept** 動①受け入れる ②同意する, 認める

☐ **accompany** 動①ついていく, つきそう ②(～に) ともなって起こる ③伴奏をする

☐ **according** 副《– to ～》～によれば [よると]

☐ **achievement** 图①達成, 成就 ②業績

☐ **acknowledgement** 图感謝, 謝辞

☐ **acquire** 動習得する, 身につける

☐ **across** 熟 come across ～に出くわす, ～に遭遇する look out across ～を見晴らす

☐ **act** 图行為, 行い 動①行動する ②機能する ③演じる

☐ **activity** 图活動, 活気

☐ **actual** 形実際の, 現実の

☐ **actually** 副実際に, 本当に, 実は

☐ **adaptation** 图①順応, 適応 ②脚色, 編曲

☐ **add** 動①加える, 足す ②足し算をする ③言い添える

☐ **addition** 图①付加, 追加, 添加 ②足し算 in addition 加えて, さらに

☐ **address** 图①住所, アドレス ②演説 動①あて名を書く ②演説をする, 話しかける ③(人を) ～と呼ぶ

☐ **admire** 動感心する, 賞賛する

☐ **admit** 動認める, 許可する, 入れる

☐ **adore** 動崇拝する, あこがれる, 深く愛する

☐ **adventure** 图冒険 動危険をおかす

☐ **advice** 图忠告, 助言, 意見

☐ **advise** 動忠告する, 勧める

☐ **adviser** 图①助言者, 忠告者, アドバイザー ②指導教官

☐ **aesthetic** 形美学の, 審美的な

☐ **aesthetics** 图美学

☐ **affair** 图①事柄, 事件 ②《-s》業務, 仕事, やるべきこと ③《love –》情事, 浮気

☐ **affect** 動①影響する ②(病気などが) おかす ③ふりをする 图感情, 欲望

☐ **affection** 图愛情, 感情

☐ **afraid** 熟 afraid of《be –》～を恐れる, ～を怖がる I'm afraid (that) 残念ながら～, 悪いけれど～

☐ **after** 熟 after a while しばらくして after all やはり, 結局 after that その後 look after ～の世話をする, ～に気をつける name after ～にちなんで名付ける

☐ **afterword** 图 (ふつうは著者以外の人による) あとがき

☐ **again and again** 何度も繰り返して

☐ **against** 副～に対抗して, ～に反対して, ～にさからって

☐ **aging** 图①老化, 高齢化 ②熟成 ③時効 形①年老いた ②老朽化した ③熟成した

☐ **ago** 熟 long ago ずっと前に, 昔

☐ **agreeable** 形①同意する ②感じのよい, 心地よい

☐ **agreement** 图①合意, 協定 ②一致

☐ **ah** 間《驚き・悲しみ・賞賛などを表して》ああ, やっぱり

☐ **ahh** 間《驚き・感嘆などを表して》ああ, おお

☐ **aim** 图ねらい, 目標

☐ **aisle** 图通路, 側廊

☐ **Akashi** 图明石《地名》

☐ **Akiko** 图 (藤原) 彰子 (988–1074)《紫式部の使えた中宮》(= Empress Shōshi)

☐ **Akiko Yosano** 与謝野晶子 (1878–1942)《歌人・作家》

☐ **alarmed** 形驚いて, 恐れて, 心配して

☐ **album** 图名作集, アルバム

☐ **alike** 副同様に

☐ **all** 熟 above all 何よりも after all やはり, 結局 all day 一日中, 明けても暮れても all kinds of さまざまな, あらゆる種類の all over ～の至る所で, 全て終わって, もうだめで all right よろしい, わかった, 承知した all the time ずっと, いつも, その間ずっと all the way はるばる at all《疑問文で》そもそも, 一体 first of all まず第一に in all 全部で not at all 少しも～でない not ～ at all 少しも [全然] ～ない sit up all night 徹夜する

☐ **all-female** 形全員女性の

☐ **all-important** 形極めて重要な

□ **allow** 動 ①許す,《 – … to ~》…が~するのを可能にする, …に~させておく ②与える

□ **allusion** 名 ほのめかし, 引用, 隠喩 (いんゆ)

□ **alone** 熟 all alone たった独りで leave ~ alone ~をそっとしておく, ~だけにする

□ **along** 熟 along with ~と一緒に, ~に加えて carry along 持ち運ぶ come along やって来る, 現れる move along ~に沿って動く

□ **aloof** 副 遠ざかって, 離れて 形 よそよそしい, 打ち解けない

□ **aloud** 副 大声で, (聞こえるように)声を出して

□ **alright** 副 よろしい, 申し分ない (= all right)

□ **although** 接 ~だけれども, ~にもかかわらず, たとえ~でも

□ **always** 熟 not always 必ずしも~であるとは限らない

□ **amazed** 動 amaze (びっくりさせる)の過去, 過去分詞 形 びっくりした, 驚いた

□ **amazement** 名 びっくりすること, 驚愕 stand in amazement あぜんとする, 驚きで固まる

□ **amazing** 動 amaze (びっくりさせる)の現在分詞 形 驚くべき, 見事な

□ **American** 形 アメリカ(人)の 名 アメリカ人

□ **Amida Buddha** 阿弥陀仏(あみだぶつ), 阿弥陀如来(あみだにょらい)《大乗仏教, 浄土教の仏。西方浄土の救主》

□ **amongst** 前 ~の間に[を・で]

□ **amorous** 形 ①多情な, 好色な ②恋の, 恋愛に関する

□ **amused** 形 おもしろがっている, 楽しそうな, 愉快になった

□ **amusing** 動 amuse (楽しませる)の現在分詞 形 楽しくさせる, 楽しい

□ **ancient** 形 昔の, 古代の

□ **and** 熟 and so そこで, それだから, それで and so on ~など, その他もろもろ and yet それなのに, それにもかかわらず

□ **and/or** 接 両方またはいずれか一方

□ **anger** 名 怒り

□ **Anglo-French** 名 アングロフランス語 形 アングロフランス語の, 英仏の

□ **anime** 名 (日本製)アニメ

□ **anniversary** 名 記念日, 記念祭 the first anniversary of someone's death ~の1周忌

□ **announce** 動 (人に)知らせる, 公表する

□ **annoy** 動 いらいらさせる[する]

□ **annoying** 形 人を悩ます, いらいらさせる

□ **annual** 形 年1回の, 例年の, 年次の 名 ①年報 ②一年生植物

□ **anonymous** 形 作者不明の, 匿名の

□ **another** 熟 one another お互い yet another さらにもう一つの

□ **anthology** 名 アンソロジー《一定の主題・形式などによる作品集》poetry anthology 詩集, 詩選集

□ **anticipate** 動 予測する, 見込む

□ **antique** 名 骨董(こっとう)品, アンティーク 形 古風な, 旧式の, 骨董の

□ **anxious** 形 ①心配な, 不安な ②切望して

□ **any** 熟 at any moment 今すぐにも in any way 決して, 多少なりとも not ~ any longer もはや~でない[~しない] than any other ほかのどの~よりも

□ **anybody** 代 ①《疑問文・条件節で》誰か ②《否定文で》誰も (~ない) ③《肯定文で》誰でも

□ **anyone** 代 ①《疑問文 条件節で》誰か ②《否定文で》誰も (~ない) ③《肯定文で》誰でも

□ **anything else** ほかの何か

□ **anyway** 副 ①いずれにせよ, ともかく ②どんな方法でも

□ **anywhere** 副 どこかへ[に], どこにも, どこへも, どこにでも

□ **ao** 青《色名》

□ **Aoi** 名 ①葵(あおい)(の上)《人名》②『葵』《『源氏物語』中の一帖》③《a-》葵《植物。アオイ科の総称》④《a-》葵《色目》

□ **Aoi Festival** 葵祭《京都の上賀茂・下鴨神社の祭礼。賀茂祭。北祭》

□ **apart** 副 ①ばらばらに, 離れて ②別にして, それだけで apart from ~を除いては

□ **apologize** 動 謝る, わびる

□ **appear** 動 ①現れる, 見えてくる ②(~のように)見える, ~らしい appear to ~するように見える

□ **appearance** 名 ①現れること, 出現 ②外見, 印象

□ **appoint** 動 〔~を〕任命する, 選任する

□ **appointment** 名 ①(会合などの)約束, 予約 ②任命, 指名

□ **appreciate** 動 ①正しく評価する, よさがわかる ②価値[相場]が上がる ③ありがたく思う

□ **appreciation** 名 ①正しい評価, 真価を認めること ②感謝

□ **approach** 動 ①接近する ②話を持ちかける 名 接近, (~へ)近づく道

□ **appropriate** 形 ①適切な, ふさわしい, 妥当

な ②特殊な, 特有の **動** ①割り当てる ②自分のものにする, 占有する

☐ **Arab** 图アラビア人, アラブ民族, アラブ **形** アラブ（人）の

☐ **Arashiyama** 图嵐山《地名》

☐ **archer** 图（弓の）射手, 弓張（ゆみはり）《弓を張る人》

☐ **archery** 图弓矢, 弓術

☐ **architecture** 图①建築（学）, 建築物（様式） ②構成, 構造

☐ **arguably** 副ほぼ間違いなく

☐ **argue** 動①論じる, 議論する ②主張する

☐ **aristocracy** 图貴族階級, 貴族政治

☐ **aristocrat** 图貴族, 特権階級の人

☐ **aristocratic** 形貴族の, 帰属的な

☐ **arm rest** 脇息（きょうそく）, ひじかけ

☐ **around** 熟 look around まわりを見回す move around あちこち移動する run around 走り回る rush around 走り回る walk around 歩き回る, ぶらぶら歩く

☐ **arrange** 動①並べる, 整える ②取り決める ③準備する, 手はずを整える

☐ **arrangement** 图①準備, 手配 ②取り決め, 協定 ③整頓, 配置

☐ **arrival** 图①到着 ②到達

☐ **arrive at** ～に着く

☐ **arrogant** 形尊大な, 傲慢な, 無礼な, 横柄な

☐ **Arthur Conan Doyle** アーサー・コナン・ドイル（1859–1930）《イギリスの作家》

☐ **Arthur Waley** アーサー・ウェイリー（1889–1966）《イギリスの東洋学者》

☐ **artist** 图芸術家

☐ **artistic** 形芸術的な, 芸術（家）の

☐ **as** 熟 as a result その結果（として） as far as ～する限り（では） as far as one can できるだけ as for［to］～に関しては, ～はどうかというと as if［though］まるで～のように as much as ～と同じだけ as soon as ～するとすぐ, ～するや否や as usual いつものように, 相変わらず as well なお, その上, 同様に as well as ～と同様に as you know ご存知のとおり as ～ as ever 相変わらず, これまでのように as ～ as one can できる限り～ as ～ as possible できるだけ～

☐ **As I Crossed a Bridge of Dreams** 『更級日記』《菅原孝標女（すがわらのたかすえのむすめ）の日記》（= Sarashina nikki/Lady Sarashina's diary）

☐ **asagao** 图①朝顔《植物》②《A-》朝顔［槿（あさがお）］《の宮》《人名》

☐ **Asaki yumemishi** あさきゆめみし《『源氏物語』を題材にした日本の漫画》

☐ **ash** 图①灰, 燃えかす ②《-es》遺骨, なきがら

☐ **ashamed** 形恥じた, 気が引けた,《be – of ～》～が恥ずかしい, ～を恥じている

☐ **aside** 副わきへ（に）, 離れて

☐ **ask for help** 助けを頼む

☐ **asleep** 形①眠って（いる状態の）②（手足が）しびれている 副①眠って, 休止して ②（手足が）しびれて **fall asleep** 眠り込む, 寝入る **fast asleep** ぐっすり眠っている

☐ **associate** 動①連合［共同］する, 提携する ②～を連想する ③交際する 图仲間, 組合員 形連合した

☐ **association** 图つながり, 関連（性）

☐ **assume** 動〔～と〕推測する, みなす

☐ **assure** 動①保障する, 請け負う ②確信をもって言う

☐ **at** 熟 at any moment 今すぐにも at first 最初は, 初めのうちは at first sight 一目見て at home 在宅して, くつろいで at last ついに, とうとう at least 少なくとも at length ついに, 長々と, 詳しく at once すぐに, 同時に at present 今のところ, 現在は at that moment その時に, その瞬間に at the end of ～の終わりに at the time そのころ, 当時は at this moment 現在のところ, 現時点では at this time 現時点では, このとき

☐ **atmosphere** 图①大気, 空気 ②雰囲気

☐ **attached** 動 attach（取りつける）の過去, 過去分詞 形①ついている, 結びついた,《be – to ～》～に未練［愛着］がある

☐ **attack** 動①襲う, 攻める ②非難する ③（病気が）おかす 图①攻撃, 非難 ②発作, 発病

☐ **attempt** 動試みる, 企てる 图試み, 企て, 努力 **make no attempt** ～しようとしない

☐ **attend** 動①出席する ②世話をする, 仕える ③伴う ④《– to ～》～に注意を払う, 専念する, ～の世話をする

☐ **attendant** 形つき添いの, 伴う 图つき添い人, 案内係, アテンダント, 女房《宮廷・貴族などに仕える女官》

☐ **attention** 图①注意, 集中 ②思いやり, 配慮

☐ **attract** 動①引きつける, 引く ②魅力がある, 魅了する

☐ **attraction** 图引きつけるもの, 魅力, 出し物, アトラクション

☐ **attractive** 形魅力的な, 愛嬌のある

☐ **audience** 图聴衆, 視聴者

☐ **authorship** 图著述業

□ **available** 形利用［使用・入手］できる，得られる

□ **avenue** 图《A-, Ave.》〜通り，〜条

□ **avidly** 副熱心に，夢中で

□ **avoid** 動避ける，（〜を）しないようにする

□ **await** 動待つ，待ち受ける

□ **awake** 動①目覚めさせる ②目覚める 形目が覚めて

□ **aware** 形①気がついて，知って ②（〜の）認識のある

□ **awareness** 图認識，自覚，意識性，気づいていること

□ **away** 熟 blow away 吹き払う，吹き飛ばす drive away 追い払う，追い散らす fade away 消えていく far away 遠く離れて from far away 遠くから get away 逃げる，離れる go away 立ち去る keep away from 〜から離れている，〜に近づかない lock away 隔離しておく look away 視線をそらす，横を向く move away 立ち去る pass away 亡くなる，死ぬ pull away 引き離す，もぎ取る right away すぐに run away 走り去る，逃げ出す slip away すり抜ける，こっそり去る，静かに立ち去る stay away from 〜から離れている take away 取り上げる，持ち去る turn away（顔を）そむける，横を向く work away せっせと働き続ける

□ **awful** 形①ひどい，不愉快な ②恐ろしい 副ひどく，とても

□ **awoke** 動 awake（目覚めさせる）の過去

B

□ **baby** 熟 have a baby 赤ちゃんを産む

□ **back** 熟 bring back 持ち帰る come back 戻る find one's way back 元の場所にたどり着く get one's strength back 元気を取り戻す go back to 〜に帰る［戻る］，〜に遡る hold back（事実・本心などを）隠す，（感情を）抑える push back 押し返す，押しのける take back 取り戻す，連れ戻す

□ **backgammon** 图バックギャモン，すごろく

□ **badly** 副①悪く，まずく，へたに ②とても，ひどく

□ **Bai Juyi** 白居易（772–846）《唐代中期の漢詩人》

□ **ballet** 图バレエ，バレエ団

□ **bamboo** 图竹（類），竹材 形竹の

□ **bamboo flute** 横笛（= yokobue）

□ **band** 图①ひも，帯 ②楽団，団（party）③縞模様

□ **bang** 图衝撃音，銃声，バン［ドスン・バタン］という音 動ドスンと鳴る，強く打つ

□ **banknote** 图紙幣

□ **bare** 形裸の，むき出しの 動裸にする，むき出しにする

□ **base** 图基礎，土台，本部 動《– on 〜》〜に基礎を置く，基づく

□ **basically** 副基本的には，大筋では

□ **basis** 图①土台，基礎 ②基準，原理 ③根拠 ④主成分 on a regular basis 日頃から，定期的に

□ **bathing** 動① bath（入浴する）の現在分詞 ② bathe（水浴する）の現在分詞 图入浴，水浴び，海水浴，水泳

□ **battle** 图戦い，争い 動戦う

□ **bear** 動①運ぶ ②支える ③耐える ④（子を）産む，（花・実を）つける 图①熊 ②（株取引で）弱気

□ **bear** 動〔植物が花・果実を〕生じる

□ **beard** 图あごひげ

□ **bearer** 图（手紙などの）持参人，運ぶ人

□ **beat** 動①打つ，鼓動する ②打ち負かす 图打つこと，鼓動，拍

□ **beautifully** 副美しく，立派に，見事に

□ **beauty** 图①美，美しい人［物］②《the –》美点

□ **because of** 〜のために，〜の理由で

□ **bed** 熟 get out of bed 起きる，寝床を離れる go to bed 床につく，寝る

□ **bedclothes** 图寝具

□ **bedding** 图寝具類

□ **bedroom** 图寝室

□ **beetle** 图甲虫，カブトムシ

□ **before** 熟 the night before 前の晩

□ **beginning** 動 begin（始まる）の現在分詞 图初め，始まり

□ **behave** 動振る舞う，行動する behave oneself 行儀よく振る舞う

□ **behavior** 图振る舞い，態度，行動

□ **behind** 前①〜の後ろに，〜の背後に ②〜に遅れて，〜に劣って 副①後ろに，背後に ②遅れて，劣って

□ **beholder** 图見る人

□ **belief** 图信じること，信念，信用

□ **bell** 图ベル，鈴，鐘 動①（ベル・鐘が）鳴る ②ベル［鈴］をつける

□ **bell-cricket** 图松虫《鈴虫の古名》

□ **belly** 图腹 動ふくらます，ふくらむ

□ **belong** 動《– to ~》~に属する，~のものである

□ **beloved** 名最愛の人 形最愛の，いとしい

□ **below** 前①~より下に ②~以下の，~より劣る 副下に[へ]

□ **belt** 名腰帯

□ **bend** 動曲がる，曲げる **bend one's head** 顔を伏せる

□ **beneath** 前~の下に[の]，~より低い 副下に，劣って

□ **benibana** 名末摘花，ベニバナ《植物》(= safflower/suetsumuhana)

□ **bent** 動bend (曲がる)の過去，過去分詞 形①曲がった ②熱中した，決心した **bent man** 腰の曲がった男 名(生まれつきの)好み，傾向

□ **Beowulf** 名『ベオウルフ』《古英語を用いた叙事詩。イギリス最古の文学作品の1つ》

□ **berry** 名ベリー《イチゴ，スグリなどの小果実》

□ **beside** 前①~のそばに，~と並んで ②~と比べると ③~とはずれて

□ **best** 熟**do one's best** 全力を尽くす

□ **better** 熟**feel better** 気分がよくなる **get better** (病気などが) 良くなる

□ **between A and B** AとBの間に

□ **beyond** 前~を越えて，~の向こうに 副向こうに

□ **Bible** 名①《the -》聖書 ②《b-》権威ある書物，バイブル

□ **bilingual** 形バイリンガルの，2言語を使いこなす 名2言語に通じた人

□ **bind** 動〔本などを〕製本する，装丁する

□ **biographical** 形伝記の

□ **Bird of Paradise** 《the –》迦陵頻伽 (かりょうびんが)《雪山または極楽にいるという，美しい声で鳴く伝説の鳥》

□ **birdsong** 名鳥の鳴き声

□ **birth** 名①出生，誕生 ②生まれ，起源，(よい)家柄 **give birth** 出産する **give birth to** ~を産む

□ **biscuit** 名ビスケット

□ **bit** 動bite (かむ)の過去，過去分詞 名①小片，少量 ②《a –》少し，ちょっと ③(情報量単位の)ビット

□ **bitter** 形①にがい ②つらい 副①にがく ②ひどく，激しく 名①にがさ ②苦しみ ③《-s》苦味ビール，ビターズ

□ **biwa** 名①《– (lute)》琵琶《楽器》②《Lake B-》琵琶湖《滋賀県にある日本最大の湖》③ビワ《果物》(= loquat (fruit)) ④《B- Manshion》

枇杷 (びわ) (殿)《藤原道長の邸宅》

□ **black-lacquered** 形黒(漆)塗りの

□ **blacken** 動黒くなる[する]

□ **blackened** 形黒くした，黒ずんだ **blackened teeth** お歯黒

□ **blame** 動とがめる，非難する 名①責任，罪 ②非難

□ **blank** 形①白紙の，からの ②うつろな，単調な 名空白，空虚

□ **blast** 名突風，ひと吹き 動①爆破する ②演奏する

□ **blew** 動blow (吹く)の過去

□ **blind** 形①視覚障害がある，目の不自由な ②わからない ③盲目的な 動①目をくらます ②わからなくさせる 名①《the –》視覚障害者 ②ブラインド，日よけ，御簾 (みす)，(牛車などの) 前簾 (まえすだれ) **bamboo blind(s)** 竹垣 **reed blind(s)** よしず，すだれ

□ **blood-colored** 形血の色をした

□ **bloom** 名①花，開花 ②若さ ③《the –》最盛期，真っ盛り **in full bloom** 満開で 動咲く，咲かせる

□ **blossom** 名花 動開花する

□ **blot** 名(インクなどの)しみ，汚れ，汚点 動しみをつける，汚す

□ **blow** 動①(風が)吹く，(風が)~を吹き飛ばす ②息を吹く，(鼻を)かむ ③破裂する ④吹奏する **blow away** 吹き払う，吹き飛ばす 名①(風の)ひと吹き，突風 ②(楽器の)吹奏 ③打撃

□ **blown** 動blow (吹く)の過去分詞

□ **Blue Ocean Waves** 『青海波 (せいがいは)』《舞楽の演目》

□ **bluish-gray** 名青鈍色《色名》

□ **bluish-green** 名青緑《色名》

□ **boar** 名①(去勢していない) 雄ブタ (の肉) ②イノシシ (の肉)

□ **board** 名①板，掲示板 ②委員会，重役会 **on board** (乗り物などに)乗って，搭乗して 動①乗り込む ②下宿する

□ **boating** 名舟遊び

□ **Bodhisattva** 名菩薩 (ぼさつ)

□ **boil** 動①沸騰する[させる]，煮える，煮る ②激高する 名沸騰

□ **boldness** 名大胆さ，厚かましさ

□ **bolt** 動施錠する，かんぬきを掛ける

□ **bond** 名①縛るもの，ひも ②結びつき，結束 ③《-s》束縛 ④契約，約定 ⑤保証 (人・金)，担保 ⑥債券，公債，社債，債務証書 ⑦接着，接着剤 動①担保に入れる，債券に振り替える ②保

証人になる, 保証する ③接着する[させる], 結合する

☐ **bone** 图①骨, 《-s》骨格 ②《-s》要点, 骨組み 動 (魚・肉) の骨をとる

☐ **boniness** 图骨張っていること[状態]

☐ **bony** 形①骨のような, 骨質の ②(人が) 骨太の, やせた

☐ **book** 熟in someone's good books 〜に気に入られて never judge a book by its cover 決して外見で判断しない

☐ **boom** 图①ブーンという音 ②ブーム, 急成長 動①ブーンとうなる ②急騰する

☐ **bore** 動①bear (耐える・有する) の過去 ②退屈させる ③穴があく, 穴をあける 图退屈な人 [もの], うんざりすること

☐ **boring** 動bore (退屈させる) の現在分詞 形うんざりさせる, 退屈な

☐ **boss** 图上司, 親方, 監督 動いばり散らす, こき使う

☐ **both A and B** AもBも

☐ **bother** 動悩ます, 困惑させる 图面倒, いざこざ, 悩みの種

☐ **bottle up** (怒りなどを) 抑える, 隠す

☐ **bottom** 图①底, 下部, すそ野, ふもと, 最下位, 根底 ②尻 形底の, 根底の

☐ **bough** 图大枝

☐ **bound** 動①bind (縛る) の過去, 過去分詞 ②跳びはねる ③境を接する, 制限する bound to 《be〜》きっと〜する, 〜する義務がある 形①縛られた, 束縛された ②《-for〜》〜行きの 图境界 (線), 限界

☐ **bounty** 图 (自然の) 恵み, 豊富に与えられるもの

☐ **bow** 動 (〜に) お辞儀する 图①お辞儀, えしゃく ②弓, 弓状のもの

☐ **bowstring** 图弓の弦

☐ **branch** 图①枝 ②支流, 支部 ③分家 動枝を広げる, 枝分かれする

☐ **brave** 形勇敢な 動勇敢に立ち向かう

☐ **brazier** 图火鉢

☐ **break away from** 〜と決別する, 〜から独立する

☐ **break through** (太陽・月などが) 雲間から顔を出す

☐ **breath** 图①息, 呼吸 ②《a-》(風の) そよぎ, 気配, きざし

☐ **breathe** 動①呼吸する, 息をつく ②休息する

☐ **breathing** 動breathe (呼吸する) の現在分詞 图①呼吸, 息づかい ②《a-》ひと息の間, ちょ

っとの間

☐ **breeze** 图そよ風 動 (風が) そよそよと吹く

☐ **brief** 形①短い時間の ②簡単な 图要点, 概要

☐ **briefly** 副短く, 簡潔に

☐ **brighten** 動輝かせる, 明るくなる, 快活にさせる

☐ **brightly** 副明るく, 輝いて, 快活に

☐ **bring** 熟bring back 持ち帰る bring out (物) をとりだす, 引き出す bring up (子供を) 育てる, しつける

☐ **British** 形①英国人の ②イギリス英語の 图英国人

☐ **bronze** 图ブロンズ, 青銅

☐ **brother-in-law** 图義理の兄弟

☐ **brothers-in-law** 图brother-in-law (義理の兄弟) の複数

☐ **brush** 图筆

☐ **bud** 图芽, つぼみ 動芽を出す, つぼみをつける

☐ **Buddha** 图仏陀, 釈迦《仏教の開祖》

☐ **Buddhism** 图仏教, 仏道, 仏法

☐ **Buddhist** 形仏教 (徒) の, 仏陀の 图仏教徒

☐ **building** 動build (建てる) の現在分詞 图建物, 建造物, ビルディング

☐ **bully** 動いじめる, おどす 图いじめっ子

☐ **bump** 图①衝突 (の音) ②こぶ, 隆起 動①ドスン[バン]と当たる ②ぶつかる, ぶつける bump into 〜とぶつかる, 〜にばったり出くわす

☐ **bunch** 图房, 束, 群れ bunch of 《a-》1束の

☐ **Bunraku** 图文楽, 人形浄瑠璃文楽

☐ **burst** 動①爆発する[させる] ②破裂する[させる] burst into tears 急に泣き出す burst out 〜ing 急に〜し出す 图①破裂, 爆発 ②突発

☐ **bury** 動うずめる, 隠す

☐ **Bushido** 图武士道

☐ **busily** 副忙しく, せっせと

☐ **business** 图考えるべきこと, 問題 That is your business. それはお前の問題だ。

☐ **by** 熟by chance 偶然, たまたま by no means 決して〜ではない by now 今のところ, 今ごろまでには by the time 〜する時までに by the way ところで, ついでに by then その時までに followed by その後に〜が続いて go by (時が) 過ぎる, 経過する pass by [時が] 過ぎ去る possessed by [with]《be-》〜にとらわれる troubled by《be-》〜に悩まされている

C

□ **calendar** 图カレンダー, 暦 lunar calendar 《the –》太陰暦 solar calendar《the –》太陽暦

□ **call** 熟call back 呼び戻す call for ~を求める call in ~を呼ぶ call on 呼びかける, 訪問する call out 呼び出す, 声を掛ける call out for ~に呼び声をかける call to ~に声をかける

□ **calligrapher** 图書道家, 達筆家

□ **calligraphic** 形書道についての

□ **calligraphy** 图①達筆 ②書道, 習字 (= Japanese calligraphy)

□ **calling** 動call (呼ぶ) の現在分詞 图①呼ぶこと ②召集, 呼び出し ③天職, 職業

□ **calm** 形穏やかな, 落ち着いた 图静けさ, 落ち着き 動静まる, 静める calm down 静まる, 落ち着く

□ **can** 熟as far as one can できるだけ as ~ as one can できる限り~ can do nothing どうしようもない can hardly とても~できない There is no way I can ~. できるはずもない。

□ **candle** 图ろうそく

□ **candlelight** 图ろうそくの明かり

□ **cannot help ~ing** ~せずにはいられない

□ **Canterbury Tales** 『カンタベリー物語』《チョーサーの物語詩》

□ **capital** 图①首都, 都 (みやこ) ②大文字 ③資本 (金) 形①資本の ②首都の ③最も重要な ④大文字の

□ **Capital of Peace and Tranquility** 《the –》平安京《794年から東京遷都の1869年までの帝都》(= Heian-kyō)

□ **care** 熟care about ~を気に掛ける care for ~の世話をする, ~を気にかける, ~を大事に思う take care of ~の世話をする, ~面倒を見る

□ **caretaker** 图管理人, 守衛, 世話人, 介護者

□ **carnation** 图①カーネーション《植物》②深紅色

□ **carpenter** 图大工

□ **carriage** 图①馬車, 台車, 牛車, 興 (こし) ②乗り物, 車

□ **carrot** 图ニンジン

□ **carry** 熟carry along 持ち運ぶ carry on ①(進み) 続ける ②持ち運ぶ carry ~ into the house ~を家の中に運び込む

□ **Casanova** 图女たらし, 浮気者

□ **cascade** 图小さな滝 動滝のように落ちる [流れる]

□ **case** 熟in case ~だといけないので, 万が一

in that case もしそうなら in the case of ~の場合は That wasn't the case. それは事実とは違った。そうではなかった。 That's never the case. あり得ない。全然そんなことはない [当てはまらない]。とんでもない。

□ **casual** 形①偶然の ②略式の, カジュアルな ③おざなりの

□ **catch on** ~に引っかかる

□ **catch sight of** ~を見つける, ~を見かける

□ **caterpillar** 图①いも虫, 毛虫 ②キャタピラー (式トラクター)

□ **cave** 图洞穴, 洞窟, (山腹の) 横穴, 洞窟に似たところ, 隠棲《俗世間を離れて住む静かな場所》

□ **caw** 图 (カラスなどの) カーと鳴く声 動 (カラスなどが) カーと鳴く

□ **cease** 動やむ, やめる, 中止する 图終止

□ **cedar** 图ヒマラヤスギ, レバノン杉

□ **ceiling** 图①天井 ②上限, 最高価格

□ **celebrate** 動①祝う, 祝福する ②祝典を開く

□ **celebrated** 動celebrate (祝う) の過去, 過去分詞 形名高い, 有名な

□ **celebration** 图祝賀 (会)

□ **center** 熟a life centered around ~を中心とした生活

□ **centimeter** 图センチメートル《長さの単位》

□ **ceremonial** 形儀式的な, 公式の

□ **ceremony** 图①儀式, 式典 ②礼儀, 作法, 形式ばること

□ **certain** 形①確実な, 必ず~する ②(人が) 確信した ③ある ④いくらかの 代 (~の中の) いくつか

□ **certainly** 副①確かに, 必ず ②《返答に用いて》もちろん, そのとおり, 承知しました

□ **challenge** 图①挑戦 ②課題, 難問, 努力目標 動①挑戦する ②喚起する ③異議を唱える

□ **chance** 熟by chance 偶然に

□ **chancellor** 图①大学総長 ②(オーストリア・ドイツの) 首相 ③大臣, 高官

□ **chant** 图①さえずり ②節をつけて唱える [歌う] こと 動節をつけて唱える [歌う], 詠唱する

□ **chaos** 图無秩序, 混乱状態

□ **chap** 图①あかぎれ ②やつ, 男

□ **chapel** 图礼拝堂, 仏間

□ **chapter** 图 (書物の) 章

□ **character** 图①特性, 個性 ②(小説・劇などの) 登場人物 ③文字, 記号 ④品性, 人格

□ **characteristic** 形特徴のある, 独特の 图特

徴, 特性, 特色, 持ち味

- □ **charge** 動①(代金を)請求する ②(〜を…に)負わせる ③命じる **in charge of** 〜を任されて, 〜を担当して 名①請求金額, 料金 ②責任 ③非難, 告発
- □ **Charles Dickens** 名チャールズ・ディケンズ (1812-70)《イギリスの小説家》
- □ **charm** 名①魅力, 魔力 ②まじない, お守り 動魅了する
- □ **charming** 形魅力的な, かわいらしい
- □ **chase** 動①追跡する, 追い[探し]求める ②追い立てる
- □ **chat** 動おしゃべりをする, 談笑する 名おしゃべり, 雑談
- □ **Chaucer** 名チョーサー(1340頃-1400)《イギリスの詩人》
- □ **check** 動①照合する, 検査する ②阻止[妨害]する ③(所持品を)預ける 名①照合, 検査 ②小切手 ③(突然の)停止, 阻止(するもの) ④伝票, 勘定書
- □ **cheek** 名ほお
- □ **cheer someone up** (人)を元気付ける
- □ **cheerful** 形上機嫌の, 元気のよい, (人を)気持ちよくさせる
- □ **cherry** 名サクランボ, 桜 **cherry blossom** 《通例blossoms》桜の花 **cherry blossom viewing** 花見
- □ **cherry-blossom-viewing** 花見
- □ **cherry-viewing party** 花見(会)
- □ **chess** 名チェス《西洋将棋》
- □ **chest** 名①大きな箱, 戸棚, たんす ②金庫 ③胸, 肺
- □ **chief** 名頭, 長, 親分 形最高位の, 第一の, 主要な
- □ **childhood** 名幼年[子ども]時代
- □ **childish** 形子どもっぽい, 幼稚な
- □ **China** 名①中国《国名》②《c-》陶磁器, 瀬戸物
- □ **Chinese** 形中国(人)の 名①中国人 ②中国語, 漢語
- □ **Chinese character** 漢字(= kanji)
- □ **Chinese poem** 漢詩
- □ **Chinese poetry** 漢詩
- □ **Chinese verse** 漢詩
- □ **Chinese zodiac** 《the-》十二支
- □ **chip** 名小片, 切り屑, 欠け 動①欠けさせる, 欠ける ②木を削る
- □ **choice** 名選択(の範囲・自由), えり好み, 選

ばれた人[物] 形精選した

- □ **cholera** 名《病理》コレラ
- □ **chorus** 名合唱(団・曲) **dawn chorus** 夜明けの鳥のさえずり
- □ **chrysanthemum** 名キク(菊)
- □ **chubby** 形丸々と太った
- □ **civilization** 名文明, 文明人(化)
- □ **claim** 動①主張する ②要求する, 請求する 名①主張, 断言 ②要求, 請求
- □ **clan** 名①氏族 ②一家, 一門
- □ **clap** 動(手を)たたく
- □ **clasp** 動しっかり握る, 握り締める, 抱擁する 名①しっかり握ること ②留め金
- □ **classic** 形古典的の, 伝統的な 名古典
- □ **classical** 形古典の, クラシックの
- □ **clear** 形①はっきりした, 明白な ②澄んだ ③(よく)晴れた 動①はっきりさせる ②片づける ③晴れる 副①はっきりと ②すっかり, 完全に
- □ **clearly** 副①明らかに, はっきりと ②《返答に用いて》そのとおり
- □ **clever** 形①頭のよい, 利口な ②器用な, 上手な
- □ **cleverly** 副①賢く, 巧妙に ②器用に, 上手に
- □ **cliff** 名断崖, 絶壁
- □ **climax** 名クライマックス, 最高潮, 絶頂
- □ **climb up on** 〜の上によじ登る
- □ **climbing** 動climb(登る)の現在分詞 名登ること, 登山
- □ **cloak** 名マント, 袖なし外とう, 袍(ほう)《外衣・上衣》, 直衣(のうし)
- □ **close to** 《be-》〜に近い
- □ **closed** 動close(閉まる)の過去, 過去分詞 形閉じた, 閉鎖した
- □ **closer** 形close(近い)の比較級
- □ **closet** 名棚, 物置, 押し入れ, 塗籠(ぬりごめ)《寝殿造りの一部に設けられた厚い壁で囲まれた部屋。寝所・納屋として用いられた》
- □ **clothing** 動clothe(服を着せる)の現在分詞 名衣類, 衣料品
- □ **co-curator** 名共同キュレーター
- □ **coast** 名海岸, 沿岸 動①滑降する ②(〜の)沿岸を航行する ③楽々とやり遂げる
- □ **coldly** 副冷たく, よそよそしく
- □ **coldness** 名冷たさ, 冷淡さ
- □ **collect** 動①集める, まとめる ②(人を)迎えに行く, 呼び寄せる, 取って[取りに]くる
- □ **Collected Works of William**

Shakespeare 《The – 》『シェイクスピア全集』
- ☐ **collection** 图収集, 収蔵物
- ☐ **collector** 图集める人, 収集家
- ☐ **colorful** 形①カラフルな, 派手な ②生き生きとした
- ☐ **coma** 图昏睡 (状態)
- ☐ **comb** 图くし 動 (髪を) くしですく
- ☐ **combination** 图①結合 (状態, 行為), 団結 ②連合, 同盟
- ☐ **come** 熟come across ～に出くわす, ～に遭遇する come along やって来る, 現れる come and ～しに行く come back 戻る come down 下りて来る, 田舎へ来る come for ～に向かって来る, ～を迎えに来る come in 中に入る, 出回る come into ～に入ってくる come off 取れる, はずれる come on さあ来なさい, 早く早く come out 出てくる, 姿を現す come over to ～にやって来る come running over to ～に駆け寄ってくる come up 近づいてくる, 階上に行く, 浮上する come upon〔考えなどが〕(人) に浮かぶ to come 来たるべき when it comes to ～ing ～するとなると
- ☐ **comfort** 图①快適さ, 満足 ②慰め ③安楽 動心地よくする, ほっとさせる, 慰める
- ☐ **comfortable** 形快適な, 心地いい, くつろいだ make oneself comfortable くつろぐ
- ☐ **comforting** 動comfort (心地よくする) の現在分詞 形元気づける, 慰めとなる
- ☐ **coming** 動come (来る) の現在分詞 形今度の, 来たるべき 图到来, 来ること
- ☐ **Coming-of-Age Ceremony** 元服の儀 《かつての男子の成人式にあたる儀式》
- ☐ **commander** 图司令官, 指揮官, 上官
- ☐ **comment** 图論評, 解説, コメント 動論評する, 注解する, コメントする
- ☐ **commonly** 副一般に, 通例
- ☐ **communication** 图伝えること, 伝導, 連絡, 交流
- ☐ **companion** 图①友, 仲間, 連れ ②添えもの, つきもの
- ☐ **compare** 動①比較する, 対照する ②たとえる
- ☐ **compassion** 图思いやり, 深い同情
- ☐ **complain** 動①不平 [苦情] を言う, ぶつぶつ言う ②(病状などを) 訴える
- ☐ **complete** 形完全な, まったくの, 完成した 動完成させる
- ☐ **completely** 副完全に, すっかり
- ☐ **complicated** 動complicate (複雑にする) の過去, 過去分詞 形①複雑な ②むずかしい, 困難な
- ☐ **compulsory** 形①強制的な ②義務の, 必修の
- ☐ **concept** 图①概念, 観念, テーマ ②(計画案などの) 基本的な方向
- ☐ **concern** 動①関係する,《be -ed in [with] ～》～に関係している ②心配させる,《be -ed about [for] ～》～を心配する 图①関心事 ②関心, 心配 ③関係, 重要性
- ☐ **concerned** 動concern (関係する) の過去, 過去分詞 形①関係している, 当事者の ②心配そうな, 気にしている
- ☐ **conclude** 動①終える, 完結する ②結論を下す
- ☐ **concubine** 图①内縁関係 ②内妻, 内縁関係にある人, 更衣 (こうい)《かつての帝の后妃の身分・称号》
- ☐ **condensed** 形縮約 [簡約] された
- ☐ **condition** 图①(健康) 状態, 境遇 ②《-s》状況, 様子 ③条件 動適応させる, 条件づける
- ☐ **confirm** 動確かめる, 確かにする
- ☐ **confused** 動confuse (混同する) の過去, 過去分詞 形困惑した, 混乱した
- ☐ **confusion** 图混乱 (状態)
- ☐ **connect** 動つながる, つなぐ, 関係づける
- ☐ **connected** 動connect (つながる) の過去, 過去分詞 形結合した, 関係のある
- ☐ **connection** 图①つながり, 関係 ②縁 (えにし), 縁故
- ☐ **consider** 動①考慮する, ～しようと思う ②(～と) みなす ③気にかける, 思いやる
- ☐ **considerably** 副かなり, 相当に
- ☐ **considering** 動consider (考慮する) の現在分詞 接～であることを考慮すれば
- ☐ **consist** 動①《– of ～》(部分・要素から) 成る ②《– in ～》～に存在する, ～にある
- ☐ **consort** 图 (国王・帝などの) 配偶者
- ☐ **constancy** 图不変 (性), 忠誠
- ☐ **constant** 形①絶えない, 一定の, 不変の ②不屈の, 確固たる 图定数
- ☐ **constantly** 副絶えず, いつも, 絶え間なく
- ☐ **consult** 動〔情報を得るために本・文献などを〕調べる, 参考にする
- ☐ **contain** 動①含む, 入っている ②(感情などを) 抑える
- ☐ **content** 图①《-s》中身, 内容, 目次 ②満足 形満足して 動満足する [させる]
- ☐ **contest** 图 (～を目指す) 競争, 競技 動反論

する, 争う

- □ **control** 動①管理［支配］する ②抑制する, コントロールする 图①管理, 支配（力）②抑制 **in control** ～を支配して, ～を掌握している
- □ **convenience** 图便利（さ）, 便利なもの, 利便性
- □ **conversation** 图会話, 会談
- □ **convey** 動伝達する, 伝える
- □ **conviction** 图①確信, 信念 ②有罪判決
- □ **coo** 图（ハトの）クークーという鳴き声 動ハトがクークー鳴く
- □ **cool down** 冷ます, 涼しくする
- □ **copy** 图①コピー, 写し ②（書籍の）一部, 冊, 一部 ③広告文 動写す, まねる, コピーする
- □ **corridor** 图廊下
- □ **cotton** 图①綿, 綿花 ②綿織物, 綿糸
- □ **cough** 图せき, せき払い 動せきをする
- □ **could** 熟Could I ～? ～してもよいですか。Could it be ～? ～かもしれない Could you ～? ～してくださいますか。If +《主語》+ could ～できればなあ《仮定法》could have done ～だったかもしれない《仮定法》
- □ **council** 图会議, 評議会, 議会
- □ **Council of State** 宰相（さいしょう）《帝を補佐する最高政務官》
- □ **count** 動①数える ②（～を…と）みなす ③重要［大切］である 图計算, 総計, 勘定
- □ **countless** 形無数の, 数え切れない
- □ **couple** 图①2つ, 対 ②夫婦, ひと組 ③数個 **couple of**《a –》2, 3の 動つなぐ, つながる, 関連させる
- □ **couplet** 图（詩の）対句, 2行連句
- □ **courage** 图勇気, 度胸
- □ **course** 熟of course もちろん, 当然
- □ **court** 图①中庭, コート ②法廷, 裁判所 ③宮廷, 宮殿
- □ **courtesan** 图〈フランス語〉高級売春婦, 花魁
- □ **courtier** 图廷臣
- □ **cover** 動①覆う, 包む, 隠す ②扱う,（～に）わたる, 及ぶ ③代わりを務める ④補う 图覆い, カバー
- □ **crack** 图①割れ目, ひび ②（裂けるような）鋭い音 動①ひびが入る, ひびを入れる, 割れる, 割る ②鈍い音を出す
- □ **crane** 图①ツル（鶴）②起重機
- □ **crash** 動①（人・乗り物が）衝突する, 墜落する ②大きな音を立ててぶつかる［壊れる］图①激突, 墜落 ②（壊れるときの）すさまじい音
- □ **create** 動創造する, 生み出す, 引き起こす
- □ **creation** 图創造［物］
- □ **creature** 图①（神の）創造物, 生物, 動物 ②《軽蔑や同情などの感情を伴って》やつ, もの, 人
- □ **crept** 動creep（はう）の過去, 過去分詞
- □ **cricket** 图①コオロギ ②クリケット《球技》
- □ **criticize** 動①非難する, あら探しをする ②酷評する ③批評する
- □ **crop** 图作物, 収穫 動収穫する, 刈り込む
- □ **crow** 图カラス（鳥）
- □ **crowd** 動群がる, 混雑する 图群集, 雑踏, 多数, 聴衆
- □ **crown** 图①冠 ②《the –》王位 ③頂, 頂上 **crown prince** 皇太子, 東宮［春宮］（とうぐう）動戴冠する［させる］
- □ **cruel** 形残酷な, 厳しい
- □ **crumble** 動粉々になる［する］, 崩れる, 砕く
- □ **cry** 熟cry out 叫ぶ, 大声を上げる let out a cry 声を上げる
- □ **cult** 图①カルト, 狂信的教団（の信者）②熱狂, 崇拝
- □ **cultural** 形文化の, 文化的な
- □ **cunning** 形ずるい, 狡猾な, だます 图狡猾さ, ずるさ
- □ **cure** 图治療, 治癒, 矯正 動治療する, 矯正する, 取り除く
- □ **curl** 图巻き毛, 渦巻状のもの 動①カールする, 巻きつく ②体を丸めて眠る
- □ **curtain** 图カーテン, 几帳（きちょう）《かつて用いられた間仕切りや目隠しに使う室内調度》
- □ **curtained** 形カーテン［幕・几帳（きちょう）など］で仕切られた
- □ **cushion** 图①クッション, 背［座］布団, 茵（しとね）《座布団などの敷物》②衝撃を和らげるもの 動衝撃を和らげる
- □ **cutting** 動cut（切る）の現在分詞 图①切ること, 裁断, カッティング ②（新聞などの）切り抜き,（挿し木用の）切り枝
- □ **cycle** 图①周期, 循環 ②自転車, オートバイ **go in cycles** 反復する, 繰り返す 動①循環する ②自転車に乗る

D

- □ **daily** 形毎日の, 日常の 副毎日, 日ごとに 图《-lies》日刊新聞
- □ **Daini-no-Sammi** 大弐三位（だいにのさんみ）（999頃–1082頃）《紫式部の娘》（= Kenshi）
- □ **damaged** 形被害にあった, 損傷した

□ **dancer** 图舞い手, 踊り子, ダンサー

□ **dancing** 動dance (踊る) の現在分詞 图ダンス, 舞踏

□ **dare** 動《-to ～》思い切って[あえて]～する 励思い切って[あえて]～する 图挑戦

□ **darken** 動暗くする[なる]

□ **darkness** 图暗さ, 暗やみ

□ **date back** (時を) さかのぼる

□ **daub** 動塗る, (絵を) 下手に描く 图①塗りつけられたもの, しみ, よごれ ②塗ること

□ **dawn** 图①夜明け ②《the-》初め, きざし 動①(夜が) 明ける ②(真実などが) わかり始める

□ **day** 熟**all day** 一日中, 明けても暮れても **every day** 毎日 **New Year's Day** 元日 **one day** (過去の) ある日, (未来の) いつか **the other day** 先日

□ **Day of the Boar** 《the-》亥の子 (いのこ) の日《陰暦10月の亥の日。秋の収穫を祝う亥の子の祝 (いわい) という祝いが行われる。無病息災を願って亥の子餅という餅を食べる》

□ **daylight** 图①日光, 昼の明かり, 昼間 ②夜明け

□ **dazzle** 動①目をくらませる,《be-d》目がくらむ ②きらきら輝く 图まぶしい光

□ **dead** 形《the-》死者

□ **deal** 動①分配する ②《-with [in]～》～を扱う 图①取引, 扱い ②(不特定の) 量, 額 **a good** [**great**] **deal** (**of ～**) かなり [ずいぶん・大量] (の～), 多額 (の～)

□ **dear** 形いとしい, 親愛なる, 大事な **dear to** (人) にとって大切な 間おや, まあ, なんてこと 《驚き・いらだち・失望などを表す》**my** (**dear**) **lady** 奥さま, 御方 [宮] さま, ～さま《女性への尊敬や親しみを込めた呼びかけ》

□ **dearest** 形dear (いとしい) の最上級

□ **dearly** 副とても, 心から

□ **death** 图①死, 死ぬこと ②《the-》終えん, 消滅 **the first anniversary of someone's death** ～の1周忌 **to death** 死ぬまで, 死ぬほど

□ **decide to do** ～することに決める

□ **decided** 動decide (決定する) の過去, 過去分詞 形はっきりした, 断固とした

□ **decision** 图①決心 ②決定, 判決 ③決断 (力)

□ **deck** 图 (船の) デッキ, 甲板, 階, 床

□ **declare** 動①宣言する ②断言する ③(税関で) 申告する

□ **decorate** 動飾る

□ **dedicate** 動捧げる, 奉納する, 献呈する

□ **dedicated** 動dedicate (捧げる) の過去, 過去分詞 形①献身的な, 熱心な ②専用の

□ **deeply** 副深く, 非常に

□ **deer** 图シカ (鹿)

□ **defeat** 動①打ち破る, 負かす ②だめにする 图①敗北 ②挫折

□ **defy** 動①拒む, 反抗する, 逆らう, 挑む ②《-+人+to ～》…に～しろと挑む

□ **degree** 图①程度, 階級, 位, 身分 ②(温度・角度の) 度

□ **delicate** 形①繊細な, 壊れやすい ②淡い ③敏感な, きゃしゃな

□ **delight** 動喜ぶ, 喜ばす, 楽しむ, 楽しませる 图喜び, 愉快

□ **delighted** 動delight (喜ぶ) の過去, 過去分詞 形喜んでいる, うれしそうな

□ **deliver** 動①配達する, 伝える ②達成する, 果たす

□ **demand** 動①要求する, 尋ねる ②必要とする 图①要求, 請求 ②需要

□ **demon** 图悪霊, 悪魔, 鬼

□ **demonstrate** 動立証する, 証明する

□ **departure** 图①出発, 発車 ②離脱

□ **depend** 動《-on [upon]～》①～を頼る, ～をあてにする ②～による, ～しだいである

□ **depict** 動①描写する ②言葉で表す, 伝える

□ **depiction** 图描写, 表現, 叙述

□ **depressed** 動depress (憂うつにする) の過去, 過去分詞 形がっかりした, 落胆した

□ **depth** 图深さ, 奥行き, 深いところ

□ **describe** 動 (言葉で) 描写する, 特色を述べる, 説明する

□ **deserted** 動desert (見捨てる) の過去, 過去分詞 形見捨てられた, 人影のない, さびれた

□ **deserved** 形〔受けた評価などが〕当然の, それだけの価値がある

□ **design** 動設計する, 企てる 图デザイン, 設計 (図)

□ **desire** 動強く望む, 欲する 图欲望, 欲求, 願望

□ **desolate** 形荒廃した, 住む人のいない

□ **desperate** 形①絶望的な, 見込みのない ②ほしくてたまらない, 必死の

□ **despite** 前～にもかかわらず

□ **destined** 形運命にある, 運命づけられた

□ **detail** 图①細部,《-s》詳細 ②《-s》個人情報 動詳しく述べる

□ **detailed** 動detail (詳しく述べる) の過去, 過

去分詞 形詳細な, 詳しい

☐ **determined** 動determine（決心する）の過去, 過去分詞 形決心した, 決然とした

☐ **develop** 動①発達する［させる］②開発する

☐ **devote** 動①（～を…に）捧げる ②《 – oneself to ～》～に専念する

☐ **dew** 名露, しずく 動露で濡らす, 露が降りる

☐ **dewdrop** 名露のしずく

☐ **dialogue** 名対話, 話し合い

☐ **diary** 名日記

☐ **Diary of Lady Murasaki** 《The – 》『紫式部日記』《紫式部の日記》（= Murasaki Shikibu nikki）

☐ **Dickens** 名《Charles – 》（チャールズ・）ディケンズ（1812-70）《イギリスの小説家》

☐ **die down** (風・騒ぎなどが)徐々にやむ［弱まる］

☐ **diet** 名①食べ物, 食事 ②食習慣 ③ダイエット, 食餌療法 ④国会, 議会, 正式な会議 形低カロリーの 動①ダイエットする, 食事制限をする ②食べ物を与える ③ダイエットさせる

☐ **different from** 《be》～と違う

☐ **dig** 動①掘る ②小突く ③探る 名①突き ②掘ること, 発掘

☐ **dignity** 名威厳, 品位, 尊さ, 敬意

☐ **dim** 形薄暗い, 見にくい

☐ **dip** 動①ちょっと浸す, さっとつける ②（値段などが）下がる 名ちょっと浸すこと, （スープなどの）ひとすくい

☐ **direction** 名①方向, 方角 ②《-s》指示, 説明書 ③指導, 指揮 **in all directions** 四方八方に

☐ **directional** 形方向の, 方向性の

☐ **directly** 副①じかに ②まっすぐに ③ちょうど

☐ **dirt** 名①汚れ, 泥, ごみ ②土 ③悪口, 中傷

☐ **dirty** 形①汚い, 汚れた ②卑劣な, 不正な 動汚す

☐ **disappear** 動見えなくなる, 姿を消す, なくなる

☐ **disappointed** 動disappoint（失望させる）の過去, 過去分詞 形がっかりした, 失望した

☐ **discard** 動捨てる, 放棄［遺棄］する

☐ **discomfort** 名不快（なこと）, 辛苦, つらさ

☐ **discuss** 動議論［検討］する

☐ **discussion** 名討議, 討論

☐ **disease** 名病気, 不健全な状態

☐ **disguise** 動変装する［させる］, 隠す **disguise oneself** 変装する **disguise with**

～と偽る 名変装（すること）, 見せかけ **in disguise** 変装して, 見せかけて, お忍びで

☐ **disgust** 動不愉快にさせる, うんざりさせる 名不快感, 嫌悪

☐ **dislike** 動嫌う 名反感, いや気

☐ **display** 動展示する, 示す 名展示, 陳列, 表出

☐ **distance** 名距離, 隔たり, 遠方 **in the distance** 遠方に **keep someone at a distance** （人）を遠ざける

☐ **distant** 形①遠い, 隔たった ②よそよそしい, 距離のある

☐ **distinction** 名①区別, 識別, 特徴 ②卓越, 著名, 優遇 **～ of distinction** 有名な～, 身分の高い～, 気品ある～

☐ **distinguished** 動distinguish（見分ける）の過去, 過去分詞 形顕著な, 優れた, 著名な, 気品のある

☐ **distress** 名悩み, 苦痛, 疲労 動悩ませる

☐ **distrlbute** 動分配する, 広げる

☐ **distribution** 名①分配 ②配布, 配給 ③流通 ④分布, 区分

☐ **disturb** 動①かき乱す, 妨げる ②不安にさせる, 動揺させる

☐ **divide** 動分かれる, 分ける, 割れる, 割る

☐ **dizzy** 形めまいがする, 目が回る, くらくらする **have dizzy spells** めまいがする

☐ **do** 熟 **do one's best** 全力を尽くす **do without** ～なしでやっていく **do ～ good** ～のためになる

☐ **doing** 熟 **enjoy doing** ～するのを楽しむ **finish doing** ～するのを終える **go doing** ～をしに行く **start doing** ～し始める **stop doing** ～するのをやめる

☐ **don't** 熟 **don't have to** ～する必要はない **Why don't you ～?** ～したらどうだい, ～しませんか

☐ **Donald Keene** ドナルド・キーン（1922-2019）《アメリカの日本学者》

☐ **Donald Richie** ドナルド・リッチー（1924-2013）《アメリカの映画批評家》

☐ **done** 熟 **could have done** ～だったかもしれない《仮定法》**should have done** ～すべきだった（のにしなかった）《仮定法》

☐ **doomed** 形運の尽きた

☐ **door** 熟 **next door to** ～の隣に

☐ **door panel** 板戸, （戸の）羽目板

☐ **doorway** 名戸口, 玄関, 出入り口

☐ **double** 形①2倍の, 二重の ②対の 副①2倍に ②対で 動①2倍になる［する］②兼ねる

□ **doubly** 副二重に

□ **doubt** 名疑い, 不確かなこと **no doubt** 疑うことなく, 間違いなく 動疑う

□ **dove** 名ハト(鳩)

□ **down** 熟**calm down** 静まる, 落ち着く **come down** 下りて来る, 田舎へ来る **cool down** 冷ます, 涼しくする **down there** 下の方で[に] **go down** 下に降りる **lay down** 下に置く, 横たえる **lie down** 横たわる, 横になる **look down** 見下ろす **look down at** 〜に目[視線]を落とす **look down on** 〜を見下ろす **roll down** 〜を下げる, 下ろす **run up and down** かけずり回る **up and down** 上がったり下がったり, 行ったり来たり, あちこちと

□ **Downton Abbey** ダウントン・アビー《イギリスの時代劇テレビドラマ》

□ **downtown** 副商業地区[繁華街]へ 形商業地区[繁華街]の 名街の中心, 繁華街

□ **dozen** 名1ダース, 12(個)

□ **draft** 名①下書き, 草稿 ②図案, 下絵 ③徴兵, (野球の)ドラフト制度 動①起草する, 下絵を描く ②徴集する

□ **drag** 動①引きずる ②のろのろ動く[動かす] 名①引きずること ②のろのろすること

□ **drama** 名劇, 演劇, ドラマ, 劇的な事件

□ **dramatist** 名劇作家

□ **draw up** 引き上げる

□ **drawing** 動draw(引く)の現在分詞 名①素描, 製図 ②引くこと

□ **drawn** 動draw(引く)の過去分詞

□ **dreaded** 形非常に恐ろしい, 恐怖を起こさせる

□ **dream of** 〜を夢見る

□ **dress** 動(髪を)とかす, 結う

□ **dressing** 動dress(服を着る)の現在分詞 名①ドレッシング ②着付け, 衣装 ③手当て, 手入れ, 下ごしらえ

□ **drew** 動draw(引く)の過去

□ **dried** 動dry(乾燥する)の過去, 過去分詞 形乾燥した

□ **drift** 動漂う, 放浪する **drift home** 寝屋へと向かってちりぢりになる **drift into** いつのまにか〜する 名漂流

□ **drive away** 追い払う, 追い散らす

□ **driven** 動drive(車で行く)の過去分詞

□ **droop** 動①(だらりと)垂れる, 垂らす ②うなだれる, 衰える

□ **drove** 動drive(車[馬車・牛車・台車]で行く, 追いやる)の過去

□ **drunkenness** 名〔酒などで〕酔っていること, 酩酊状態

□ **due** 形予定された, 期日のきている, 支払われるべき **due to** 〜によって, 〜が原因で, 〜に払うべき 名当然の権利

□ **duke** 名公爵

□ **dull** 形退屈な, 鈍い, くすんだ, ぼんやりした 動鈍くなる[する]

□ **dung** 名(牛馬の)糞

□ **dusk** 名夕闇, 薄暗がり 形暮れかかった, 薄暗い

□ **dust** 名ちり, ほこり, ごみ, 粉 動ちり[ほこり]を払う

□ **duty** 名①義務(感), 責任 ②職務, 任務, 関税

□ **dye** 動染める, 染まる 名染料

E

□ **e-maki** 名絵巻(物)

□ **e.g.** 略《ラテン語》たとえば(= exempli gratia)

□ **each other** お互いに

□ **eager** 形①熱心な ②《be – for 〜》〜を切望している, 《be – to 〜》しきりに〜したがっている

□ **earth** 熟**why on earth** いったいどうして

□ **easily** 副①容易に, たやすく, 苦もなく ②気楽に

□ **East Wing** 《the – 》東の対(たい)《寝殿造りで, 寝殿に対して東側につくった別棟》

□ **east-west** 形東西(間)の

□ **eastern** 形①東方の, 東向きの ②東洋の, 東洋風の

□ **easy-to-understand** 形〔説明・方法などが〕理解しやすい

□ **eccentric** 形常軌を逸した, 普通でない

□ **Echizen** 名越前《旧国名》

□ **echo** 名こだま, 反響 動反響させる[する]

□ **edge** 名①刃 ②端, 縁 動①刃をつける, 鋭くする ②縁どる, 縁に沿って進む

□ **edition** 名(本・雑誌などの)版

□ **Edo Period** 江戸時代(1603–1868)

□ **educate** 動教育する, (〜するように)訓練する

□ **educated** 動educate(教育する)の過去, 過去分詞 形教養のある, 教育を受けた

□ **education** 名教育, 教養

□ **Edward Seidensticker** エドワード・サイデンステッカー(1921–2007)《アメリカの日本

学者》

- [ ] **effect** 名①影響, 効果, 結果 ②実施, 発効 **in effect** 有効な, 事実上 動もたらす, 達成する
- [ ] **effort** 名努力(の成果)
- [ ] **eighteenth** 名第18番目(の人[もの]), 18 日 形第18番目の
- [ ] **Eighth Month** 《the-》8月, 葉月(はづき) 《陰暦8月の別名》
- [ ] **either A or B** AかそれともB
- [ ] **elder** 形年上の, 年長の
- [ ] **eldest** 形最年長の
- [ ] **elegance** 名優雅さ, 上品さ
- [ ] **elegant** 形上品な, 優雅な
- [ ] **elegantly** 副優雅に, 上品に
- [ ] **element** 名要素, 成分, 元素
- [ ] **Eleventh Month** 《the-》11月, 霜月(しもつき)《陰暦11月の別名》
- [ ] **else** 熟anything else ほかの何か
- [ ] **elsewhere** 副どこかほかの所で[へ]
- [ ] **embarrassment** 名当惑, 困惑, きまり悪さ
- [ ] **embroidery** 名刺しゅう(品), 装飾
- [ ] **emerged** 動emerge(現れる, 身を起こす) の過去形
- [ ] **emotion** 名感激, 感動, 感情
- [ ] **emperor** 名《通例the E-》皇帝, 天皇, 帝(みかど), 主上(おかみ・うえ)
- [ ] **Emperor Suzaku** 朱雀帝《人名》
- [ ] **emphasis** 名強調, 強勢, 重要性
- [ ] **empress** 名《通例the E-》女帝, 皇后, 女王 **official Empress** 皇后, 中宮《帝の嫡妻(ちゃくさい)》
- [ ] **Empress Shōshi** (藤原)彰子(988–1074) 《紫式部の使えた中宮》(= Akiko)
- [ ] **empty** 動からになる[する]
- [ ] **encapsulate** 動要約する
- [ ] **enclosure** 名囲い込み, 囲い地, 御座(ござ) 《帝や貴人の, 御簾(みす)などで隔てられた席・場所》
- [ ] **encounter** 動(思いがけなく)出会う, 遭う 名遭遇, (思いがけない)出会い
- [ ] **encourage** 動①勇気づける ②促進する, 助長する, ~するよう勧める
- [ ] **end** 熟at the end of ~の終わりに **in the end** とうとう, 結局, ついに
- [ ] **energized** 形励まされた, やる気にあふれた
- [ ] **England** 名①イングランド ②英国
- [ ] **enjoy doing** ~するのを楽しむ
- [ ] **enough** 熟enough to do ~するのに十分な **sure enough** 思ったとおり, 確かに
- [ ] **enquire** 動《- of ~》~に尋ねる(= inquire)
- [ ] **Enryakuji Temple** 延暦寺《滋賀県にある天台宗の総本山。山号(さんごう)は比叡山(ひえいざん)》
- [ ] **ensure** 動確かにする, 確実にする
- [ ] **entangle** 動①もつれさせる, 絡ませる ②〔人をトラブルなどに〕巻き込む
- [ ] **entertainment** 名①楽しみ, 娯楽 ②もてなし, 歓待
- [ ] **enthusiasm** 名情熱, 熱意, 熱心
- [ ] **entire** 形全体の, 完全な, まったくの
- [ ] **epidemic** 名(病気の)流行, 伝染病, 疫病 形流行している, 伝染性の
- [ ] **episode** 名①挿話, 出来事 ②(テレビ番組の) 1回放映分 ③(シリーズ物の)第~話
- [ ] **equivalent** 形①同等の, 等しい ②同意義の 名同等のもの, 等価なもの
- [ ] **er** 間ああ, あのう, ええと
- [ ] **era** 名時代, 年代, 元号
- [ ] **erect** 形直立した, 垂直の 動①直立させる ②建設する
- [ ] **erupt** 動噴火する, 爆発[噴出]する[させる]
- [ ] **escape** 動逃げる, 免れる, もれる 名逃亡, 脱出, もれ
- [ ] **essence** 名①本質, 真髄, 最重要点 ②エッセンス, エキス
- [ ] **essential** 形本質的な, 必須の 名本質, 要点, 必需品
- [ ] **etc** 略~など, その他(= et cetera)
- [ ] **eternally** 副①永久に, 絶えず, 変わりなく ②いつも, しょっちゅう
- [ ] **etiquette** 名エチケット, 礼儀(作法)
- [ ] **Europe** 名ヨーロッパ
- [ ] **European** 名ヨーロッパ人 形ヨーロッパ (人)の
- [ ] **evaluate** 動評価[審査・判断]する
- [ ] **even if** たとえ~でも
- [ ] **even though** たとえ~でも, ~にもかかわらず
- [ ] **evening face** 夕顔《植物》(= yūgao)
- [ ] **eventually** 副結局は
- [ ] **ever** 熟as ~ as ever 相変わらず, これまでのように **ever since** それ以来ずっと **for ever** 永久に, 長い間
- [ ] **evergreen** 名常緑樹 形常緑の
- [ ] **everlasting** 形永遠の, 不朽の, 永遠に続く

385

名永遠
- [ ] **every day** 毎日
- [ ] **every time** 〜するときはいつも
- [ ] **everyday** 形毎日の, 日々の
- [ ] **everyone** 代誰でも, 皆
- [ ] **everything** 代すべてのこと［もの］, 何でも, 何もかも
- [ ] **everywhere** 副どこにいても, いたるところに
- [ ] **evil** 形①邪悪な ②有害な, 不吉な 名①邪悪 ②害, わざわい, 不幸 副悪く
- [ ] **evil spirit** 悪霊
- [ ] **example** 熟for example たとえば
- [ ] **excellent** 形優れた, 優秀な
- [ ] **excited** 動excite（興奮する）の過去, 過去分詞 形興奮した, わくわくした
- [ ] **excitement** 名興奮（すること）
- [ ] **exciting** 動excite（興奮する）の現在分詞 形興奮させる, わくわくさせる
- [ ] **exclaim** 動①（喜び・驚きなどで）声をあげる ②声高に激しく言う
- [ ] **excuse** 動勘弁［容赦］する
- [ ] **exercise** 名①運動, 体操 ②練習 動①運動する, 練習する ②影響を及ぼす
- [ ] **exhausted** 動exhaust（ひどく疲れさせる）の過去, 過去分詞 形疲れ切った, 消耗した
- [ ] **exhibition** 名展示［展覧］会, 見本市
- [ ] **exile** 名追放（者）, 亡命（者） 動追放する
- [ ] **exist** 動存在する, 生存する, ある, いる
- [ ] **exorcism** 名悪魔払い, 物の怪払い, 祈祷（きとう）
- [ ] **expect** 動予期［予測］する, （当然のこととして）期待する
- [ ] **experimental** 形実験の, 試験的な
- [ ] **expert** 名専門家, 熟練者, エキスパート 形熟練した, 専門の
- [ ] **explanation** 名①説明, 解説, 釈明 ②解釈, 意味
- [ ] **explode** 動①爆発する［させる］ ②（感情が）ほとばしる, 突然〜し出す
- [ ] **exposure** 名①さらされる ②暴露, 暴くこと
- [ ] **express** 動表現する, 述べる 形①明白な ②急行の 名速達便, 急行列車 副速達で, 急行で
- [ ] **expression** 名①表現, 表示, 表情, 調子 ②言い回し, 語句
- [ ] **exquisite** 形この上なくすばらしい, 非常に美しい, 気品のある
- [ ] **extract** 動抜粋する, 抽出する 名抽出したもの
- [ ] **extraordinary** 形異常な, 並はずれた, 驚くべき
- [ ] **extremely** 副非常に, 極度に
- [ ] **eyebrow** 名眉（まゆ）

F

- [ ] **fabric** 名①織物, 生地 ②構造
- [ ] **face-to-face** 副面と向かって, 直接に
- [ ] **fact** 熟in fact つまり, 実は, 要するに
- [ ] **fade** 動①しぼむ, しおれる ②色あせる, 衰える fade away 消え失せる, だんだんと弱っていく
- [ ] **failed** 動fail（失敗する）の過去, 過去分詞 形失敗した
- [ ] **faint** 形かすかな, 弱い, ぼんやりした 動気絶する 名気絶, 失神
- [ ] **faintly** 副かすかに, ぼんやりと, ほのかに, 力なく
- [ ] **fair** 形①正しい, 公平［正当］な ②快晴の ③色白の, 金髪の ④かなりの ⑤《古》美しい 副①公平に, きれいに ②見事に
- [ ] **faithful** 形①誠実な, 貞節な ②忠実な, 正確な
- [ ] **faithfully** 副忠実に, 正確に
- [ ] **fall** 熟fall asleep 眠り込む, 寝入る fall in love with 恋におちる fall on 〜に降りかかる fall upon 〜の上にかかる
- [ ] **fallen** 動fall（落ちる）の過去分詞 形落ちた, 倒れた
- [ ] **false** 形うその, 間違った, にせの, 不誠実な 副不誠実に
- [ ] **fame** 名評判, 名声
- [ ] **familiar** 形①親しい, 親密な ②《be – with 〜》〜をよく知っている, 〜と親しい ③普通の, いつもの, おなじみの
- [ ] **family** 名①家族 ②仲間, 一団 family tree 家系図, 系譜 large family 大家族, 大所帯
- [ ] **famous for** 《be – 》〜で有名である
- [ ] **fan** 名うちわ, 扇子, 扇
- [ ] **fantasy** 名空想, 夢想 動空想する
- [ ] **far** 熟as far as 〜する限り（では） as far as one can できるだけ far away 遠く離れて far from 〜から遠い, 〜どころか far side 向こう側, 反対側 from far away 遠くから so far 今までのところ, これまでは
- [ ] **farewell** 名別れ, 別れのあいさつ, 送別会 間さようなら, ごきげんよう

☐ **farming** 動 farm（耕作する）の現在分詞 名 農業, 農作業

☐ **fascinating** 動 fascinate（魅惑する）の現在分詞 形 魅惑的な, うっとりさせるような

☐ **fashion** 名 ①流行, 方法, はやり ②流行のもの（特に服装）**in fashion** 流行して, はやって

☐ **fast asleep** ぐっすり眠っている

☐ **fat** 形 ①太った ②脂っこい ③分厚い 名 脂肪, 肥満

☐ **fate** 名 ①《時に F-》運命, 宿命 ②破滅, 悲運 動 （〜の）運命にある

☐ **father-in-law** 名 義理の父

☐ **fear** 名 ①恐れ ②心配, 不安 動 ①恐れる ②心配する

☐ **feather** 名 羽, 《-s》羽毛 **two birds of a feather** 比翼の鳥《雌雄それぞれが1つの翼しか持たず, 常に2羽そろって飛ぶという空想上の鳥。男女の一心同体の仲を表すたとえとして用いられる》

☐ **feature** 名 ①特徴, 特色 ②顔の　部, 《-s》顔立ち ③（ラジオ・テレビ・新聞などの）特集 動 ①（〜の）特徴になる ②呼び物にする

☐ **feel** 動 **feel better** 気分がよくなる **feel for** 〜に同情する **feel like 〜ing** 〜したい気がする, 〜のような感じがする **feel sorry for** 〜をかわいそうに思う

☐ **feeling** 動 feel（感じる）の現在分詞 名 ①感じ, 気持ち ②触感, 知覚 ③同情, 思いやり, 感受性 形 感じる, 感じやすい, 情け深い

☐ **female** 形 女性の, 婦人の, 雌の 名 婦人, 雌

☐ **fence** 名 囲み, さく, 木戸 動 さくをめぐらす, 防御する

☐ **ferocious** 形 どう猛な, 残忍な

☐ **fertility** 名 肥沃さ, 繁殖力, 豊かさ

☐ **fever** 名 ①熱, 熱狂 ②熱病 動 発熱させる, 熱狂させる

☐ **few** 熟 **quite a few** かなり多くの

☐ **Fifth Month** 《the –》5月, 皐月（さつき）《陰暦5月の別名》

☐ **Fifth Ward** 《the –》五条《地区》

☐ **fight** 熟 **get into a fight** けんかになる

☐ **figure** 名 ①人［物］の姿, 形 ②図（形）③数字 動 ①描写する, 想像する ②計算する ③目立つ, （〜として）現れる **figure out**（問題などを）解く, 理解する

☐ **fill** 動（条件などを）満たす **fill that role** その役割を担う［にふさわしい］**filled with**《be –》〜でいっぱいになる

☐ **filter** 名 濾過（ろか）器, フィルター 動 濾過する, フィルターを通る

☐ **final** 形 最後の, 決定的な 名 ①最後のもの ②期末［最終］試験 ③《-s》決勝戦

☐ **find** 熟 **find one's way** たどり着く **find one's way back** 元の場所にたどり着く **find out** 見つけ出す, 知る, 調べる

☐ **finding** 動 find（見つける）の現在分詞 名 ①発見 ②《-s》発見物, 調査結果 ③《-s》認定, 決定, 答申

☐ **finest** 形 fine（優れた, 上質の）の最上級

☐ **finish doing** 〜するのを終える

☐ **finished** 動 finish（終わる）の過去, 過去分詞 形 ①終わった, 仕上がった ②洗練された ③もうだめになった

☐ **firefly** 名 蛍（ホタル）

☐ **firmly** 副 しっかりと, 断固として

☐ **first** 熟 **at first** 最初は, 初めのうちは **at first sight** 一目見て **first of all** まず第一に

☐ **First Month** 《the –》1月, 睦月（むつき）《陰暦1月の別名》

☐ **First Ward** 《the –》一条《区画・大路》

☐ **fisherman** 名 漁師,（趣味の）釣り人

☐ **fishermen** 名 fisherman（漁師）の複数形

☐ **fishing** 動 fish（釣りをする）の現在分詞 名 釣り, 魚業 形 釣りの, 漁業の

☐ **fit** 形 ①適当な, 相応な ②体の調子がよい 動 合致［適合］する, 合致させる 名 発作, けいれん, 一時的興奮

☐ **fixed** 動 fix（固定する）の過去, 過去分詞 形 ①固定した, ゆるぎない ②八百長の

☐ **flare** 動 めらめら［ゆらゆら］と燃える, パッと燃え上がる 名 ゆらめく炎, 照明装置, 張り出し, ふくらみ

☐ **flash** 名 閃光, きらめき 動 ①閃光を発する ②さっと動く, ひらめく **flash back**（記憶などが）突然戻る

☐ **flat** 形 ①平らな ②しぼんだ, 空気の抜けた 副 ①平らに, 平たく ②きっかり 名 ①平面, 平地 ②アパート

☐ **flavor** 名 風味, 味わい, 趣 動 風味を添える

☐ **flexible** 形 ①（物が）曲がりやすい, しなやかな ②（考えなどが）柔軟性のある, 順応性のある ③（予定・計画などが）融通のきく ④弾力的な, 可塑性のある

☐ **flickering** 形 ちらつく, ゆらめく

☐ **float** 動 浮かぶ, 浮く

☐ **flock** 名（羊・鳥などの）群れ, 群集 動 集まる, 群がる

☐ **flood** 名 ①洪水 ②殺到 動 ①氾濫（はんらん）する［させる］②殺到する

387

☐ **flout** 動軽蔑する, 逆らう

☐ **flow** 動流れ出る, 流れる, あふれる 名①流出 ②流ちょう（なこと）

☐ **flowing** 形①流れるような ②ゆるやかに垂れ下がった ③あふれんばかりの

☐ **fluency** 名流ちょうさ

☐ **flute** 名フルート, 横笛《楽器》

☐ **focus** 名①焦点, ピント ②関心の的, 着眼点 ③中心 動①焦点を合わせる ②（関心・注意を）集中させる

☐ **folio** 名《印刷》二つ折り本, フォリオ

☐ **folk** 名①（生活様式を共にする）人々 ②《one's -s》家族, 親類 形民間の, 民衆の

☐ **folktale** 名民話

☐ **followed by** その後に～が続いて

☐ **following** 動follow（ついていく）の現在分詞 形《the – 》次の, 次に続く 名《the – 》下記のもの, 以下に述べるもの

☐ **fond** 形①《be – of ～》～が大好きである ②愛情の深い, 深く愛する

☐ **foot** 熟on foot 歩いて

☐ **footstep** 名足音, 歩み follow in the footsteps of ～の跡を継ぐ

☐ **for** 熟for a moment 少しの間 for a while しばらくの間, 少しの間 for ever 永久に, 長い間 for example たとえば for long 長い間 for oneself 独力で, 自分で for some reason どういうわけか for some time しばらくの間 for sure 確かに for the rest of life 死ぬまで for ～ years ～年間, ～年にわたってする

☐ **force** 名力, 勢い 動①強制する, 力ずくで～する, 余儀なく～させる ②押しやる, 押し込む

☐ **forehead** 名ひたい

☐ **forget to do** ～することを忘れる

☐ **forgive** 動許す, 免除する

☐ **forgiven** 動forgive（許す）の過去分詞

☐ **forgotten** 動forget（忘れる）の過去分詞

☐ **forlorn** 形あわれな, わびしい

☐ **form** 名①形, 形式 ②書式 take form（物事が）形をとる, 具体化する 動形づくる

☐ **formal** 形正式の, 公式の, 形式的な, 格式ばった

☐ **former** 形①前の, 先の, 以前の ②《the – 》（二者のうち）前者の

☐ **fortunately** 副幸運にも

☐ **fortune-teller** 名占い師, 易者

☐ **forward** 形①前方の, 前方へ向かう ②将来の ③先の 副①前方に ②将来に向けて ③先へ, 進んで look forward to ～［～ing］ ～を期待

する

☐ **fourteenth** 名第14番目（の人［物］）, 14日 形第14番目の

☐ **Fourth Month** 《the – 》4月, 卯月（うづき）《陰暦4月の別名》

☐ **fox** 名キツネ

☐ **fragrance** 名芳香

☐ **freedom** 名①自由 ②束縛がないこと

☐ **freezing** 形凍えるように寒い

☐ **frequent** 形ひんぱんな, よくある 動よく訪れる, 交際する

☐ **friendlier** 形friendly（親切な）の比較級

☐ **friendly** 形親しみのある, 親切な, 友情のこもった 副友好的に, 親切に

☐ **fright** 名恐怖, 激しい驚き

☐ **frightened** 形脅えた, 怖がった, 驚いた

☐ **frightening** 形ぎょっとするような, 恐ろしい, 怖い

☐ **frog** 名カエル

☐ **from** 熟from far away 遠くから from now on これからは, 今からはずっと from ～ to … ～から…まで

☐ **front** 熟in front of ～の前に, ～の正面に

☐ **frost** 名霜

☐ **frozen** 動freeze（凍る）の過去分詞 形①凍った ②冷淡な

☐ **fuji** 名①藤（の花）《植物》 ②《Mt. F-》富士山《静岡県と山梨県にまたがる山》

☐ **Fujitsubo** 名①《Princess – /Empress – 》藤壺（の宮・中宮）《人名》 ②《the – Wing》藤壺《平安御所後宮の名前》

☐ **Fujiwara** 名藤原（氏）《姓氏》

☐ **Fujiwara no Michinaga** 藤原道長（966-1027）《平安時代中期の公卿》

☐ **fulfill** 動満たす, 満足させる

☐ **full of** 《be – 》～で一杯である

☐ **full of life** 元気いっぱいで, 活発な

☐ **fullness** 名いっぱい, 豊富, 十分

☐ **fully** 副十分に, 完全に, まるまる

☐ **Fumiko Enchi** 円地文子（1905-86）《作家》

☐ **fun** 熟have fun 楽しむ make fun of ～を物笑いの種にする, からかう

☐ **fundamental** 名基本, 原理 形基本の, 根本的な, 重要な

☐ **funeral** 名葬儀, 葬列 形葬式の

☐ **funny** 形①おもしろい, こっけいな ②奇妙な, うさんくさい

□ **further** 形いっそう遠い, その上の, なおいっそうの 副いっそう遠く, その上に, もっと 動促進する

□ **fuse** 動融合させる

□ **fuss** 名騒動, 空騒ぎ, 大騒ぎ 動大騒ぎする

□ **future** 熟in the future 将来は

G

□ **Gagaku** 名雅楽

□ **gain** 動①得る, 増す ②進歩する, 進む 名①増加, 進歩 ②利益, 得ること, 獲得

□ **gallery** 名美術館, 画廊, 回廊, 観客

□ **gallnut** 名没食子, 五倍子《ブナ科の植物の若芽がこぶ状になったもの》

□ **Game of Thrones** ゲーム・オブ・スローンズ《アメリカのテレビドラマシリーズ》

□ **garlic** 名ニンニク, ガーリック

□ **gasp** 動①あえぐ ②はっと息をのむ ③息が止まる 名①あえぎ ②息切れ ③息をのむこと

□ **gather** 動①集まる, 集める ②生じる, 増す ③推測する

□ **gathering** 動gather (集まる) の現在分詞 名①集まり, 集会 ②ひだ, ギャザー

□ **gaze** 名凝視, 注視 動凝視する

□ **geese** 名goose (ガチョウ) の複数

□ **geisha** 名芸者

□ **general** 形①全体の, 一般の, 普通の ②おおよその ③(職位の) 高い, 上級の in general 一般に, たいてい 名大将, 将軍

□ **generally** 副①一般に, だいたい ②たいてい

□ **generation** 名①同世代の人々 ②一世代 ③発生, 生成

□ **Genji** 名①源氏《姓名》②源氏物語《平安中期の物語。紫式部作》(= Genji monogatari/The Tale of Genji)

□ **Genji Days** 『源氏日記』《サイデンステッカーの著作》

□ **Genji Kuyō** 『源氏供養』《『源氏物語』を題材とした能楽作品》(= A Genji Memorial Service)

□ **Genji monogatari** 『源氏物語』《平安中期の物語。紫式部作》(= The Tale of Genji)

□ **gentle** 形①優しい, 温和な ②柔らかな

□ **gently** 副親切に, 上品に, そっと, 優しく

□ **genuine** 形①本物の ②心からの

□ **Geoffrey Bownas** ジェフリー・ボウナス (1923-2011)《イギリスの日本学者》

□ **Geoffrey Chaucer** ジェフリー・チョーサ

ー (1340頃-1400)《イギリスの詩人》

□ **get** 熟get away 逃げる, 離れる get better (病気などが) 良くなる get going 動き出す, 出かける, 活動する get hold of ~を手に入れる, ~をつかむ get home 家に着く [帰る] get into a fight けんかになる get mixed up with (人) とかかわり合いになる get near 接近する get one's strength back 元気を取り戻す get out of ~から外へ出る [抜け出る] get out of bed 起きる, 寝床を離れる get ready to ~する準備をする get rid of ~を取り除く get tired of ~に飽きる, ~が嫌になる get to know 知るようになる, 知り合う get up 起き上がる, 立ち上がる get up to (好ましくないこと) をする get worse 悪化する

□ **ghost** 名幽霊

□ **ghostly** 形幽霊のような, ぼんやりした

□ **giant** 名①巨人, 大男 ②巨匠 形巨大な, 偉大な

□ **giant oiled umbrella** 野点傘

□ **gift** 名①贈り物 ②(天賦の) 才能 動授ける

□ **giggle** 名くすくす笑い 動くすくす笑う

□ **ginger** 名①ショウガ (生姜) ②しょうが色, 黄褐色

□ **give** 熟give birth 出産する give birth to ~を生む give up あきらめる, やめる

□ **glad to do** 《be~》~してうれしい, 喜んで~する

□ **gladly** 副喜んで, うれしそうに

□ **glance** 名①ちらっと見ること, 一べつ ②ひらめき ③かすめること 動①ちらりと見る ②かすめる

□ **gleam** 名かすかな光 [輝き], ひらめき 動(かすかに) 光る

□ **gleaming** 形きらきら輝く, きらりと [かすかに] 光る

□ **glimpse** 名ちらりと見ること get a glimpse of ~をひと目見る 動ちらりと見る

□ **glistening** 形きらきら輝く, きらめく 名輝き

□ **gloom** 名①暗やみ, 陰気, 憂うつ in deep gloom ひどくふさぎこんで

□ **gloomy** 形①憂うつな, 陰気な ②うす暗い

□ **glory** 名栄光, 名誉, 繁栄

□ **glossy** 形光沢のある, つやつやした

□ **glow** 動①(火が) 白熱して輝く ②(体が) ほてる 名①白熱, 輝き ②ほてり, 熱情

□ **glowing** 動glow (白熱して輝く) の現在分詞 形白熱 [赤熱] した, 熱のこもった

□ **glue** 名のり, 接着剤 動接着剤でつける

□ **glum** 形落胆した, 不機嫌な

□ **go** 名碁 熟get going 動き出す, 出かける, 活動する　go and ～しに行く　go away 立ち去る　go back to ～に帰る[戻る], ～に遡る　go by (時が)過ぎる, 経過する　go doing ～をしに行く　go down 下に降りる　go for a ride 車で出かける　go for a walk 散歩に行く　go home 帰宅する　go in 中に入る　go in cycles 反復する, 繰り返す　go into a panic パニック状態になる　go into labor 陣痛が始まる, 産気づく　go off to ～に出かける　go on 続く, 進み続ける, 起こる　go out ①外出する, 外へ出る ②(火・明かりが)消える　go over [ある場所に]行く　go over to ～の前に[へ]行く　go silent 黙り込む　go through 通り抜ける, 一つずつ順番に検討する　go to bed 床につく, 寝る　go to sleep 寝る　go up ①～に上がる, 登る ②～に近づく, 出かける　go up to ～まで行く, 近づく　go with ～と一緒に行く, ～と調和する, ～にとても似合う

□ **goatee** 名ヤギひげ(= goatee beard)

□ **goddess** 名女神

□ **Goddess of Mercy** 《the –》観音, 観世音菩薩《慈悲を行ずる菩薩》(= Kannon)

□ **going** 熟get going 出かける, 出発する　What's going on? 一体どうしたんだ?

□ **gold** 名金, 金貨, 金製品, 金色 形金の, 金製の, 金色の

□ **golden** 形①金色の ②金製の ③貴重な

□ **gong** 名ゴング, どら, 鉦鼓(しょうこ)《雅楽に用いる打楽器》

□ **good** 熟do ～ good ～のためになる　good at《be –》～が得意だ

□ **good-looking** 形顔立ちのよい, 見目麗しい, ハンサムな, きれいな

□ **goodness** 名①善良さ, よいところ ②優秀 ③神《婉曲表現》

□ **goodnight** 間おやすみ《就寝時・夜の別れ時のあいさつ》

□ **gossamer** 名①クモの巣[糸](のように繊細なもの) ②(きわめて繊細な)糸, 生地 形①クモの巣[糸]のような ②きわめて繊細な

□ **Gossamer Years** 《The –》『蜻蛉(かげろう)日記』《藤原道綱の母の日記》(= Kagerō nikki)

□ **gourd** 名ウリ類, ひょうたん《植物》

□ **governor** 名①知事 ②支配者, (学校・病院・官庁などの)長(官), 統治者

□ **Governor of Echizen** 越前守(えちぜんのかみ)《律令制で, 越前の国守》

□ **grab** 動①ふいにつかむ, ひったくる ②横取りする 名ひっつかむこと, 横取り

□ **graceful** 形優美な, 上品な

□ **gracefully** 副上品に, しとやかに

□ **gracious** 形①親切な, ていねいな ②慈悲深い ③優雅な 間おや。まあ。えっ。《驚き・落胆などを表す》

□ **gradually** 副だんだんと

□ **grain** 名①穀物, 穀類, (穀物の)粒 ②粒, 極少量 動粒にする

□ **grand** 形雄大な, 壮麗な

□ **Grand Chancellor** 太政大臣《律令制で, 太政官の最高の位》

□ **granddaughter** 名孫娘, 女の孫

□ **grandson** 名孫息子, 男の孫

□ **granny** 名《略式》おばあちゃん

□ **grasp** 動つかむ, 握る, とらえる, 理解する 名把握, 理解(力)

□ **grass** 名草, 牧草(地), 芝生 動草[芝生]で覆う[覆われる]

□ **grateful** 形感謝する, ありがたく思う

□ **gravel** 名砂利

□ **gray** 形①灰色の ②(空が)曇った, どんよりした

□ **great deal** 《a –》多量に, 大いに, ずっと

□ **greatly** 副大いに

□ **Greek** 形ギリシア(人・語)の 名①ギリシア人 ②ギリシア語

□ **greet** 動①あいさつする ②(喜んで)迎える

□ **grieve** 動(深く)悲しむ, 悲しませる

□ **grin** 動(歯を見せて)にっこり笑う, はにかんで笑う 名(歯を見せて)にっこり笑うこと

□ **grind** 名(うすで)ひくこと, つらく単調な仕事 動①(うすで)ひく, とぐ ②精を出す

□ **grip** 動しっかりつかむ 名①つかむこと, 把握, グリップ ②支配(力)

□ **gross** 形①総計の, 全体の ②ひどい, (食べ物が)粗末な, 不快な 名総計, 総予算, 全体

□ **grow** 熟grow -er and -er ますます～になる　grow into 成長して～になる　grow up 成長する, 大人になる

□ **growing** 動grow(成長する)の現在分詞 形成長期にある, 大きくなりつつある

□ **grown-up** 名大人, 成人 形成人した

□ **gruel** 名おかゆ(= rice gruel)

□ **grunt** 動ぶうぶう鳴く[音を立てる], ぶつぶつと不平を言う 名ぶつぶつ言う声, 不平, 不満

□ **guard** 名①警戒, 見張り ②番人, 守衛, 宿直(との い)《貴人のそばで不寝番をすること, またはその担当者》動番をする, 監視する, 守る

□ **guardian** 图監視〔守護・保護〕者, 後見人

□ **guest** 图客, ゲスト

□ **guilt** 图罪, 有罪, 犯罪

□ **guilty** 图有罪の, やましい

□ **gutter** 图①(軒の)とい ②(歩道と車道の間の)溝, 排水溝 ③(ボウリングの)ガーター

H

□ **ha-ha** 圃あはは！《笑い》

□ **hah** 圃〔驚き・喜びなどを表して〕ほう, まあ, おや

□ **Hahakigi** 图『帚木(ははきぎ)』《『源氏物語』中の一帖》

□ **haiku** 图俳句

□ **hairy** 图毛むくじゃらの, 毛製の

□ **half-asleep** 图寝ぼけまなこで

□ **half-brother** 图半分血のつながった兄弟

□ **half-naked** 图半裸で

□ **half-sister** 图半分血のつながった姉妹

□ **hall** 图公会堂, ホール, 大広間, 玄関

□ **Hana no En** 《h- no e-》花の宴《花を観賞しながら催す祝宴》②『花宴』《『源氏物語』中の一帖》

□ **hand** 图 get the upper hand over ～より有利〔優勢〕に立つ hand out 手渡す hand over 手渡す, 引き渡す time on one's hands もてあました時間

□ **hand-copied** 图手書きで写される

□ **hand-made paper** 手漉き紙

□ **hand-written** 图〔印刷ではなく〕手書きの

□ **handsome** 图①ハンサムな, 顔立ちのよい ②(女性が)威厳のある ③素晴らしい

□ **handwriting** 图①手書き, 肉筆 ②筆跡, 書体, 手《筆法・筆跡》

□ **hanging scroll** 掛け軸

□ **happen to** ①(人)に起こる ②たまたま～する

□ **happening** 图 happen (起こる)の現在分詞 图出来事, 事件

□ **happily** 圖幸福に, 楽しく, うまく, 幸いにも

□ **happiness** 图幸せ, 喜び

□ **happy to do** 《be-》～してうれしい, 喜んで〔つつしんで〕～する

□ **hard to** ～し難い

□ **hard-hearted** 图冷酷な, 無情な, むごい

□ **hardly** 圖①ほとんど～でない, わずかに ②厳しく, かろうじて can hardly とても～でき

ない

□ **harvest** 图①収穫(物・期), 刈り入れ ②成果, 報い harvest moon《the-》収穫月, 中秋の名月 图収穫する

□ **hatch** 图～を生み出す hatch a plan 計画を企む

□ **hate** 图嫌う, 憎む, (～するのを)いやがる 图憎しみ

□ **have** 阘 could have done ～だったかもしれない《仮定法》don't have to ～する必要はない have a baby 赤ちゃんを産む have fun 楽しむ have no idea わからない have no time to do ～する時間がない have nothing to do with ～と関係〔関連〕がない should have done ～すべきだった(のにしなかった)《仮定法》would have … if ～ もし～だったとしたら…しただろう

□ **haze** 图かすみ, もや

□ **head** 图向かう head straight back to ～にまっすぐ帰る head to work 仕事に向かう, 働き始める

□ **headdress** 图頭飾り, 冠(かんむり), 烏帽子(えぼし)

□ **headpiece** 图頭飾り, かぶりもの

□ **headwear** 图帽子, 烏帽子(えぼし)

□ **healthy** 图健康な, 健全な, 健康によい

□ **hear** 圞 hear about ～について聞く hear from ～から手紙〔電話・返事〕をもらう hear of ～について聞く

□ **hearing** 图 hear (聞く)の現在分詞 图①聞くこと, 聴取, 聴力 ②聴聞会, ヒアリング

□ **heart-shaped** 图ハート形の

□ **heated** 图暖められた, 暖房のきいた

□ **heavily** 圖①重く, 重そうに, ひどく ②多量に, 濃密に

□ **Heian** 图平安(時代)(794–1185)(= Heian Era/Heian Period)平安(時代)の(= Heian-period)

□ **Heian beauty** 平安美人

□ **Heian-kyō** 图平安京《794年から東京遷都の1869年までの帝都》(= the Capital of Peace and Tranquility)

□ **Heian-period** 图平安時代の(= Heian)

□ **height** 图①高さ, 身長 ②《the-》絶頂, 真っ盛り ③高台, 丘, 高み

□ **help** 阘 ask for help 助けを頼む cannot help ～ing ～せずにはいられない help ～ to … ～が…するのを助ける

□ **helping** 图 help (助ける)の現在分詞 图①助力, 手助け ②(食べ物の)ひと盛り, 1杯, お代わ

り 形 救いの, 助けの

□ **hem** 名 へり, 縁

□ **here** 熟 here and there あちこちで here are ~ こちらは~です。 over here こっちへ [に]

□ **hermit** 名 隠者, 世捨て人

□ **hesitate** 動 ためらう, ちゅうちょする

□ **hid** 動 hide (隠れる) の過去, 過去分詞

□ **hidden** 動 hide (隠れる) の過去分詞 形 隠れた, 秘密の

□ **hide** 動 隠れる, 隠す, 隠れて見えない, 秘密にする

□ **Hiei** 名 ①《Mt. – 》比叡 (ひえい) 山《京都市と大津市にまたがる山》②比叡山延暦寺《比叡山全域を境内とする寺院》

□ **highly** 副 ①大いに, 非常に ②高度に, 高位に ③高く評価して, 高価で

□ **highness** 名 《王族・皇族などに対する敬称》殿下, 女御 (にょうご) さま《帝に仕えた宮女》 **His Highness the Prince** 皇太子殿下

□ **highway** 名 幹線道路, ハイウェー, 本道

□ **hillside** 名 丘の中腹 [斜面]

□ **hinged** 形 蝶番で連結された

□ **hint** 名 暗示, ヒント, 気配, わずか 動 暗示する, ほのめかす

□ **hip** 名 尻, 腰

□ **hiragana** 名 ひらがな

□ **Hitachi** 名 ①《Prince – 》常陸 (ひたち) (の宮)《人名》②《Princess – 》常陸 (ひたち) (の宮の姫)《人名》

□ **hmm** 間 ふむ, ううむ《熟考・疑問・ためらいなどを表す》

□ **hold** 熟 **get hold of** ~を手に入れる, ~をつかむ **hold back** (事実・本心などを) 隠す, (感情を) 抑える **hold on to** ~にしがみつく, ~をつかんで放さない **take hold of** ~をつかむ, 捕らえる

□ **holding** 動 hold (つかむ) の現在分詞 名 ①握ること ②所有財産, 所有地 ③持ち株, 持ち株会社を所有する会社 ④保持 形 保有の

□ **home** 熟 **at home** 在宅して, くつろいで **get home** 家に着く [帰る] **go home** 帰宅する **make oneself at home** くつろぐ

□ **honest** 形 ①正直な, 誠実な, 心からの ②公正な, 感心な

□ **honor** 名 ①名誉, 光栄, 信用 ②節操, 自尊心 **in honor of** ~に敬意を表して, ~を記念して 動 尊敬する, 栄誉を与える

□ **hop** 動 ピョンピョン跳ぶ [跳び回る]

□ **hopeless** 形 ①希望のない, 絶望的な ②勝ち目のない

□ **horned** 形 ①〔動物などが〕角のある ②〔物が〕角状の

□ **horrible** 形 恐ろしい, ひどい

□ **horseback** 名 馬の背

□ **host** 名 ①客をもてなす主人 ②(テレビなどの) 司会者

□ **Hotaru** 名 《Prince – 》蛍 (ほたる) (帥 (そち) の宮)《人名》

□ **house** 熟 **carry ~ into the house** ~を家の中に運び込む

□ **how** 熟 **How about ~?** ~はどうですか。~しませんか。 **how many times** 何回~ですか **how to** ~する方法

□ **however** 副 たとえ~でも 接 けれども, だが

□ **howl** 動 ①遠ぼえする, うなる ②(苦痛・怒りなどで) うなる, うめく 名 遠ぼえ, うなり (声・音)

□ **huddle** 動 ①群がる ②身を寄せ合う ③相談する 名 ①群衆 ②相談

□ **hue** 名 ①色合い ②傾向, 特色

□ **hug** 名 抱き締めること, 抱擁 動 しっかりと抱き締める

□ **huge** 形 巨大な, ばく大な

□ **huh** 間 《驚き・困惑・軽蔑・疑問などを表して》ふん, なんだって

□ **humanity** 名 人間性, 人間らしさ

□ **humble** 形 つつましい, 粗末な 動 卑しめる, 謙虚にさせる

□ **humid** 形 湿った, むしむしする

□ **humor** 名 ①ユーモア ②(一時的な) 機嫌

□ **hurry** 動 急ぐ, 急いでする **hurry off** 急いで立ち去る, 急いで出掛ける **hurry over** ~を慌ててやる

□ **hydrangea** 名 アジサイ《植物》

□ **Hyōbukyō** 名 《Prince – 》兵部卿 (ひょうぶきょう) (の宮)《人名》

I

□ **I'm afraid (that)** 残念ながら~, 悪いけれど~

□ **iconography** 名 図像

□ **idea** 熟 **have no idea** わからない

□ **ideal** 名 理想, 目標 形 理想的な, 申し分ない

□ **idealized** 形 理想的な, 理想化された

□ **idle** 形 ①暇な ②怠けている, ぶらぶらしている ③つまらない, むだな 動 怠けてすごす, ぶら

ぷらする

- [ ] **idly** 副 何もしないで, 無為に, 怠けて
- [ ] **if** 熟 **as if** あたかも～のように, まるで～みたいに **even if** たとえ～でも **if I were to** もし（私が）～するなら **if only**（ただ）～でさえあれば（いいのだが）**If +《主語》+ could** ～できればなあ《仮定法》**wonder if** ～ではないかと思う **would have … if** もし～だったとしたら…しただろう
- [ ] **ignore** 動 無視する, 怠る
- [ ] **ikebana** 名 生け花
- [ ] **illness** 名 病気
- [ ] **illustrated** 動 illustrate（図解する）の過去, 過去分詞 形 写真［さし絵］入りの 名 写真［さし絵］の多い印刷物
- [ ] **illustration** 名 ①さし絵, イラスト ②図解 ③説明
- [ ] **ima-mekashi** 形 今めかし《当世風で華やかだという意味の古語》
- [ ] **image** 名 ①印象, 姿 ②画像, 映像 動 心に描く, 想像する
- [ ] **imagination** 名 想像（力）, 空想
- [ ] **imagine** 動 想像する, 心に思い描く
- [ ] **immediately** 副 すぐに, ～するやいなや
- [ ] **imperial** 形 ①帝国の, 皇帝の, 皇后の, 帝位の ②荘厳なる **imperial prince** 親王（しんのう）, 皇子（みこ）
- [ ] **Imperial court**《the –》宮廷, 大内裏
- [ ] **Imperial Palace** 宮廷, 大内裏, 御所（= court）
- [ ] **impermanence** 名 非永続性, 無常
- [ ] **imported** 動 import（輸入する）の過去, 過去分詞 形 輸入された
- [ ] **impress** 動 印象づける, 感銘させる 名 刻印, 痕跡
- [ ] **impressed** 形 感心［感動］して
- [ ] **impression** 名 ①印象, 感想 ②感動
- [ ] **impure** 形 不純な
- [ ] **in** 熟 **in a way** ある意味では **in any way** 決して, 多少なりとも **in case** ～だといけないので, 万が一 **in charge of** ～を任されて, ～を担当して **in control** ～を支配して, ～を掌握している **in fact** つまり, 実は, 要するに **in fashion** 流行して, はやって **in front of** ～の前に, ～の正面に **in general** 一般に, たいてい **in no time** すぐに, 一瞬で **in no way** 決して～でない **in particular** 特に, とりわけ **in person**（本人）自ら, 自身で **in return** お返しとして **in search of** ～を探し求めて **in silence** 黙って, 沈黙のうちに **in tears** 涙を浮かべて［流しなが

ら］**in terms of** ～の言葉で言えば, ～の点から **in that case** もしそうなら **in the case of** ～の場合は **in the distance** 遠方に **in the end** とうとう, 結局, ついに **in the future** 将来は **in the middle of** ～の真ん中［中ほど］に **in the presence of** ～の面前で **in the shape of** ～の形をした **in touch with**（～と）連絡を取って **in vain** むだに, むなしく **in writing** 書面で
- [ ] **incense** 名 香（こう）**incense party** 香合わせ, 薫物（たきもの）合わせ《各自の持ち寄った練り香の優劣を競う宮廷遊戯》
- [ ] **inch** 名 ①インチ《長さの単位。1/12 フィート, 2.54cm》②少量
- [ ] **include** 動 含む, 勘定に入れる
- [ ] **including** 動 include（含む）の現在分詞 前 ～を含めて, 込みで
- [ ] **incorrect** 形 正しくない, 間違った
- [ ] **increase** 動 増加［増強］する, 増やす, 増える 名 増加（量）, 増大
- [ ] **incredibly** 副 信じられないほど, 途方もなく
- [ ] **indebted** 形 借金がある, 恩を受けている
- [ ] **indeed** 副 ①実際, 本当に ②《強意》まったく 間 本当に, まさか
- [ ] **independent** 形 独立した, 自立した
- [ ] **indicate** 動 ①指す, 示す,（道などを）教える ②それとなく言う ③きざしがある
- [ ] **indoor** 形 室内の, 屋内の
- [ ] **inevitably** 副 必然的に
- [ ] **influence** 名 影響, 勢力 動 影響をおよぼす
- [ ] **inform** 動 ①告げる, 知らせる ②密告する
- [ ] **informed** 動 inform（告げる）の過去, 過去分詞 形 情報［知識］のある, 教養のある
- [ ] **inherit** 動 ①相続する, 継承する ②遺伝で受け継ぐ
- [ ] **ink** 名 インク, 墨 動（ペンなどに）インクをつける
- [ ] **innocent** 名 無邪気な人, 罪のない人 形 ①無害の, 潔白な ②無邪気な, 無実の
- [ ] **innuendo** 名 暗示, ほのめかし
- [ ] **insect** 名 虫, 昆虫
- [ ] **insight** 名 洞察, 真相, 見識
- [ ] **insist** 動 ①主張する, 断言する ②要求する
- [ ] **inspiration** 名 霊感, ひらめき, 妙案, 吸気
- [ ] **inspire** 動 ①奮い立たせる, 鼓舞する ②（感情などを）吹き込む ③霊感を与える
- [ ] **inspired** 動 inspire（奮い立たせる）の過去, 過去分詞 形 霊感を受けた, 心を動かされた
- [ ] **instead** 副 その代わりに **instead of** ～の代わりに, ～をしないで

ワードリスト

□ **instructive** 形教育的な, 有益な, ためになる

□ **instrument** 名①道具, 器具, 器械 ②楽器 ③手段

□ **intelligence** 名①知能 ②情報

□ **intend** 動《‐ to ～》～しようと思う, ～するつもりである

□ **intention** 名①意図, (～する)つもり ②心構え

□ **interested** 動 interest (興味を起こさせる)の過去, 過去分詞 形興味を持った, 関心のある **interested in**《be ‐》～に興味[関心]がある

□ **interesting** 動 interest (興味を起こさせる)の現在分詞 形おもしろい, 興味を起こさせる

□ **interior** 名内部, 室内, インテリア 形内部の, 室内の, 内陸の, 国内の

□ **interrupt** 動さえぎる, 妨害する, 口をはさむ

□ **intimacy** 名①親密さ, 親交 ②愛情行為《性行為の婉曲表現》

□ **intro** 名前書き, 序章 (= introduction)

□ **introduction** 名紹介, 導入

□ **introverted** 形内向きな, 内省的な

□ **intruder** 名侵入者, 妨害者

□ **Inuki** 名犬君 (いぬき)《人名》

□ **invent** 動①発明[考案]する ②ねつ造する

□ **invitation** 名招待(状), 案内(状)

□ **invite** 動①招待する, 招く ②勧める, 誘う ③～をもたらす

□ **involve** 動①含む, 伴う ②巻き込む, かかわらせる

□ **involved** 動 involve (含む)の過去, 過去分詞 形①巻き込まれている, 関連する ②入り組んだ, 込み入っている

□ **iris** 名虹彩

□ **Iris Festival** 端午 (たんご)の節句

□ **iron** 名①鉄, 鉄製のもの ②アイロン 形鉄の, 鉄製の 動アイロンをかける

□ **irony** 名皮肉, 反語, あてこすり

□ **Isao Tomita** 冨田勲 (1932–2016)《作曲家・編曲家》

□ **Ise** 名伊勢《地名》

□ **Ise Shrine** 伊勢神宮

□ **Ishikawa** 名石川《地名》

□ **Ishiyama Temple** 石山寺《滋賀県大津市にある真言宗の寺院》

□ **Ishiyama-dera** 名石山寺《滋賀県大津市にある真言宗の寺院》

□ **isle** 名島

□ **isolated** 動 isolate (隔離する)の過去, 過去分詞 形隔離した, 孤立した

□ **It is ～ for someone to …** (人)が…するのは～だ

□ **It takes someone ～ to …** (人)が…するのに～ (時間など)がかかる

□ **item** 名①項目, 品目 ② (新聞などの)記事

□ **Ivan Morris** アイヴァン・モリス (1925–76)《イギリスの作家・日本学者》

J

□ **Jakuchō Setouchi** 瀬戸内寂聴 (1922–2021)《小説家・尼僧》

□ **jam** 名①ジャム ②渋滞, 混雑 **traffic jam** 交通渋滞 動①詰め込む, 押し込む ②いっぱいにする, 押し寄せる ③動かなくする, 動かなくなる

□ **James Kirkup** ジェームス・カーカップ (1918–2009)《イギリスの詩人・劇作家》

□ **Jane Austen** ジェーン・オースティン (1775–1817)《イギリスの小説家》

□ **Janet Goff** ジャネット・ゴフ《古典演劇研究家》

□ **Japan** 名日本《国名》

□ **Japanese** 形日本(人・語)の 名①日本人 ②日本語

□ **jar** 名 (広口の)瓶, 壺

□ **jealous** 形嫉妬して, 嫉妬深い, うらやんで

□ **jealousy** 名嫉妬, ねたみ

□ **jewel** 名①宝石 (のようなもの) ②貴重な人[物], 掌中の珠 動宝石で飾る

□ **Jijū** 名①侍従 (じじゅう)《貴人にそば近くに仕える女官・女房》②侍従《人名》

□ **John Carpenter** ジョン・カーペンター《メトロポリタン美術館の日本美術キュレーター》

□ **join in** 加わる, 参加する

□ **joke** 名冗談, ジョーク 動冗談を言う, ふざける, からかう

□ **jostle** 動押しのける, 競り合う

□ **jot** 動さっと書き留める, メモする 名わずか, 微少

□ **journey** 名① (遠い目的地への)旅 ②行程

□ **joy** 名喜び, 楽しみ

□ **joyous** 形うれしい, 喜びに満ちた

□ **judge** 動判決を下す, 裁く, 判断する, 評価する **judging from** ～から判断すれば **never judge a book by its cover** 決して外見で判断しない 名裁判官, 判事, 審査員

☐ **Junichirō Tanizaki** 谷崎潤一郎（1886–1965）《小説家》

☐ **just** 熟 **just as**（ちょうど）であろうとおり **just in time** ぎりぎりのところで **just then** そのとたんに

K

☐ **Kabuki** 名 歌舞伎

☐ **Kagerō nikki** 『蜻蛉（かげろう）日記』《藤原道綱の母の日記》（= The Gossamer Years）

☐ **kago** 名 駕篭（かご）《乗り物》

☐ **Kamo High Priestess** 賀茂の斎院（さいいん）《賀茂神社に仕えた斎宮（さいぐう）・斎王（さいおう）》

☐ **Kamo Shrine** 賀茂神社《京都の上賀茂・下鴨神社のこと》

☐ **kana** 名 かな（文字）

☐ **kanji** 名 漢字（= Chinese character）

☐ **Kannon** 名 観音，観世音菩薩《慈悲を行ずる菩薩》（= the Goddess of Mercy）

☐ **Katsura River** 桂川《京都の川》

☐ **keen** 形 ①鋭い，鋭敏な ②熱心な **be keen on ～ing** ～したがる

☐ **keep** 熟 **keep away from** ～から離れている，～に近づかない **keep someone at a distance**（人）を遠ざける **keep ～ secret from** ～を…に秘密にする［隠しておく］

☐ **kemari** 名 蹴鞠

☐ **Kenshi** 名 賢子（けんし）《紫式部の娘》（= Daini-no-Sammi）

☐ **keshi murasaki** けし紫《日本の伝統色の1つ》

☐ **kimono** 名 着物

☐ **kind** 熟 **all kinds of** さまざまな，あらゆる種類の **kind of** ある程度，いくらか，～のようなもの［人］ **kind to** 《be –》～に親切である

☐ **kindly** 形 ①親切な，情け深い，思いやりのある ②（気候などの）温和な，快い 副 親切に，優しく

☐ **kindness** 名 親切（な行為），優しさ

☐ **kiri** 名 桐《植物》（= paulownia）

☐ **Kiritsubo** 名 ①《Lady –》桐壺（の更衣）《人名》②《the – Wing》桐壺《平安御所後宮の名前》③『桐壺』『源氏物語』中の一帖》

☐ **kneel** 動 ひざまずく，ひざをつく

☐ **knife** 名 ①ナイフ，小刀，短剣 ②メス

☐ **knock** 動 ノックする，たたく，ぶつける **knock over** ひっくり返す 名 打つこと，戸をたたくこと［音］

☐ **knot** 動 ①結ぶ，結び目を作る ②もつれる 名 ①結び目，ちょう結び ②もつれ ③緊張 ④ノット

☐ **know** 熟 **as you know** ご存知のとおり **get to know** 知るようになる，知り合う **know of** ～について知っている **you know** ご存知のとおり，そうでしょう

☐ **known as** 《be –》～として知られている

☐ **koki murasaki** 深紫（こきむらさき），濃紫《日本の伝統色の1つ》

☐ **Kokiden** 名 ①《Lady –》弘徽殿（の女御）《人名》②《the – Wing》弘徽殿《平安御所後宮の名前》

☐ **Kokinshū** 名 古今集《日本初の勅撰和歌集。古今和歌集》

☐ **Korean** 形 韓国（人・語）の，朝鮮（人・語）の，高麗（こうらい）（人・語）の《高麗は，日本の平安時代の朝鮮の王朝名》 名 ①韓国［朝鮮］人，高麗人（こまうど・こまびと）②韓国［朝鮮］語

☐ **Koremitsu** 名 （藤原）惟光（これみつ）《人名》

☐ **koshi** 名 輿（こし）《乗り物》

☐ **koto** 名 琴《楽器》

☐ **koto-playing** 名 琴の演奏

☐ **Kyoto** 名 京都《都市名》

L

☐ **labor** 名 労働，骨折り **go into labor** 陣痛が始まる，産気づく 動 ①働く，努力する，骨折る ②苦しむ，悩む

☐ **lack** 動 不足している，欠けている 名 不足，欠乏

☐ **lacking** 動 lack（不足している）の現在分詞 形 不足している，欠けている **lacking in** 《be –》～が足りない

☐ **lacquer** 名 漆（うるし）動 漆を塗る

☐ **lacquer ware** 漆器

☐ **lacquered** 形 漆塗りの，蒔絵（まきえ）の施された

☐ **ladder** 名 はしご，はしご状のもの

☐ **ladies-in-waiting** 名 lady-in-waiting（女官）の複数

☐ **Lady Sarashina's diary** 更級日記《菅原孝標女（すがわらのたかすえのむすめ）の日記》（= As I Crossed a Bridge of Dreams/Sarashina nikki）

☐ **lady-in-waiting** 名 女官

☐ **laid** 動 lay（置く）の過去，過去分詞

☐ **Lake Biwa** 琵琶湖《滋賀県にある日本最大の湖》

- **Lamb** 名 ラム姉弟(姉 Mary – 1764-1847, 弟 Charles – 1775-1834)《イギリスの作家》
- **lamp** 名 ランプ, 灯火, 燈台(とうだい), 燭台(しょくだい)
- **lantern** 名 手提げランプ, ランタン, 燈籠(とうろう)
- **lap** 動 (波が)打ち寄せる
- **large family** 大家族, 大所帯
- **largely** 副 大いに, 主として
- **last** 動 存続[持続]する[させる], 持ちこたえる 形 最後の, 一番後の 名 ①[順序が]最後のもの[こと・人] ②[時間や時期の]末, 終わり **at last** ついに, とうとう
- **late** 形《the-》故〜
- **late-flowering** 形 遅咲きの
- **Latin** 名 ①ラテン語 ②ラテン系民族の人 形 ラテン(語・系)の
- **lattice** 名 格子 動 格子をつける
- **laughter** 名 笑い(声)
- **laureate** 名 受賞者, 名誉を受けた人
- **lavender** 名 ①ラベンダー《植物》②ラベンダー色, 薄紫(= pale lavender)
- **lavender-colored** 形 薄紫色の
- **lay** 動 ①置く, 横たえる, 敷く ②整える ③卵を産む ④lie(横たわる)の過去 **lay down** 下に置く, 横たえる **lay out** きちんと並べる, 陳列する
- **layer** 名 層, 重ね 動 層になる[する]
- **lead to** 〜に至る, 〜に通じる
- **leading** 動 lead(導く)の現在分詞 形 主要な, 指導的な, 先頭の
- **lean** 動 ①もたれる, 寄りかかる ②傾く, 傾ける 形 やせた, 不毛の
- **leaning** 動 lean(もたれる)の現在分詞 名 ①傾き ②傾向, 好み
- **least** 形 いちばん小さい, 最も少ない 副 いちばん小さく, 最も少なく 名 最小, 最少 **at least** 少なくとも
- **leave 〜 alone** 〜をそっとしておく, 〜だけにする
- **leave out** 抜かす, 除外する
- **led** 動 lead(導く)の過去, 過去分詞
- **legend** 名 伝説, 伝説的人物, 言い伝え
- **legendary** 形 伝説(上)の, 有名な 名 伝説集
- **leisure** 名 余暇 形 余暇の
- **length** 名 長さ, 縦, たけ, 距離 **at full length** 十分に, 全身を伸ばして **at length** ついに, 長々と, 詳しく

- **less** 形 〜より小さい[少ない] 副 〜より少なく, 〜ほどでなく **less and less** だんだん少なく〜, ますます〜でなく **no less than** 〜と同じだけの, 〜も同然 **not less than** 〜以下ではなく, 〜にまさるとも劣らない 名 より少ない数[量・額]
- **let** 熟 **let it be** 放っておく, そのままにしておく **let out**(声を)出す, 発する **let us** どうか私たちに〜させてください
- **level** 名 ①水平, 平面 ②水準, 地位 形 ①水平の, 平たい ②同等[同位]の 動 ①水平にする ②平等にする
- **liaison** 名 [男女の]情事, 密通
- **libretto** 名 [歌劇などの]台本
- **lie** 動 ①うそをつく ②横たわる, 寝る ③(ある状態に)ある, 存在する **lie around** 寝転がってぼんやりする **lie down** 横たわる, 横になる **lie on one's back** あお向けに寝る 名 うそ, 詐欺
- **life** 熟 **for the rest of life** 死ぬまで **full of life**《be –》元気いっぱいで, 活発な
- **lifeless** 形 ①生物の住まない ②生命のない ③活力のない
- **lift** 動 ①持ち上げる, 上がる ②取り除く, 撤廃する 名 ①持ち上げること ②エレベーター, リフト
- **lightly** 副 ①軽く, そっと ②軽率に
- **like** 熟 **feel like 〜ing** 〜したい気がする, 〜のような感じがする **like this** このような, こんなふうに **look like** 〜のように見える, 〜に似ている **rather like** 〜に似ている **sound like** 〜のように聞こえる **would like someone to**(人)に〜してもらいたい **would like to** 〜したいと思う
- **likely** 形 ①ありそうな, (〜)しそうな ②適当な 副 たぶん, おそらく
- **likeness** 名 (〜に)よく似ていること
- **lilac** 名 ライラック《植物》, ライラック色, 薄紫, 藤色
- **limited** 動 limit(制限する)の過去, 過去分詞 形 限られた, 限定の
- **limp** 動 ①足を引きずって歩く ②のろのろ進む 名 足を引きずって歩くこと 形 ①ぐにゃぐにゃした ②弱々しい
- **line** 動 (一列に)並ぶ **lined with**《be –》〜が立ち並ぶ
- **lining** 名 裏地, 裏当て, 単衣(ひとえ)
- **lip** 名 唇,《-s》口
- **lit** 動 light(火をつける)の過去, 過去分詞
- **literary** 形 文学の, 文芸の
- **literature** 名 文学, 文芸

- □ **living** 動 live（住む）の現在分詞 名 生計, 生活 形 ①生きている, 現存の ②使用されている ③そっくりの
- □ **loaded** 動 load（積む）の過去, 過去分詞 形 荷を積んだ, 詰め込んだ
- □ **loathe** 形 嫌々の, 渋々の, 気のない
- □ **lock away** 隔離しておく
- □ **loincloth** 名 下帯, 腰巻き, ふんどし
- □ **loneliness** 名 孤独
- □ **lonely** 形 ①孤独な, 心さびしい ②ひっそりした, 人里離れた
- □ **long** 熟 for long 長い間 long ago ずっと前に, 昔
- □ **longer** 熟 no longer もはや～でない［～しない］ not ～ any longer もはや～でない［～しない］
- □ **look** 熟 look after ～の世話をする, ～に気をつける look around まわりを見回す look away 視線をそらす, 横を向く look down 見下ろす look down at ～に目［視線］を落とす look down on ～を見下ろす look for ～を探す look forward to ～を期待する look into ～をのぞき込む look like ～のように見える, ～に似ている look out across ～を見晴らす look out at 外の～を見る look out for ～に気を配る, ～に注意する look out over ～をはるかに見渡す look through ～に目を通す look up 見上げる take a look at ～をちょっと見る
- □ **loquat** 名《 – (fruit)》ビワ《果物》(= biwa)
- □ **lord** 名 ①首長, 主人, 領主, 貴族, 上院議員 ②《L》～師, ～氏, ～さま《男性への呼びかけ》 my lord《呼びかけ》ご主人さま, あなた《夫》, 主上［御上］(おかみ)《帝の敬称》
- □ **loss** 名 ①損失（額・物）, 損害, 浪費 ②失敗, 敗北
- □ **lot of** 《 a – / -s of》たくさんの～
- □ **lotus** 名 ハス（蓮）《植物》
- □ **Lotus Sutra**《the –》法華経（ほけきょう） celebrate the readings of the Lotus Sutra 法華八講会（ほっけはっこうえ）を催す《法華八講会とは, 法華経を8座に分け, 朝夕1座ずつ講じて4日間で完了する法会》
- □ **loud** 熟 say out loud 声を大にして言う
- □ **loudly** 副 大声で, 騒がしく
- □ **love** 熟 fall in love with 恋におちる would love to do ～したい
- □ **lovely** 形 愛らしい, 美しい, すばらしい
- □ **lover** 名 ①愛人, 恋人 ②愛好者
- □ **loving** 形 愛情に満ちた
- □ **low-level** 形 低レベルの, 下層の, 地位［身分］

の低い
- □ **lower** 形 もっと低い, 下級［下位］の, 劣った 動 下げる, 低くする
- □ **lower-class** 形 低級の, 下層階級の
- □ **luck** 熟 out of luck ついていない, うまくいかない
- □ **luckily** 副 運よく, 幸いにも
- □ **lunar** 形 月の, 月面の
- □ **lunar calendar** 太陰暦《月の満ち欠けを基準にした暦》
- □ **lute** 名 リュート,《biwa – 》琵琶《楽器》
- □ **lying** 動 lie（うそをつく・横たわる）の現在分詞 形 ①うそをつく, 虚偽の ②横になっている 名 ①うそをつくこと, 虚言, 虚偽 ②横たわること
- □ **lyrical** 形 詩的な, 情緒的な

M

- □ **macron** 名 長音符号
- □ **magnificent** 形 壮大な, 壮麗な, すばらしい
- □ **maid** 名 お手伝い, メイド, 女官, 女房《宮廷・貴族などに仕える女官》
- □ **main** 形 主な, 主要な
- □ **mainly** 副 主に
- □ **maintain** 動 ①維持する, 保つ, 整備する ②養う
- □ **majesty** 名 ①威厳, 壮麗さ ②《王族・皇族などに対する敬称》陛下, 主上［御上］(おかみ)《帝の敬称》, 皇后さま, 中宮さま《帝の嫡妻（ちゃくさい）》, 女御（にょうご）さま《帝に仕えた官女・妻》
- □ **major** 形 ①大きいほうの, 主な, 一流の ②年長［古参］の 名 ①陸軍少佐 ②専攻科目 動 専攻する
- □ **make** 熟 make a mistake 間違いをする make fun of ～を物笑いの種にする, からかう make it possible for ～ to … ～が…できるようにする make no attempt ～しようとしない make oneself at home くつろぐ make oneself comfortable くつろぐ make out 認識する make sense 意味をなす, よくわかる make sure 確かめる, 確認する make sure to 必ず～する make ～ into ～を…に仕立てる
- □ **make-up** 名 ①化粧（品）, メーク, メーキャップ ②組み立て, 構造 ③性質, 体質
- □ **makeup** 名 ①化粧（品）②構造, （人の）性質
- □ **making** 動 make（作る）の現在分詞 名 制作, 製造
- □ **Makura no sōshi**『枕草子』《平安時代の

随筆。清少納言作》(= The Pillow Book of Sei Shōnagon)

- [ ] **malaria** 图マラリア
- [ ] **male** 形男の, 雄の 图男, 雄
- [ ] **man and wife** 夫婦
- [ ] **manage** 動①動かす, うまく処理する ②経営[管理]する, 支配する ③どうにか～する
- [ ] **manga** 图漫画
- [ ] **Manhattan Island** マンハッタン島《ニューヨーク市・ハドソン川の中州》
- [ ] **manhood** 图大人の男, 成年, 男らしさ
- [ ] **manly** 形①男らしい, 断固とした ②男のような
- [ ] **manner** 图①方法, やり方 ②態度, 様子 ③《-s》行儀, 作法, 生活様式
- [ ] **mansion** 图①大邸宅, 屋敷 ②《～M-s》～アパート, ～マンション
- [ ] **manuscript** 图原稿, 手書き原稿, 写本
- [ ] **many** 熟how many times 何回～ですか so many 非常に多くの
- [ ] **many-layered** 形何層にも重なった
- [ ] **maple** 图カエデ(楓)《植物》
- [ ] **mark** 图①印, 記号, 跡 ②点数 ③特色 動①印[記号]をつける, 明らかにする ②採点する ③目立たせる
- [ ] **marriage** 图①結婚(生活・式) ②結合, 融合, (吸収)合併 arranged marriage 政略結婚, 見合い結婚
- [ ] **married** 動marry (結婚する)の過去, 過去分詞 形結婚した, 既婚の
- [ ] **marry** 動結婚する
- [ ] **mask** 图面, マスク 動マスクをつける
- [ ] **mass** 图大量, 大半, 塊
- [ ] **massive** 形①巨大な, 大量の ②堂々とした
- [ ] **master** 图主人, 雇い主, 師, 名匠 動①修得する ②～の主となる
- [ ] **masterpiece** 图傑作, 名作, 代表作
- [ ] **mat** 图マット, 敷物
- [ ] **match** 图①試合, 勝負 ②相手, 釣り合うもの ③マッチ(棒) 動①(～を…と)勝負させる ②調和する, 釣り合う match up to ～と合致[匹敵]する
- [ ] **matching** 形調和する
- [ ] **material** 形①物質の, 肉体的な ②不可欠な, 重要な 图①材料, 原料 ②素材, 資料, 題材, 教材
- [ ] **mature** 形①(果物などが)熟した ②成長した, 発達した ③分別のある 動熟させる, 成熟す

る, (人を)成長させる

- [ ] **maturity** 图①成熟, 円熟, 完成, 十分な発達 ②満期
- [ ] **May I ～?** ～してもよいですか。
- [ ] **mean the most to** ～にとって最も意味のある
- [ ] **meaning** 图①意味, 趣旨 ②重要性
- [ ] **means** 熟by no means 決して～ではない means of ～する手段
- [ ] **meanwhile** 副それまでの間, 一方では
- [ ] **medicinal** 形薬効のある, 薬用の
- [ ] **medieval** 形中世の, 中世風の
- [ ] **meditate** 動深く考える, 瞑想する
- [ ] **meditation** 图瞑想, 黙想
- [ ] **medium** 图媒体, 《-s》霊媒, 巫女(みこ)
- [ ] **meet with** ～に出会う
- [ ] **meeting** 動meet (会う)の現在分詞 图①集まり, ミーティング, 面会 ②競技会
- [ ] **melancholy** 形もの悲しい, 憂うつな, ふさぎ込んだ 图哀愁, 憂うつ, うつ病
- [ ] **melon** 图メロン, スイカ, ウリ
- [ ] **memorial** 图記念物, 記録 形記念の, 追悼の
- [ ] **memory** 图①記憶(力), 思い出 ②(コンピュータの)メモリ, 記憶装置
- [ ] **mention** 動(～について)述べる, 言及する Don't mention it. どういたしまして。 not to mention 言うまでもなく 图言及, 陳述
- [ ] **mercy** 图①情け, 哀れみ, 慈悲 ②ありがたいこと, 幸運
- [ ] **messenger** 图使者, (伝言・小包などの)配達人, 伝達者
- [ ] **metal** 图金属, 合金
- [ ] **meter** 图①メートル《長さの単位》②計量器, 計量する人
- [ ] **method** 图①方法, 手段 ②秩序, 体系
- [ ] **metropolitan** 形首都の, 大都会の 图①大都会の人, 都会人 ②《M-》首都大司教区の
- [ ] **microcosm** 图①小宇宙 ②縮図
- [ ] **midday** 图正午, 真昼
- [ ] **middle** 图中間, 最中 in the middle of ～の真ん中[中ほど]に 形中間の, 中央の
- [ ] **middle-aged** 形中高年の
- [ ] **middle-class** 形中流階級の
- [ ] **midnight** 图夜の12時, 真夜中, 暗黒 形真夜中の, 真っ暗な
- [ ] **midst** 图真ん中, 中央
- [ ] **midsummer** 图①真夏 ②夏至

☐ **might** 助《mayの過去》①～かもしれない ②～してもよい，～できる 名力，権力

☐ **mighty** 形強力な，権勢のある

☐ **mikoshi** 名神輿（みこし）《祭礼のときに用いる神霊を奉安する輿》

☐ **mile** 名①マイル《長さの単位。1,609m》②《-s》かなりの距離

☐ **mill** 動①動き回る，うろつく ②ひしめく，めじろ押しである

☐ **millennium** 名千年間 Genji millennium celebrations《the –》源氏（物語）千年紀《源氏物語が紫式部に著されてから千年を記念した一連の行事などを指す》second millennium《the –》第2千年紀

☐ **Minamoto** 名源（氏）《姓氏》

☐ **mind** 名①心，精神，考え ②知性 make up one's mind 決心する 動①気にする，いやがる ②気をつける，用心する Never mind. 心配するな。

☐ **minister** 名①大臣，閣僚，公使 ②聖職者

☐ **Minister of the Left**《the –》左大臣《人名》

☐ **Minister of the Right**《the –》右大臣《人名》

☐ **ministry** 名①《M-》内閣，省庁 ②大臣の職務 ③牧師の職務

☐ **Ministry of Ceremonies**《the –》式部省《太政官の1省。内外の儀式などに関する事務を管掌》（= Shikibu）

☐ **minor** 形①少数の，小さい［少ない］ほうの ②重要でない

☐ **Minoru Miki** 三木稔（1930–2011）《作曲家》

☐ **mirror** 名鏡 動映す

☐ **miserable** 形みじめな，哀れな

☐ **mist** 名①霧，もや，蒸気 ②（目の）かすみ 動①霧がかかる，霧で覆う ②（目が）かすむ

☐ **mistake** 熟make a mistake 間違いをする

☐ **mistress** 名①女主人，女性の支配者，女性の先生 ②女性の愛人［情人］，女性の恋人

☐ **misty** 形霧の（深い），かすんだ misty moon 朧月夜（おぼろづきよ）

☐ **misunderstanding** 動misunderstand（誤解する）の現在分詞 名考え違い，誤解

☐ **Mitsuuji** 名光氏《柳亭種彦の小説『偐紫田舎源氏』の主人公》

☐ **mix** 動①混ざる，混ぜる ②（～を）一緒にする ③調合する 名混合（物）

☐ **mixed** 動mix（混ざる）の過去，過去分詞 形①混合の，混ざった ②男女共学の get mixed up with（人）とかかわり合いになる

☐ **mixture** 名①混合 ②入り混じったもの

☐ **model** 名①模型，設計図 ②模範 形模範の，典型的な 動（～をもとにして）作る，模型を作る

☐ **modern** 形現代［近代］の，現代的な，最近の 名現代［近代］人

☐ **modest** 形控えめな，謙虚な

☐ **modesty** 名謙遜，謙虚さ，つつましさ，しとやかさ out of modesty つつしみから

☐ **moisty** 湿った，涙ぐんだ《マザーグースの中で使われている造語》

☐ **mold** 名①型，鋳型 ②特徴 ③かび 動①型に入れて作る，形成する ②かびさせる，かびる

☐ **moment** 名①瞬間，ちょっとの間 ②（特定の）時，時期 at any moment いつ何時，今にも at that moment その時に，その瞬間に at the moment 今は at this moment 現在のところ，現時点では for a moment 少しの間 in a moment ただちに

☐ **Momiji no Ga** ①《m- no g-》紅葉の季節に催す宴 ②『紅葉賀』『源氏物語』中の一帖

☐ **monkey** 名猿（サル）動ふざける，いたずらをする

☐ **mono no aware** もののあはれ《平安時代の文学的・美的理念の一つ》

☐ **mood** 名気分，機嫌，雰囲気，憂うつ

☐ **moon** 熟over the moon 大喜びして

☐ **moon-shaped** 形月形の

☐ **moon-viewing** 名《–（party）》月見（会）

☐ **moonflower** 名ヨルガオ，ヒルガオ《植物》

☐ **moonless** 形《夜空に》月の見えない［出ていない］

☐ **moonlight** 名月明かり，月光

☐ **moonlit** 形月（明かり）に照らされた

☐ **moor** 名原野，沼地 動停泊する［させる］

☐ **morally** 副道徳的に，事実上

☐ **more** 熟even more so なおさら［まして］そうだ more and more ますます more of ～よりもっと more than ～以上 no more もう～ない no more ～ than … ～でないのは…と同じ once more もう一度 the more ～ the more … ～すればするほどますます…

☐ **morning glory** 朝顔，夕顔

☐ **mortal** 形①死ぬ運命にある ②人間の ③致命的な 名①死すべきもの ②人間

☐ **mosquito** 名蚊 mosquito net 蚊帳（かや）

☐ **moss** 名コケ《植物》

☐ **mostly** 副主として，多くは，ほとんど

☐ **mount** 動（山などに）登る，（馬に）乗る，のせ

□ **mourning** 图 ①悲嘆, 哀悼 ②服喪, 哀悼の意を表すこと 形 哀悼の **mourning period** 服喪期間

□ **mouse** 图 ①(ハツカ) ネズミ ②(コンピュータの) マウス

□ **move** 熟 **move along** 〜に沿って動く **move around** あちこち移動する **move away** 立ち去る **move off** 立ち去る **move on** 先に進む **move to** 〜に引っ越す

□ **movement** 图 ①動き, 運動 ②《-s》行動 ③引っ越し ④変動

□ **moving** 動 move (動く) の現在分詞 形 ①動いている ②感動させる

□ **Mt. Fuji** 富士山《静岡県と山梨県にまたがる山》

□ **Mt. Hiei** 比叡 (ひえい) 山《京都市と大津市にまたがる山》

□ **much** 熟 **as much as** 〜と同じだけ **as much 〜 as** …と同じくらい〜 **much as 〜** だけれども **too much** 過度の **too much of …** (to 〜) (〜するには) あまりに…すぎる

□ **mumble** 動 ぶつぶつ言う, つぶやく

□ **murasaki** 图 ①紫《植物。ムラサキ科の多年草》②紫《色名》③《M-》紫(の上)《人名》④《M-》紫式部 (970頃–1014頃)《平安中期の女流文学者・歌人》

□ **Murasaki Shikibu** ①紫式部 (970頃–1014頃)《平安中期の女流文学者・歌人》②《m- s-》紫式部《植物》

□ **Murasaki Shikibu nikki** 『紫式部日記』《紫式部の日記》(= The Diary of Lady Murasaki)

□ **murmur** 動 囁く, ぶつぶつ言う 图 つぶやき, かすかな音

□ **Musashi** 图 武蔵 (=武蔵野)《関東西部に広がる台地》

□ **Musashino Plain** 武蔵野《関東西部に広がる台地》

□ **museum** 图 博物館, 美術館

□ **music-making** 图 雅楽 (の宴)

□ **musical** 形 音楽の 图 ミュージカル

□ **musician** 图 音楽家, 楽師

□ **Myōbu** 图 ①命婦 (みょうぶ)《婦人の称号》②命婦《人名》

□ **mysterious** 形 神秘的な, 謎めいた

□ **mystery** 图 ①神秘, 不可思議 ②推理小説, ミステリー

N

□ **naked** 形 ①裸の, むき出しの ②覆いのない, ありのままの

□ **name** 動 名づける, 〜に指名[任命]する **name after** 〜にちなんで[〜の名をとって]名づける

□ **narrative** 形 物語, 話 形 物語の

□ **narrow** 形 ①狭い, 小さい ②限られた 動 狭くなる[する]

□ **nation** 图 国, 国家, 《the –》国民

□ **nationwide** 形 全国的な 副 全国的に, 全国では

□ **naturally** 副 生まれつき, 自然に, 当然

□ **naughty** 形 ①(子どもが) いたずらな, 言うことを聞かない, わんぱくな ②いけない, 行儀の悪い

□ **near** 熟 **get near** 接近する

□ **nearby** 形 近くの, 間近の 副 近くで, 間近で

□ **nearly** 副 ①近くに, 親しく ②ほとんど, あやうく

□ **necessarily** 副 ①必ず, 必然的に, やむを得ず ②《not –》必ずしも〜でない

□ **need to do** 〜する必要がある

□ **needle** 图 針, 針状のもの 動 針で縫う, 突き通す

□ **negative** 形 ①否定的な, 消極的な ②負の, マイナスの, (写真が) ネガの 图 ①否定, 反対 ②ネガ, 陰画, 負数, マイナス

□ **neglect** 動 ①無視する, 怠る ②放置する, 軽視する 图 無視, 軽視, 怠慢

□ **neither** 形 どちらの〜も…でない 代 (2者のうち) どちらも〜でない 副 《否定文に続いて》〜も…しない

□ **nephew** 图 甥 (おい)

□ **nest** 图 ①巣 ②居心地よい場所, 休憩所, 隠れ家 動 (鳥が) 巣を作る

□ **nestle** 動 (気持ちよさそうに) 寄り添う, 体をうずめる **nestle in** 〜にくるまれて[抱かれて]眠る

□ **neurotic** 形 神経質な, ノイローゼの, 神経症の 图 神経質な人, 神経症の人, ノイローゼの人

□ **Never mind.** 気にするな。

□ **New Year robes** 春着 (はるぎ)《正月用の晴れ着》

□ **New Year's Day** 元日

□ **New York** ニューヨーク《地名》

□ **news** 图 報道, ニュース, 便り, 知らせ

□ **next** 熟 **next door to** 〜の隣に **next time** 次

回に **next to** ～の隣に，～の次に

☐ **next world** 《the –》来世, 後の世

☐ **nickname** 图愛称, あだ名 動あだ名をつける, 愛称で呼ぶ

☐ **niece** 图姪（めい）

☐ **night** 熟 sit up all night 徹夜する the night before 前の晩

☐ **nightmare** 图悪夢

☐ **nineteenth** 图《通例the –》第19番目（の人［物］), 19日 形《通例the –》第19番目の

☐ **Ninth Month** 《the –》9月, 長月（ながづき)《陰暦9月の別名》

☐ **Nise murasaki inaka genji** 『偐紫田舎源氏』《江戸時代のベストセラー。柳亭種彦の著作》 (= A Rustic Genji by a Fraudulent Murasaki)

☐ **no** 熟 by no means 決して～ではない have no idea わからない have no time to do ～ する時間がない in no time at all すぐさま in no way 決して～でない make no attempt ～ しようとしない no doubt きっと, 間違いな く no longer もはや～でない［～しない］ no more もう～ない There is no way I can ～. ～できるはずもない。

☐ **Nobel** 图ノーベル（賞)

☐ **noble** 形気高い, 高貴な, りっぱな, 高貴な 图貴族

☐ **noblewoman** 图高貴の生まれの女性

☐ **nobody** 代誰も［1人も］～ない 图とるに足 らない人

☐ **Nobutaka** 图（藤原）宣孝（のぶたか)《紫式部の夫》

☐ **nod** 動①うなずく, うなずいて～を示す ②居 眠りする 图①うなずき ②居眠り ③賛同, 同意

☐ **Noh** 图能, 能楽

☐ **noise** 图騒音, 騒ぎ, 物音

☐ **noisy** 形①騒々しい, やかましい ②けばけば しい

☐ **non-Japanese** 图〔日本人から見た〕外国人, 日本人ではない人

☐ **none** 代（～の）何も［誰も・少しも］…ない

☐ **Nonomiya Shrine** 野宮神社《京都市右京 区嵯峨野にある神社》

☐ **nor** 接～もまたない neither ～ nor … ～も …もない

☐ **norm** 图基準, 規範

☐ **normal** 形①普通の, 通常の ②平均の, 標準 的な 图平常, 標準, 典型

☐ **normally** 副普通は, 通常は

☐ **north-east** 图北東, 北東部 形北東の, 北東 部の 副北東に［へ］

☐ **north-south** 形南北（方向)の

☐ **northeast** 图北東, 北東部 形北東の, 北東部 の 副北東に［へ］

☐ **northern** 形北の, 北向きの, 北からの

☐ **nose** 熟 right under one's nose すぐ目と鼻 の先で

☐ **nostalgia** 图郷愁

☐ **not** 熟 not always 必ずしも～であるとは限 らない not at all 少しも～でない not only ～ but (also) …～だけでなく…もまた not quite まったく～だというわけではない not yet まだ～してない not ～ any longer もはや ～でない［～しない］ not ～ at all 少しも［全然］ ～ない not ～ but …～ではなく…

☐ **not-quite-such-good** 形さほどよくない

☐ **note** 图①メモ, 覚え書き ②注釈 ③注意, 注 目 ④手形 動①書き留める ②注音［注目］する

☐ **noted** 動 note（書き留める)の過去, 過去分詞 形有名な, 著名な

☐ **nothing** 熟 can do nothing どうしようもな い have nothing to do with ～と関係［関連］ がない

☐ **notice** 图①注意 ②通知 ③公告 動①気づく, 認める ②通告する

☐ **novel** 图（長編）小説 形新奇な, 斬新な

☐ **novelist** 图小説家

☐ **now** 熟 by now 今のところ, 今ごろまでに は from now on これからは, 今からはずっと now and then ときどき now that 今や～だか ら, ～からには right now 今すぐに, たった今 up to now これまで

☐ **number of** 《a –》いくつかの～, 多くの～

☐ **nun** 图修道女, 尼僧

☐ **nurse** 图①看護師［人］ ②乳母 動①看病す る ②あやす

☐ **nut** 图木の実, ナッツ

☐ **nutrition** 图栄養（物), 栄養摂取

O

☐ **oborozukiyo** 图①朧月夜（おぼろづきよ)(= misty moon) ②《O-》朧月夜《人名》

☐ **obscure** 形①薄暗い ②ぼんやりした, あい まいな ③目立たない 動①暗くする ②目立た なくする

☐ **observation** 图観察（力), 注目

☐ **observe** 動①観察［観測］する, 監視［注視］ する ②気づく ③守る, 遵守する

☐ **obvious** 形明らかな, 明白な

☐ **obviously** 副明らかに, はっきりと

☐ **occasion** 名①場合, (特定の)時 ②機会, 好機 ③理由, 根拠

☐ **occasional** 形時折の, まれの, 偶然の

☐ **occasionally** 副時折, 時たま

☐ **occur** 動(事が)起こる, 生じる, (考えなどが)浮かぶ

☐ **octopus** 名タコ《軟体動物》

☐ **of course** もちろん, 当然

☐ **of one's own** 自分自身の

☐ **off** 熟come off 取れる, はずれる go off to ~に出かける hurry off 急いで立ち去る, 急いで出掛ける move off 立ち去る off to《be – 》~へ出かける see off 見送る take off to ~に出かける, 出発する

☐ **offer** 動申し出る, 申し込む, 提供する offer up a prayer 祈りを捧げる 名提案, 提供

☐ **Ogura Hyakunin Isshu** 小倉百人一首《藤原定家による秀歌撰》

☐ **oil lamp** 灯明

☐ **oiled** 形油を塗った, 油に浸した

☐ **oiled paper** 油紙

☐ **old-fashioned** 形時代遅れの, 古風な, 旧式な

☐ **omen** 名前兆, 兆し

☐ **Ōmyōbu** 名王命婦 (おうみょうぶ)《人名》

☐ **on** 熟on foot 歩いて on one's way 途中で on one's way to ~に行く途中で on the spot その場で, ただちに

☐ **once** 熟at once すぐに, 同時に once more もう一度

☐ **one** 熟one another お互い one day (過去の)ある日, (未来の)いつか one of ~の1つ[人] one side 片側 this one これ, こちら

☐ **oneself** 熟for oneself 独力で, 自分で make oneself at home くつろぐ make oneself comfortable くつろぐ

☐ **onion** 名タマネギ

☐ **only** 熟if only (ただ)~でさえあれば (いいのだが) not only ~ but (also) … ~だけでなく…もまた

☐ **onward** 副①前方へ, 進んで ②前方にあって 形前方への, 前進的な

☐ **open up** 解放する, 心を開く

☐ **opening** 動open (開く) の現在分詞 名①開始, 始め ②開いた所, 穴 ③空き, 欠員 形開始の, 最初の, 開会の

☐ **opera** 名歌劇, オペラ

☐ **oppose** 動反対する, 敵対する as opposed to ~とは対照的に, ~ではなく

☐ **opposite** 形反対の, 向こう側の 前~の向こう側に 名反対の人[物]

☐ **or so** ~かそこらで

☐ **oratory** 名①誇張された文体, スローガン, 名文句 ②祈祷 (きとう) 所, 小礼拝所, 野の宮 (ののみや)《斎宮[斎院]が禊 (みそぎ) のために1年間こもる仮の宮殿。伊勢神宮に仕える斎宮の野の宮は嵯峨に設置した》

☐ **orchestra** 名管弦楽団, オーケストラ

☐ **ordinary** 形①普通の, 通常の ②並の, 平凡な

☐ **original** 形①始めの, 元の, 本来の ②独創的な 名原型, 原文

☐ **ornate** 形華美な, 極度に飾りつけた

☐ **Osamu Hashimoto** 橋本治 (1948-2019)《小説家・評論家》

☐ **other** 熟each other お互いに other than ~以外の[に] than any other ほかのどの~よりも the other day 先日

☐ **out** 熟bring out (物)をとりだす, 引き出す call out 呼び出す, 声を掛ける call out for ~に呼び声をかける come out 出てくる, 姿を現す cry out 叫ぶ, 大声を上げる find out 見つけ出す, 知る, 調べる get out of ~から外へ出る[抜け出る] get out of bed 起きる, 寝床を離れる go out ①外出する, 外へ出る ②(火・明かりが)消える hand out 配る lay out きちんと並べる, 陳列する leave out 抜かす, 除外する let out (声を)出す, 発する look out across ~を見晴らす look out at 外の~を見る look out for ~に気を配る, ~に注意する look out over ~をはるかに見渡す make out 認識する out of ①~から外へ, ~から抜け出して ②~から作り出して, ~を材料として ③~の範囲外に, ~から離れて pour out どっと出てくる, ~に注ぎだす push ~ out of the way ~を押し出す put out ①(手など)を(差し)出す ②(明かり・火)を消す reach out 手を伸ばす say out loud 声を大にして言う send out 使いに出す, 送信する set out 出発する set out on ~に出発する step out 外へ出る stick out 突き出す stretch out 手足を伸ばす turn out ~と判明する, (結局~に)なる watch out for ~に目を配る

☐ **outline** 名①外形, 輪郭 ②概略 動輪郭を描く, ~の要点[概要]を述べる[説明する]

☐ **oven** 名かまど, 天火, オーブン

☐ **over** 熟all over ~の至る所で, 全て終わって, もうだめで come over to ~にやって来る come running over to ~に駆け寄ってくる go over 〔ある場所に〕行く go over to ~

の前に［へ］行く **hand over** 手渡す, 引き渡す **hurry over** 〜を慌ててやる **knock over** ひっくり返す **look out over** 〜をはるかに見渡す **over here** こっちへ［に］ **over there** あそこに **push over** 押しやる **run over to** 〜へ急いでやってくる **take over**（仕事などを）引き継ぐ, 占有する, 心を占める **walk over** 〜の方に歩いていく **win over** 説得する, 口説き落とす

☐ **overcome** 動勝つ, 打ち勝つ, 克服する

☐ **overflow** 動氾濫する, あふれる 名氾濫, 流出, 過剰

☐ **overgrown** 形大きくなりすぎた, 伸びすぎた, 草で覆われた

☐ **overhead** 形頭上に, 真上に

☐ **overheard** 動 overhear（ふと耳にする）の過去, 過去分詞

☐ **overlook** 動①見落とす,（チャンスなどを）逃す ②見渡す ③大目に見る 名見晴らし

☐ **owl** 名①フクロウ, ミミズク《鳥》②利口ぶった人, 夜更かしの人

☐ **own** 熟 of one's own 自分自身の

☐ **ox** 名雄牛

☐ **ox-drawn** 形牛に引かれた

☐ **oxen** 名 ox（雄牛）の複数

P

☐ **pace** 名歩調, 速度 **keep pace with** 〜と歩調をそろえる 動ゆっくり歩く, 行ったり来たりする

☐ **pagoda** 名仏塔

☐ **paid** 動 pay（払う）の過去, 過去分詞 形有給の, 支払い済みの

☐ **painful** 形①痛い, 苦しい, 痛ましい ②骨の折れる, 困難な

☐ **painstaking** 形骨の折れる, 念入りな

☐ **painted screen** 屏風

☐ **painting** 動 paint（ペンキを塗る）の現在分詞 名①絵（をかくこと）, 絵画, 油絵 ②ペンキ塗装

☐ **palace** 名宮殿, 宮廷, 御所《内裏, 天皇［帝］の御座所》, 大邸宅

☐ **palanquin** 名（人を運ぶための）駕籠（かご）

☐ **pale** 形①（顔色・人が）青ざめた, 青白い ②（色が）薄い,（光が）薄暗い 動①青ざめる, 青ざめさせる ②淡くなる［する］, 色あせる

☐ **panel** 名パネル, はめ板, 計器盤 動パネルをはめる

☐ **panic** 名パニック, 恐慌 **go into a panic** パニック状態になる 動恐慌を引き起こす, うろたえる

☐ **paradise** 名①天国 ②地上の楽園

☐ **parasol** 名パラソル, 日傘

☐ **parent** 名《-s》両親

☐ **parking** 動 park（駐車する）の現在分詞 名駐車（場）

☐ **parody** 名〔音楽や文学などの作品や分野の〕パロディー

☐ **part with** 〜を手放す, 〜と離れる

☐ **particular** 形①特別の ②詳細な 名事項, 細部,《-s》詳細 **in particular** 特に, とりわけ

☐ **particularly** 副特に, とりわけ

☐ **parting** 名①いとまごい, 告別, 別れ ②分かれ目

☐ **partly** 副一部分は, ある程度は

☐ **pass** 熟 **pass away**（時が）過ぎ去る,（人が）亡くなる, 他界する **pass by**〔時が〕過ぎ去る **pass through** 〜を通る, 通行する

☐ **passenger** 名乗客, 旅客

☐ **passing** 動 pass（過ぎる）の現在分詞 形通り過ぎる, 一時的な 名①通行, 通過 ②合格, 及第

☐ **passion** 名情熱,（〜への）熱中, 激怒

☐ **passionate** 形情熱的な,（感情が）激しい, 短気な

☐ **past** 形過去の, この前の 名過去（の出来事）前《時間・場所》〜を過ぎて, 〜を越して 副通り越して, 過ぎて

☐ **pat** 動軽くたたく, ぱたぱた音を立てる 名軽くたたくこと

☐ **path** 名①（踏まれてできた）小道, 歩道 ②進路, 通路

☐ **patient** 形我慢［忍耐］強い, 根気のある 名病人, 患者

☐ **patina** 名緑青（ろくしょう）《銅などの表面に生じる緑色のさび》, 古つや

☐ **pattern** 名①柄, 型, 模様 ②手本, 模範 動①手本にする ②模様をつける

☐ **paulownia** 名桐《植物》（= kiri）

☐ **pause** 名①（活動の）中止, 休止 ②区切り 動休止する, 立ち止まる

☐ **pay a visit** 訪問する

☐ **peaceful** 形平和な, 穏やかな

☐ **peach** 名①モモ（桃）②桃色

☐ **Peach Festival** 桃の節句, ひなまつり

☐ **peep** 名①ピーピーという声［音］②のぞき見 動①ピーピー鳴く ②のぞき見する

☐ **peer** 動じっと見る 名①同等の人, 同僚 ②貴族

☐ **Penguin** 名ペンギン《出版社名》

403

- □ **perceive** 動 気づく, 感知する
- □ **perfection** 名 完全, 完成
- □ **perfectly** 副 完全に, 申し分なく
- □ **perform** 動 ①(任務などを)行う, 果たす, 実行する ②演じる, 演奏する
- □ **performer** 名 実行者, 行為者, 上演者, 演奏者, 役者, 曲芸師
- □ **perfume** 名 香り, 香水, 香(こう) 動 香水をつける
- □ **perhaps** 副 たぶん, ことによると
- □ **period** 名 ①期, 期間, 時代 ②ピリオド, 終わり
- □ **permission** 名 許可, 免許
- □ **person** 熟 in person (本人)自ら, 自身で
- □ **personal** 形 ①個人の ②本人自らの ③容姿の
- □ **personality** 名 人格, 個性
- □ **personalized** 形 個別の, 個人用の
- □ **perspective** 名 ①遠近法 ②観点 ③見通し 形 遠近法の
- □ **persuade** 動 説得する, 促して～させる
- □ **physical** 形 ①物質の, 物理学の, 自然科学の ②身体の, 肉体の
- □ **pick up** 拾い上げる, 迎えに行く, 習得する
- □ **pickle** 名《-s》漬物, ピクルス 動 (塩水や酢に)漬ける
- □ **pickled fish** かす[みそ]漬けの魚
- □ **Pickwick Papers**《The –》『ピクウィック・ペーパーズ』《チャールズ・ディケンズの小説》
- □ **picnic** 名 ピクニック, 遠足 動 ピクニックに行く
- □ **picture book** 絵本, 絵巻物
- □ **pile** 名 積み重ね, (～の)山 動 積み重ねる, 積もる pile up 積み重ねる
- □ **pilgrimage** 名 巡礼, 行脚
- □ **pillar** 名 ①柱, 支柱, 支え ②根幹
- □ **pillow** 名 まくら
- □ **Pillow Book of Sei Shōnagon**《The –》『枕草子』《平安時代の随筆。清少納言作》(= Makura no sōshi)
- □ **pine** 名 松(の木), マツ材
- □ **pink** 名 ナデシコ, カーネーション《ナデシコ科の植物の総称》
- □ **pinnacle** 名 絶頂, 頂点
- □ **pioneer** 名 開拓者, 先駆者
- □ **pity** 名 哀れみ, 同情, 残念なこと take pity on ～に同情する, ～を気の毒に思う 動 気の毒に思う, 哀れむ

- □ **place** 熟 in the first place そもそも in place 定着して take place 行われる, 起こる
- □ **plain** 形 ①明白な, はっきりした ②簡素な ③平らな ④不細工な, 平凡な 副 はっきりと, まったく 名 高原, 草原
- □ **plait** 名 編んだもの, 編んだ髪
- □ **plan to do** ～するつもりである
- □ **platform** 名 プラットホーム, 壇
- □ **play a trick on** (人)にいたずらをする
- □ **play with** ～で遊ぶ, ～と一緒に遊ぶ
- □ **playboy** 名 プレイボーイ, 遊び人
- □ **player** 名 ①競技者, 選手, 演奏者, 俳優 ②演奏装置
- □ **plead** 動 ①嘆願する, 訴える ②弁護する, 弁解する
- □ **pleasant** 形 ①(物事が)楽しい, 心地よい ②快活な, 愛想のよい
- □ **pleased** 動 please(喜ばす)の過去, 過去分詞 形 喜んだ, 気に入った pleased to do《be –》～してうれしい pleased with《be –》～が気に入る
- □ **pleasure** 名 喜び, 楽しみ, 満足, 娯楽 (It's) my pleasure. どういたしまして。
- □ **plenty** 名 十分, たくさん, 豊富 plenty of たくさんの～
- □ **plot** 名 構想, 筋立て, プロット, 策略 動 構想を練る, たくらむ
- □ **pluck** 動 ぐいと引っ張る, 引き抜く, むしる plucked eyebrows 引眉(ひきまゆ), 眉そり pluck up courage 勇気を奮い起こす, 度胸をすえる
- □ **plucked** 形 むしられた, 摘まれた, 引き抜かれた
- □ **plum** 名 ①セイヨウスモモ, プラム ②《略式》梅(= Japanese apricot)
- □ **plump** 形 太り気味の, ふっくらした, ぽっちゃりした 動 ①太る, 太らせる, ふくらませる ②どすんと落ちる[落とす]
- □ **plunge** 動 ①飛び込む, 突入する ②(ある状態に)陥れる 名 突入, 突進
- □ **pock-marked** 形 あばたの残る
- □ **poet** 名 詩人, 歌人
- □ **poetic** 形 詩の, 詩的な
- □ **poetry** 名 詩歌, 詩を書くこと
- □ **point** 熟 see little point in ～ing ～する意味がほとんどないと思う
- □ **pole** 名 ①棒, さお, 柱 ②極(地), 電極
- □ **polished** 動 polish(磨く)の過去, 過去分詞

形 磨かれた, 洗練された
- □ **polite** 形 ていねいな, 礼儀正しい, 洗練された
- □ **polygamous** 形 一夫多妻の
- □ **pond** 名 池
- □ **poorly** 副 ①貧しく, 乏しく ②へたに
- □ **poppy** 名 芥子(けし), ポピー《植物》 poppy seeds 芥子の実《護摩(ごま)をたくときに火中へ投げ入れる供物の1つ》
- □ **popularity** 名 人気, 流行
- □ **population** 名 人口, 住民(数)
- □ **portable** 形 持ち運びのできる, ポータブルな
- □ **porter** 名 ①ポーター, 運搬人, ボーイ ②門衛, 門番
- □ **portrait** 名 肖像画, 人物像
- □ **position** 名 ①位置, 場所, 姿勢 ②地位, 身分, 職 ③立場, 状況 動 置く, 配置する
- □ **possess** 動 ①持つ, 所有する ②(心などを)保つ, 制御する
- □ **possessed** 動 possess (持つ)の過去, 過去分詞 形 取りつかれた possessed by [with]《be -》~にとらわれる
- □ **possibility** 名 可能性, 見込み, 将来性
- □ **possible** 形 ①可能な ②ありうる, 起こりうる as ~ as possible できるだけ~ if possible できるなら make it possible for ~ to … ~が…できるようにする
- □ **possibly** 副 ①あるいは, たぶん ②《否定文・疑問文で》どうしても, できる限り, とても, なんとか can't possibly とても[まさか]~できない
- □ **postage stamp** 郵便切手
- □ **pot** 名 壺, (深い)なべ 動 壺に入れる, 鉢植えにする
- □ **potential** 形 可能性がある, 潜在的な 名 可能性, 潜在能力
- □ **pour** 動 ①注ぐ, 浴びせる ②流れ出る, 流れ込む ③ざあざあ降る pour out どっと出てくる, ~に注ぎだす
- □ **powder** 名 粉末, おしろい, 火薬 動 ①粉砕する ②おしろいをつける
- □ **powdered** 形 おしろいを塗った
- □ **powerful** 形 力強い, 実力のある, 影響力のある
- □ **praise** 動 ほめる, 賞賛する 名 賞賛
- □ **pray for** ~のために祈る
- □ **prayer** 名 ①祈り, 祈願(文) ②祈る人
- □ **precious** 形 ①貴重な, 高価な ②かわいい, 大事な
- □ **precise** 形 正確な, ち密な, ぴったりした
- □ **prefer** 動 (~のほうを)好む, (~のほうが)よいと思う
- □ **preferably** 副 望ましくは, 好んで
- □ **preference** 名 好きであること, 好み
- □ **pregnant** 形 ①妊娠している ②示唆的な
- □ **preparation** 名 ①準備, したく ②心構え
- □ **prepared** 形 準備[用意]のできた
- □ **presence** 名 ①存在(すること) ②出席, 態度 in the presence of ~の面前で
- □ **present** 熟 at present 今現在 present ~ with … ~に…をもたらす, 贈呈する
- □ **presentation** 名 ①提出, 提示 ②実演, プレゼンテーション
- □ **preserve** 動 保存[保護]する, 保つ
- □ **press** 動 ①圧する, 押す, 押しつける ②強要する, 迫る be pressed for ~がなくて困っている 名 ①圧迫 押し, 切迫 ⓓ出版物[社], 新聞
- □ **presume** 動 ①仮定する, 推測する ②つけ込む
- □ **pretend** 動 ①ふりをする, 装う ②あえて~しようとする
- □ **prevent** 動 ①妨げる, じゃまする ②予防する, 守る, 《 - from …》~が…できない[しない]ようにする
- □ **previous** 形 前の, 先の previous life 前世
- □ **previously** 副 あらかじめ, 以前に[は]
- □ **priest** 名 聖職者, 牧師, 僧侶 chief priest 僧正 head priest 住職
- □ **priestess** 名 巫女(みこ), 女性の祭司, 斎宮(さいぐう)・斎王(さいおう)《天皇の即位ごとに伊勢神宮または賀茂神社に仕えた未婚の皇女》
- □ **primitive** 形 原始的な, 初期の, 旧式の 名 原始人, 原始主義
- □ **prince** 名 王子, プリンス, 皇太子
- □ **Prince Hyōbukyō** 兵部卿(ひょうぶきょう)の宮《人名》
- □ **princess** 形 王女, 皇后さま, 中宮《帝の妃》, 女御(にょうご)《帝に仕えた宮女》
- □ **principal** 形 主な, 第一の, 主要な, 重要な 名 ①長, 社長, 校長 ②主役, 主犯, 本人
- □ **prisoner** 名 囚人, 捕虜
- □ **privacy** 名 (干渉されない)自由な生活, プライバシー
- □ **private** 形 ①私的な, 個人の ②民間の, 私立の ③内密の, 人里離れた
- □ **probably** 副 たぶん, あるいは
- □ **procession** 名 行進, 行列

□ **production** 名製造, 生産

□ **professor** 名教授, 師匠

□ **profile** 名プロフィール, 横顔, 輪郭, 側面 **in profile** 横から, 横顔で 動輪郭を描く, 寸描をする

□ **progress** 名①進歩, 前進 ②成り行き, 経過 **in progress** 進行中で **make progress** 進歩［上達］する, 前進する 動前進する, 上達する

□ **prologue** 名プロローグ, 序言, 前触れ

□ **prominence** 名傑出, 目立つもの

□ **promote** 動促進する, 昇進［昇級］させる

□ **pronunciation** 名発音

□ **proper** 形①適した, 適切な, 正しい ②固有の

□ **prosperity** 名繁栄, 繁盛, 成功

□ **protection** 名保護, 保護するもの［人］

□ **proud** 形①自慢の, 誇った, 自尊心のある ②高慢な, 尊大な **proud of**《be –》～を自慢に思う

□ **proudly** 副①誇らしげに ②うぬぼれて

□ **provide** 動①供給する, 用意する, (～に) 備える ②規定する

□ **provided** 動 provide (供給する) の過去, 過去分詞 接もし～ならば, 仮に～とすれば

□ **providing** 動 provide (供給する) の現在分詞 接もし～ならば, ～を条件として

□ **psychological** 形心理学の, 精神の, 心理的な

□ **public** 名一般の人々, 大衆 形公の, 公開の

□ **public bath** 公衆浴場

□ **publication** 名①出版 (物) ②公表, 広報

□ **publish** 動①発表［公表］する ②出版［発行］する

□ **pull away** 引き離す, 離れる

□ **pull on** ～を引っ張る, 身につける

□ **pun** 名駄洒落, 語呂合わせ

□ **punish** 動罰する, ひどい目にあわせる **punished for**《be –》～によって罰せられる

□ **pure** 形①純粋な, 混じりけのない ②罪のない, 清い

□ **purely** 副まったくの, 単に, 純粋に

□ **purification** 名浄化, 精製, 禊 (みそぎ)

□ **Purification Ceremony**《the –》御禊［代禊］(みそぎ) の儀《葵祭に先立ち, 斎宮［斎王］が住まいである斎院から賀茂川へ禊 (みそぎ) に向かう儀式》

□ **purple** 形紫色の 名紫色

□ **push** 熟 **push aside** 脇へ押しやる, 押しのける, (考えなどを) 払う **push back** 押し返す, 押しのける **push over** 押しやる **push ～ out of the way** ～を押し出す

□ **put** 熟 **put in** ～の中に入れる **put on** ①～を身につける, 着る ②～を…の上に置く **put out** ①(手など) を (差し) 出す ②(明かり・火を) 消す **put together** 組み立てる, まとめる

Q

□ **quality** 名①質, 性質, 品質 ②特性 ③良質

□ **quarter** 名①4分の1, 15分, 3カ月 ②四半期 ③地区, 住居, 部屋 **Each watch had four thirty-minute-long 'quarters.'** それぞれどの刻 (こく) にも30分単位の4つの「時」がある。

□ **quickly** 副敏速に, 急いで

□ **quietly** 副①静かに ②平穏に, 控えめに

□ **quite** 熟 **not quite** まったく～だというわけではない **quite a few** かなり多くの

□ **quotation** 名①引用, 引用文［句］ ②相場, 時価 ③見積もり

□ **quote** 動①引用する ②(価格などを) 見積もる 名①引用 (句) ②見積もり

R

□ **rabbit** 名①ウサギ, ウサギの毛皮 ②弱虫

□ **race around** 駆け巡る

□ **race back** 急いで戻る

□ **racy** 形①(性的描写が) きわどい, いやらしい ②(文体が) きびきびした

□ **radish** 名ハツカダイコン, ラディッシュ

□ **rage** 名激怒, 猛威, 熱狂 動①怒る, 暴れる ②猛威を振るう

□ **raging** 形①(痛みなどが) ひどい ②荒れ狂う

□ **railing** 名手すり, 柵

□ **rainbow** 名虹 **The Crown Prince shakes when the white rainbow moves across the sun.** 白虹 (はくこう) 日を貫けり, 太子畏 (お) ぢたり。《秦 (しん) の始皇帝暗殺失敗を詠んだ故事》

□ **rainwater** 名雨水

□ **raise** 動①上げる, 高める ②起こす ③～を育てる ④(資金を) 調達する 名高める［上げる］こと, 昇給

□ **range** 名列, 連なり, 範囲 動①並ぶ, 並べる ②およぶ

□ **rank** 名①列 ②階級, 位 動①並ぶ, 並べる ②分類する

□ **rap** 名①こつんとたたくこと ②ラップ (音楽) 動こつんとたたく

- [ ] **rapidly** 副 速く, 急速, すばやく, 迅速に
- [ ] **rare** 形 ①まれな, 珍しい, 逸品の ②希薄な ③(肉が) 生焼けの, レアの
- [ ] **rarely** 副 めったに~しない, まれに, 珍しいほど
- [ ] **Rashōmon** 名 羅生門(らしょうもん)《平城京・平安京の正門。朱雀大路(すざくおおじ)の南端に位置した。羅城門(らじょうもん)》
- [ ] **rat** 名 ①ネズミ(鼠) ②裏切り者
- [ ] **Rat-Day sweet** 子の子餅《「亥の子餅」にちなんで藤原惟光が創作した菓子の名前》
- [ ] **rather** 副 ①むしろ, かえって ②かなり, いくぶん, やや ③それどころか逆に **rather like ~** に似ている **rather than ~**よりむしろ **would rather ~ than …**…よりむしろ~したい
- [ ] **rattle** 動 がたがたいう, がたがた音を立てる 名 がらがら[がちゃがちゃ]いう音
- [ ] **ray** 名 ①光線, 放射線 ②光明 ②エイ《魚》
- [ ] **reach** 熟 **beyond one's reach** 手の届かない **reach out** 手を伸ばす
- [ ] **reader** 名 ①読者 ②読本, リーダー
- [ ] **reading** 動 read (読む)の現在分詞 名 読書, 読み物, 朗読
- [ ] **ready** 熟 **get ready to** ~する準備をする **ready for**《be ~》準備が整って
- [ ] **reality** 名 現実, 実在, 真実(性)
- [ ] **realize** 動 理解する, 実現する
- [ ] **reason** 熟 **for some reason** どういうわけか
- [ ] **reasonable** 形 筋の通った, 分別のある
- [ ] **rebuild** 動 再建する, 改造する
- [ ] **rebuilt** 動 rebuild (再建する)の過去, 過去分詞
- [ ] **recent** 形 近ごろの, 近代の
- [ ] **recently** 副 近ごろ, 最近
- [ ] **recite** 動 暗唱する, 復唱する, 物語る, 朗読[朗唱]する
- [ ] **recognition** 名 承認, 表彰, お礼
- [ ] **recognizable** 動 見覚えがある, 認識できる
- [ ] **recognize** 動 認める, 認識[承認]する
- [ ] **record** 名 ①記録, 登録, 履歴 ②(音楽などの)レコード 動 ①記録[登録]する ②録音[録画]する
- [ ] **recover** 動 ①取り戻す, ばん回する ②回復する
- [ ] **reduce** 動 ①減じる ②しいて~させる, (~の) 状態にする
- [ ] **reed** 名 葦(アシ)《植物》 **reed blind(s)** よしず, すだれ

- [ ] **refer** 動 ①《~ to ~》~に言及する, ~と呼ぶ ②~を参照する, ~に問い合わせる
- [ ] **reference** 名 言及, 参照, 照会
- [ ] **refined** 動 refine (純化する)の過去, 過去分詞 形 精製された, 上品な, 洗練された
- [ ] **reflect** 動 映る, 反響する, 反射する
- [ ] **reflection** 名 ①反射, (鏡・水などに)映った姿, 映像 ②熟考
- [ ] **refrain** 名 (詩歌の) リフレイン, 反復句 動 差し控える, 自制する
- [ ] **refreshing** 動 refresh (気分をすっきりする)の現在分詞 形 気持ちのいい, 元気づける, 気分をさわやかにする
- [ ] **refuse** 動 拒絶する, 断る 名 くず, 廃物
- [ ] **regard** 動 ①(~を…と) 見なす ②尊敬する, 重きを置く ③関係がある **regarded as**《be ~》~と見なされる 名 ①注意, 関心 ②尊敬, 好感 ③《-s》(手紙などで)よろしくというあいさつ **in[with] regard to** ~に関しては **without regard to[for]** ~を無視して
- [ ] **regarding** 動 regard (見なす)の現在分詞 前 ~に関しては, ~について
- [ ] **region** 名 ①地方, 地域 ②範囲
- [ ] **regret** 動 後悔する, 残念ながら~する 名 遺憾, 後悔, (~に対する) 悲しみ **to one's regret** ~にとって残念なことに
- [ ] **regular** 形 ①規則的な, 秩序のある ②定期的な, 一定の, 習慣的
- [ ] **regularly** 副 整然と, 規則正しに
- [ ] **rehearsal** 名 リハーサル, 練習, 下稽古
- [ ] **rejoicing** 名 喜び, 歓喜, 歓声, お祭り騒ぎ
- [ ] **related** 動 relate (関係がある)の過去, 過去分詞 形 ①関係のある, 関連した ②姻戚の
- [ ] **relationship** 名 ①関係, 関連 ②血縁関係 ③恋愛関係
- [ ] **relative** 形 関係のある, 相対的な 名 親戚, 同族
- [ ] **relax** 動 ①くつろがせる ②ゆるめる, 緩和する
- [ ] **relaxed** 動 relax (くつろがせる)の過去, 過去分詞 形 ①くつろいだ, ゆったりした ②ざっくばらんな
- [ ] **release** 動 ①解き放す, 釈放する ②免除する ③発表する, リリースする 名 解放, 釈放
- [ ] **relief** 名 (苦痛・心配などの) 除去, 軽減, 安心, 気晴らし
- [ ] **relieved** 形 安心した, ほっとした
- [ ] **religion** 名 宗教, ~教, 信条
- [ ] **reluctant** 形 気乗りしない, しぶしぶの, 不本

意の

- **reluctantly** 副 いやいやながら, 仕方なく
- **remain** 動 ①残っている, 残る ②(〜の)ままである［いる］ 名《-s》①残り(もの) ②遺跡
- **remind** 動 思い出させる, 気づかせる
- **remote** 形 ①(距離・時間的に)遠い, 遠隔の ②人里離れた ③よそよそしい
- **remove** 動 ①取り去る, 除去する ②(衣類を)脱ぐ
- **repaint** 動〔〜を〕塗り直す［替える］
- **repeat** 動 繰り返す 名 繰り返し, 反復, 再演
- **replace** 動 ①取り替える, 差し替える ②とって代わる, あとを継ぐ ③元に戻す
- **reply** 動 答える, 返事をする, 応答する 名 答え, 返事, 応答
- **reputation** 名 評判, 名声, 世評
- **request** 名 願い, 要求(物), 需要 動 求める, 申し込む
- **requirement** 名 必要なもの, 必要条件
- **research** 名 調査, 研究 動 調査する, 研究する
- **resemble** 動 似ている
- **reserved** 動 reserve(とっておく)の過去, 過去分詞 形 ①予約済みの, 貸し切りの ②遠慮がちの, よそよそしい
- **reside** 動 ①住む, 永住する ②(権利・性質などが〜に)ある
- **residence** 名 住宅, 居住
- **resident** 名 居住者, 在住者
- **resign** 動 辞職する, やめる, 断念する
- **resist** 動 抵抗［反抗・反撃］する, 耐える
- **respect** 名 ①尊敬, 尊重 ②注意, 考慮 動 尊敬［尊重］する
- **responsibility** 名 ①責任, 義務, 義理 ②負担, 責務
- **responsible** 形 責任のある, 信頼できる, 確実な
- **rest** 熟 for the rest of life 死ぬまで rest in the hands of 〜の手中にある
- **restricted** 動 restrict(制限する)の過去, 過去分詞 形 制限された, 限られた
- **result** 名 結果, 成り行き, 成績 as a result その結果(として) 動 (結果として)起こる, 生じる, 結局〜になる
- **retain** 動 ①保つ, 持ち続ける ②覚えている
- **retire** 動 引き下がる, 辞める, 隠居する
- **retired** 動 retire(引き下がる)の過去, 過去分詞 形 退職した, 引退した

- **return** 熟 in return お返しとして return to 〜に戻る, 〜に帰る to return to 〜の話に戻る
- **reveal** 動 明らかにする, 暴露する, もらす
- **review** 名 ①書評, 評論 ②再調査 ③復習 動 ①批評する ②再調査する ③復習する
- **revised** 形 改訂された
- **reward** 名 報酬, 償い, 応報 動 報いる, 報酬を与える
- **rhyme** 名 韻, 脚韻 動 韻を踏む, 韻を踏ませる
- **rhyming** 形 同韻語の
- **rhythm** 名 リズム, 調子
- **rice cake** もち rice cakes shaped like a mirror もち鏡《平安時代の鏡もち》
- **rice gruel** おかゆ
- **Richard Bowring** リチャード・ボウリング (1947-)《イギリスの日本文学者》
- **rid** 動 取り除く get rid of 〜を取り除く
- **ride** 熟 go for a ride 車で出かける
- **ridiculous** 形 ばかげた, おかしい
- **right** 熟 all right よろしい, わかった, 承知した right away すぐに right now 今すぐに, たった今
- **ring** 名 ①輪, 円形, 指輪 ②競技場, リング 動 ①輪で取り囲む ②鳴る, 鳴らす, 鳴り響く ③電話をかける
- **risen** 動 rise(昇る)の過去分詞 形 上がった, 起こった
- **risk** 名 危険 at any risk どんな危険をおかしても, 何が何でも at the risk of 〜の危険をおかして 動 危険にさらす, 賭ける, 危険をおかす
- **rite** 名 (宗教的な)儀式
- **ritual** 名 ①儀式 ②行事 ③慣例
- **rival** 名 競争相手, 匹敵する人 動 競争する
- **robe** 名 ①ローブ, 化粧着, 部屋着, 衣, 直衣(のうし) ②《-s》式服, 法衣
- **robin** 名 コマドリ《鳥》
- **rocky** 形 ①岩の多い ②ぐらぐら揺れる, ぐらつく
- **rode** 動 ride(乗る)の過去
- **Rokujō** 名 ①《Lady - 》六条(御息所)(ろくじょうのみやすどころ)《人名》②六条《京都の地名。六条京極あたり》(= the Sixth Ward)
- **role** 名 ①(劇などの)役 ②役割, 任務
- **roll** 動 ①転がる, 転がす ②(波などが)うねる, 横揺れする ③(時が)たつ roll along 進み続ける roll down 〜を下げる, 下ろす roll up 巻き上げる 名 ①一巻き ②名簿, 目録

□ **romance** 图恋愛(関係・感情), 恋愛［空想・冒険］小説

□ **romantic** 形ロマンチックな, 空想的な 图ロマンチックな人

□ **roof** 图屋根(のようなもの), 住居 動屋根をつける

□ **room** 熟 make room for ～のために場所を空ける, ～に席を譲る

□ **root** 图①根, 根元 ②根源, 原因 ③《-s》先祖, ルーツ by the root(s) 根こそぎ take [strike] root 根づく, 定着する 動根づかせる, 根づく

□ **rosary** 图①ロザリオ ②数珠(じゅず)

□ **rot** 動腐る, 腐らせる, 朽ちる

□ **rough** 形①(手触りが)粗い ②荒々しい, 未加工の

□ **roughly** 副①おおよそ, 概略的に, 大ざっぱに ②手荒く, 粗雑に

□ **round** 熟 turn round 回す, 向きを変える, 振り返る

□ **route** 图道, 道筋, 進路, 回路

□ **Royall Tyler** ロイヤル・タイラー《日本文学研究者》

□ **royalty** 图①著作権使用料, 印税 ②特権階級, 王位 ③荘厳さ

□ **rub** 動①こする, こすって磨く ②すりむく 图摩擦

□ **rude** 形粗野な, 無作法な, 失礼な

□ **rumble** 動①ごろごろと鳴る, とどろく ②(車が)ガラガラ通る 图ごろごろという音, 騒音

□ **rumor** 图うわさ

□ **run** 熟 run around 走り回る run away 走り去る, 逃げ出す run into ～に駆け込む, ～の中に走って入る run over to ～へ急いでやってくる run up and down かけずり回る

□ **rung** 動 ring(鳴る)の過去分詞

□ **running** 熟 come running over to ～に駆け寄ってくる

□ **rush** 動突進する, せき立てる rush around 走り回る rush in ～に駆けつける rush into ～に駆けつける, ～に駆け込む 图突進, 突撃, 殺到

□ **rustic** 形田舎風の, 素朴な, 田舎くさい 图田舎者

□ **rustle** 動さらさらと音を立てる［させる］图さらさらという音

□ **rustling** 形サラサラと音がする［鳴る］動 rustle の現在分詞

□ **Ryūtei Tanehiko** 柳亭種彦(1783–1842)《江戸後期の戯作者》

S

□ **sacred** 形神聖な, 厳粛な sacred tree 神木

□ **sadness** 图悲しみ, 悲哀

□ **safely** 副安全に, 間違いなく

□ **safflower** 图末摘花, ベニバナ《植物》(= benibana/suetsumuhana)

□ **saga** 图①冒険物語, 武勇伝 ②大河小説, 語り草

□ **Sagano Plain** 嵯峨野《京都の嵯峨付近の呼称》

□ **Sakaki** 图①『賢木』《『源氏物語』中の一帖》②《s-》榊［賢木］《神事に用いる木の総称》②《s-》榊《植物》

□ **sake** 图①(～の)ため, 利益, 目的 for God's sake お願いだから ②(日本)酒

□ **salvation** 图救出, 救済, 救い

□ **Sama-no-kami** 图左馬頭(さまのかみ)《人名》

□ **Samantabhadra** 图普賢菩薩(ふげんぼさつ)《釈迦の脇侍の菩薩。白象に乗り, 合掌する姿が一般的》(= Bodhisattva Samantabhadra)

□ **same** 熟 the same ～ as [that] …と同じ(ような)～

□ **samurai** 图侍

□ **sand** 图①砂 ②《-s》砂漠, 砂浜

□ **sandalwood** 图白檀(びゃくだん)

□ **sapling** 图①若木 ②若者

□ **Sarashina** 图《Lady –》菅原孝標女(すがわらのたかすえのむすめ)

□ **Sarashina nikki** 『更級日記』《菅原孝標女(すがわらのたかすえのむすめ)の日記》(= As I Crossed a Bridge of Dreams/Lady Sarashina's diary)

□ **sash** 图サッシュ, 帯

□ **sashimi** 图刺身

□ **sauce** 图ソース

□ **say out loud** 声を大にして言う

□ **saying** 動 say(言う)の現在分詞 图ことわざ, 格言, 発言

□ **scant** 形乏しい, 不十分な

□ **scare** 動こわがらせる, おびえる scare ～ to death ～を死ぬほど怖がらせる, ～を恐怖で死に至らしめる 图恐れ, 不安

□ **scared** 動 scare(こわがらせる)の過去, 過去分詞 形おびえた, びっくりした

□ **scarf** 图スカーフ, 襟巻き, 薄衣

□ **scarlet** 图緋色(ひいろ) 形緋色の

□ **scary** 形恐ろしい, こわい, 臆病な

□ **scenery** 名風景, 景色

□ **scent** 名①(快い)におい, 香り ②手がかり 動かぎつける

□ **scented** 形よい香りのする

□ **scholar** 名学者

□ **scissors** 名はさみ

□ **screen** 名①仕切り, 目隠し, 幕, 御簾(みす), 几帳(きちょう), 帳台(ちょうだい)《貴人の座所・寝所に置かれた目隠し》②スクリーン, 画面 **bamboo screen** 御簾(みす) **paper screen** 障子, 格子 動①仕切る ②覆う, 隠す, 見えなくする ③審査する ④上映する, 映画化する

□ **scroll** 名巻物, 古文書 動(コンピュータで)スクロールする

□ **Sea of Japan** 《the –》日本海

□ **search** 動捜し求める, 調べる 名捜査, 探索, 調査 **in search of** ～を探し求めて

□ **seasonal** 形季節の

□ **seat** 名席, 位置, 代, 地位

□ **seaweed** 名海藻, 海草

□ **Second Month** 《the –》2月, 如月(きさらぎ)《陰暦2月の別名》

□ **Second Ward** 《the –》二条《屋敷・区画》

□ **secret** 形①秘密の, 隠れた ②神秘の, 不思議な **keep ～ secret from** ～を…に秘密にする[隠しておく] 名秘密, 神秘

□ **secretly** 副秘密に, 内緒で

□ **sedan chair** 椅子付きのかご

□ **see** 熟 **see off** 見送る **see ～ as …** ～を…と考える **you see** あのね, いいですか

□ **seek** 動捜し求める, 求める

□ **seem** 動(～に)見える, (～のように)思われる **seem to be** ～であるように思われる

□ **Sei Shōnagon** 清少納言《平安中期の女流文学者》

□ **Seiko Tanabe** 田辺聖子(1928–2019)《小説家》

□ **self** 名①自己, ～そのもの ②私利, 私欲, 利己主義 ③自我

□ **self-pitying** 形自己憐憫の

□ **self-questioning** 形自問(自答)の

□ **selfish** 形わがままな, 自分本位の, 利己主義の

□ **send for** ～を呼びにやる, 取り寄せる

□ **send out** 使いに出す, 送信する

□ **sense** 名①感覚, 感じ ②(-s)意識, 正気, 本性 ③常識, 分別, センス ④意味 **make sense** 意味をなす, よくわかる 動感じる, 気づく

□ **sensual** 形官能的な, 肉感的な

□ **separately** 副離れて, 独立して, 別々に

□ **serial** 名続きもの, 連載物 形連続している, 連載の

□ **series** 名一続き, 連続, シリーズ

□ **serious** 形①まじめな, 真剣な ②重大な, 深刻な, (病気などが)重い

□ **seriously** 副①真剣に, まじめに ②重大に

□ **servant** 名①召使, 使用人, しもべ ②公務員, (公共事業の)従業員

□ **serve** 動①仕える, 奉仕する ②(客の)応対をする, 給仕する, 食事[飲み物]を出す ③(役目を)果たす, 務める, 役に立つ

□ **service** 名①勤務, 業務 ②公益事業 ③点検, 修理 ④奉仕, 貢献 ⑤礼拝, (神仏への)お勤め 動保守点検する, (点検)修理をする

□ **set out**(**on ～**)(～に)旅立つ

□ **Seta Bridge** 《the –》瀬田橋《琵琶湖南端, 瀬田川にかかる橋。瀬田の唐橋(からはし)。瀬田の長橋(ながはし)》

□ **setting** 動 set(置く)の現在分詞 名設定, 周囲の環境

□ **seven-stringed** 形7弦の

□ **seventeenth** 名17, 17人[個] 形17の, 17人[個]の

□ **Seventh Month** 《the –》7月, 文月(ふみづき・ふづき)《陰暦7月の別名》

□ **shade** 名①陰, 日陰 ②日よけ ③色合い 動①陰にする, 暗くする, 陰影をつける ②次第に変わる[変える]

□ **shadow** 名①影, 暗がり ②亡霊 動①陰にする, 暗くする ②尾行する

□ **shadowy** 形影のある, 陰の多い, 暗い, おぼろげな

□ **shaft** 名①柄, (馬車や牛車の)轅(ながえ) ②軸 ③シャフト ④光の一筋

□ **shaft-rest** 名榻(しじ)《牛車の轅(ながえ)を休ませる台》

□ **shake** 動①振る, 揺れる, 揺さぶる, 震える ②動揺させる ③振り切る, (尾行を)まく, うまく逃れる 名①振ること ②ミルクセーキ

□ **Shakespeare** 名《William –》(ウィリアム・)シェイクスピア(1564–1616)《イギリスの劇作家・詩人》

□ **Shakespearean** 名シェイクスピア研究家 形シェイクスピア(の作品)の, シェイクスピア風[調]の

□ **shame** 名①恥, 恥辱 ②恥ずべきこと, ひどいこと 動恥をかかせる, 侮辱する

□ **shape** 图①形, 姿, 型 ②状態, 調子 **in the shape of** 〜の形をした 動形づくる, 具体化する **shape up** 具体化する, 調子がよくなる

□ **shapely** 形見栄えのする, 格好のよい

□ **sharp** 形①鋭い, とがった ②刺すような, きつい ③鋭敏な ④急な 副①鋭く, 急に ②(時間が)ちょうど

□ **shave** (ひげ・顔を)そる, 削る 图ひげそり, 剃髪, 削り(くず)

□ **sheet** 图①シーツ ②(紙などの)1枚

□ **shell-matching game** 貝合わせ

□ **shellfish** 图貝, 甲殻類《カニ, エビなど》

□ **shelter** 图①避難所, 隠れ家 ②保護, 避難 動避難する, 隠れる

□ **sherbet** 图シャーベット, かき氷

□ **Sherlock Holmes** シャーロック・ホームズ《コナン・ドイルの推理小説の主人公およびシリーズ名》

□ **Shikibu** 图①式部省《律令制で太政官八省の1局, 文官の考課 選叙・禄賜など人事一般を取り扱う》(= the Ministry of Ceremonies) ②式部《平安時代の女官の呼び名》, 女房《宮廷・貴族などに仕える女官, またはその女官の部屋》③紫式部《人名》

□ **shine** 動①光る, 輝く ②光らせる, 磨く **shine in** 差し込む 图光, 輝き

□ **Shining One** 《The 〜》光る君《光源氏の呼称》

□ **shiny** 形輝く, 光る

□ **shiver** 動(寒さなどで)身震いする, 震える 图震え, 悪寒

□ **shocked** 形〜にショックを受けて, 憤慨して

□ **Shōnagon** 图①少納言《律令制で, 太政官の判官》②少納言《人名》

□ **shone** 動shine(光る)の過去, 過去分詞

□ **shook** 動shake(振る)の過去

□ **shoot** 图新芽, 若枝, 生長

□ **shore** 图岸, 海岸, 陸 **in shore** 岸近くに **off shore** 沖合いに **on shore** 陸に

□ **shortcoming** 图欠点, 短所, 至らないところ

□ **should have done** 〜すべきだった(のにしなかった)《仮定法》

□ **shoulder** 图肩 動肩にかつぐ, 肩で押し分けて進む

□ **shoulder-length** 形肩までの長さ

□ **shout** 動叫ぶ, 大声を出す

□ **show someone in** [人を]中に案内する, 招き入れる

□ **shown** 動show(見せる)の過去分詞

□ **shrine** 图廟, 聖堂, 神社

□ **shroud** 图①経かたびら《死体に着せる白衣》②覆うもの, とばり 動(死体に)経かたびらを着せる, 覆い隠す

□ **shrub** 图低木, 潅木

□ **shudder** 動身震いする, 震える 图震え

□ **shut** 動①閉まる, 閉める, 閉じる ②たたむ ③閉じ込める ④shutの過去, 過去分詞

□ **shutter** 图①シャッター, 雨戸, 戸, 格子, 蔀戸(しとみど)《格子をとりつけた板戸》, 格子 ②(カメラの)シャッター

□ **shy** 形内気な, 恥ずかしがりの, 臆病な

□ **sickness** 图病気

□ **side** 图側, 横, そば, 斜面 **far side** 向こう側, 反対側 **one side** 片側 **side by side** 並んで 形①側面の, 横の ②副次的な 動(〜の)側につく, 賛成する

□ **sideshow** 图見せ物, 余興

□ **sigh** 動①ため息をつく, ため息をついて言う ②(風が)そよぐ 图①ため息 ②(風の)そよぐ音

□ **sight** 熟 **at first sight** 一目見て **catch sight of** 〜を見つける, 〜を見かける

□ **significance** 图重要(性), 意味, 深刻さ

□ **silence** 图沈黙, 無言, 静寂 **in silence** 黙って, 沈黙のうちに 動沈黙させる, 静める

□ **silent** 形①無言の, 黙っている ②静かな, 音を立てない ③活動しない **go silent** 黙り込む

□ **silently** 副静かに, 黙って

□ **silk** 图絹(布), 生糸 形絹の, 絹製の

□ **silly** 形おろかな, 思慮のない

□ **similar** 形同じような, 類似した, 相似の

□ **similarity** 图類似(点), 相似

□ **simplified** 形簡単[単純]にした

□ **simply** 副①簡単に ②単に, ただ ③まったく, 完全に

□ **sin** 图(道徳・宗教上の)罪

□ **since** 熟 **ever since** それ以来ずっと

□ **sincerely** 副真心をこめて

□ **singer** 图歌手, シンガー, 歌い手

□ **singing** 動sing(歌う)の現在分詞 图歌うこと, 歌声 形歌う, さえずる

□ **single** 形①たった1つの ②1人用の, それぞれの ③独身の ④片道の

□ **single-handedly** 副人の手を借りずに, 独力で, 単独で

□ **sinner** 图罪を犯した人, 罪人

□ **sip** 動（酒・茶などを）少しずつ飲む, ちびちび飲む 名（酒などの）ひと口, ちびちび飲むこと

□ **sit** 熟 sit around ブラブラして［無為に］過ごす sit on ～の上に乗る, ～の上に乗って動けないようにする sit up 起き上がる, 上半身を起こす sit up all night 徹夜する

□ **situation** 名 ①場所, 位置 ②状況, 境遇, 立場

□ **sixteenth** 名第16番目（の人［物］）, 16日 形第16番目の

□ **Sixth Ward** 《the -》①六条《京都の地名。六条京極あたり》（= Rokujō）②六条《屋敷・区画》

□ **skill** 名 ①技能, 技術 ②上手, 熟練

□ **skilled** 形熟練した, 腕のいい, 熟練を要する

□ **skillful** 形熟練した, 腕のいい

□ **skin** 熟 all skin and bone やせこけた

□ **skinny** 形骨と皮ばかりの, やせた

□ **sleep** 熟 go to sleep 寝る sleep in 寝床に入る sleep well よく眠る

□ **sleeping** 形眠っている, 休止している 名睡眠（状態）, 不活動

□ **sleepy** 形 ①眠い, 眠そうな ②活気のない

□ **sleet** 名あられ, ひょう, みぞれ 動あられ［ひょう・みぞれ］が降る

□ **sleeve** 名袖, たもと, スリーブ

□ **sleeve-waving** 形袖を振る

□ **slid** 動 slide（滑る）の過去, 過去分詞

□ **slide** 動 ①滑る, 滑らせる, 滑っていく, 滑走する ②下落する slide open the door 引き戸［ふすま・障子］を開ける 名 ①滑ること, 滑走 ②滑走路, すべり台

□ **sliding door** 引き戸, 障子, ふすま

□ **slight** 形 ①わずかな ②ほっそりして ③とるに足らない

□ **slightly** 副わずかに, いささか

□ **slim** 形ほっそりした, わずかな, 薄い 動やせる, やせさせる, 細くなる

□ **slip** 動滑る, 滑らせる, 滑って転ぶ let slip（秘密などを）うっかりもらす slip away すり抜ける, こっそり去る, 静かに立ち去る slip up しくじる 名滑ること

□ **slit eye** 細い目, 切れ長の目

□ **slope** 動傾斜する［させる］, 坂になる, 勾配をつける 名坂, 斜面, 傾斜

□ **slowly** 副遅く, ゆっくり

□ **smallpox** 名天然痘（てんねんとう）, 疱瘡（ほうそう）

□ **smile at** ～に微笑みかける

□ **smile to oneself** 微笑みをもらす, ほくそえむ, 悦に入る

□ **smiling** 形微笑する, にこにこした

□ **smoke** 動喫煙する, 煙を出す smoke out いぶり出す, 明るみに出す 名煙, 煙状のもの

□ **smooth** 形滑らかな, すべすべした 動滑らかにする, 平らにする

□ **snack** 名軽食, おやつ 動軽食をとる

□ **so** 熟 and so そこで, それだから, それで and so on ～など, その他もろもろ or so ～かそこらで far 今までのところ, これまでは so many 非常に多くの so that ～するために, それで, ～できるように so ～ that … 非常に～なので…

□ **soak** 動 ①浸す, 浸る, ずぶぬれになる［する］, しみ込ませる, しみ込む ②（浴びるように）酒を飲む 名浸すこと

□ **soccer** 名サッカー

□ **social** 形 ①社会の, 社会的な ②社交的な, 愛想のよい

□ **society** 名社会, 世間

□ **soften** 動柔らかくなる［する］, 和らぐ

□ **softly** 副柔らかに, 優しく, そっと

□ **soil** 名土, 土地 動汚す

□ **solar** 形太陽の, 太陽光線を利用した

□ **solar calendar** 太陽暦, 新暦《地球の公転運動, 1太陽年を基準にした暦》

□ **solid** 形 ①固体［固形］の ②頑丈な ③信頼できる 名固体, 固形物

□ **solitary** 形ひとりの, 孤独な, 人里離れた

□ **solve** 動解く, 解決する

□ **some** 熟 for some reason どういうわけか for some time しばらくの間 some time いつか, そのうち

□ **somehow** 副 ①どうにかこうにか, ともかく, 何とかして ②どういうわけか

□ **someone** 代ある人, 誰か It is ～ for someone to … （人）が…するのは～だ It takes someone ～ to … （人）が～するのに～（時間など）がかかる cheer someone up （人）を元気付ける keep someone at a distance （人）を遠ざける show someone in ［人を］中に案内する, 招き入れる would like someone to （人）に～してもらいたい

□ **something** 代 ①ある物, 何か ②いくぶん, 多少 名《略式》重要な人［物］, たいしたこと That would be something. そうなったら大変なことだ。

□ **sometimes** 副時々, 時たま

□ **somewhat** 副いくらか, やや, 多少

□ **somewhere** 副 ①どこかへ［に］ ②いつか, およそ

□ **son-in-law** 名 義理の息子

□ **soon** 熟 as soon as ～するとすぐ, ～するや否や

□ **sophisticated** 形 ①洗練された, 都会的な ②世慣れた, 上品ぶった

□ **sophistication** 名 ①洗練 ②世間慣れ ③精巧化

□ **sore** 形 ①痛い, 傷のある ②悲惨な, ひどい 名 傷, ふれると痛いところ

□ **sorrow** 名 悲しみ, 後悔

□ **sorry** 熟 feel sorry for ～をかわいそうに思う

□ **soul** 名 ①魂 ②精神, 心 living soul 生き霊

□ **sound** 動 ～に聞こえる, ～に思われる sound like ～のように聞こえる

□ **source** 名 源, 原因, もと

□ **south-west** 名 南西(部) 形 南西の, 南西向きの 副 南西へ, 南西から

□ **southern** 形 南の, 南向きの, 南からの

□ **southwest** 名 南西(部) 形 南西の, 南西向きの 副 南西へ, 南西から

□ **soy sauce** しょうゆ

□ **sparrow** 名 スズメ《鳥》

□ **speak** 熟 strictly speaking 厳密に言うと

□ **speak to** ～と話す

□ **speaking** 動 speak(話す)の現在分詞 形 話す, ものを言う 名 話すこと, 談話, 演説

□ **spectacular** 形 見世物の, 壮観な 名 (豪華な)出し物

□ **speechless** 形 無言の, 口がきけない

□ **spell** 動 ①(語を)つづる, つづりを言う ②呪文にかける 名 ①一続き, ひとしきり ②呪文, まじない

□ **spider** 名 蜘蛛(クモ)《昆虫》

□ **spill** 動 こぼす, こぼれる, あふれる

□ **spirit** 名 ①霊 ②精神, 気力 evil spirit 悪霊, 魔性(のもの)

□ **spiritual** 形 精神の, 精神的な, 霊的な

□ **splendid** 形 見事な, 壮麗な, 堂々とした

□ **splendidly** 副 立派に, 見事に

□ **spoiler** 名 ネタバレ

□ **spot** 名 ①地点, 場所, 立場 ②斑点, しみ on the spot その場で, ただちに 動 ①～を見つける ②点を打つ, しみをつける

□ **sprig** 名 (切り取られた)小枝

□ **sprout** 名 芽, 新芽 動 ①芽が出る ②成長する

□ **squeak** 動 ①(ネズミなどが)チューチュー鳴く ②(楽器・車輪などが)キーキーいう ③密告する 名 ①チューチューという鳴き声 ②キーキーという音

□ **staff** 名 職員, スタッフ 動 配置する

□ **stage** 名 ①舞台 ②段階 動 上演する

□ **stain** 名 ①しみ, よごれ ②染料, 染色 ③傷, 汚点 動 ①～にしみをつける ②～を着色する ③(名誉など)を傷つける

□ **stamp** 名 ①印 ②切手 動 ①印を押す ②踏みつける

□ **stand** 名 見物席

□ **standing curtain** 几帳(きちょう)《かつて用いられた間仕切りや目隠しに使う室内調度》

□ **staple** 名 (ある国・地方の)主要産物 形 主要な

□ **star-crossed** 形 悲運の, 薄幸な

□ **stare** 動 じっと［じろじろ］見る 名 じっと見ること, 凝視

□ **starlet** 名 ①小さな星 ②売り出し中の若手女優

□ **start doing** ～し始める

□ **start to do** ～し始める

□ **startle** 動 びっくりさせる, 飛び上がらせる

□ **state** 名 ①あり様, 状態 ②国家, (アメリカなどの)州 ③階層, 地位 動 述べる, 表明する

□ **statesman** 名 政治家

□ **statue** 名 像

□ **status** 名 ①(社会的な)地位, 身分, 立場 ②状態

□ **stay** 熟 stay at (場所)に泊まる stay away from ～から離れている stay in 家にいる, (場所)に泊まる, 滞在する stay on 居残る, とどまる

□ **steady** 形 ①しっかりした, 安定した, 落ち着いた ②堅実な, まじめな go steady 特定の相手とデートする, 恋人同士になる

□ **steel** 名 鋼, 鋼鉄(製の物) 形 鋼鉄の, 堅い

□ **steep** 形 険しい, 法外な 動 ①漬ける, 浸っている, 浸す ②染まる, しみ出る 名 急勾配, 急な坂

□ **step down from** ～を辞任［退位］する

□ **step out** 外へ出る

□ **stepson** 名 継息子(ままむすこ), 義理の息子

□ **stereotypical** 形 型通りの, ありふれた

□ **stick out** 突き出す

413

- [ ] **still** 形 ①じっとした, 静止した, 動かない ② 穏やかな, 平静な **stand still** じっとしている
- [ ] **stillness** 名 静けさ, 静止
- [ ] **stock** 名 ①貯蔵 ②仕入れ品, 在庫品 ③株式 ④家系 動 仕入れる, 蓄える
- [ ] **stole** 動 steal (盗む) の過去
- [ ] **stolen** 動 steal (盗む) の過去分詞
- [ ] **stone** 名 ①石, 小石 ②宝石 形 石の, 石製の
- [ ] **stop** 熟 **can't stop ～ing** ～するのが止まらない [止められない] **stop doing** ～するのをやめる
- [ ] **storm** 名 ①嵐, 暴風雨 ②強襲 動 ①襲撃 [強襲] する ②嵐が吹く
- [ ] **stormy** 形 ①嵐の, 暴風の ②激しい
- [ ] **straight** 熟 **walk straight up to** ～につかつかと歩み寄る
- [ ] **strangely** 副 奇妙に, 変に, 不思議なことに, 不慣れに
- [ ] **stranger** 名 ①見知らぬ人, 他人 ②不案内 [不慣れ] な人
- [ ] **streak** 名 ①筋, 縞 ②傾向, 気味 動 筋 [縞] をつける, 筋 [縞] になる
- [ ] **stream** 名 ①小川, 流れ ②風潮 動 流れ出る, 流れる, なびく
- [ ] **strength** 名 ①力, 体力 ②長所, 強み ③強度, 濃度 **get one's strength back** 元気を取り戻す
- [ ] **stressful** 形 ストレスの多い
- [ ] **stretch** 動 引き伸ばす, 広がる, 広げる **stretch out** 手を伸ばす, 背伸びする 名 ①伸ばす [伸びる] こと, 広がり ②ストレッチ (運動)
- [ ] **strict** 形 厳しい, 厳密な
- [ ] **strictly** 副 厳しく, 厳密に
- [ ] **strife** 名 争い, 不和, 反目
- [ ] **strike** 動 ①打つ, ぶつかる ② (災害などが) 急に襲う ③心に浮かぶ **strike back** 打ち返す, 仕返しする **strike off** 削除する, 除名する **strike on** ～を思いつく **strike one's head out** 顔を出す 名 ①ストライキ ②打つこと, 打撃
- [ ] **striking** 形 目立つ, 際立つ
- [ ] **strip** 動 裸にする, 脱衣する, はぐ, 取り去る 名 (細長い) 1片
- [ ] **stroke** 名 ①一撃, ひと打ち ②一動作 ③ひとなで, ひとさすり 動 なでる, さする
- [ ] **strong-minded** 形 気の強い, 勝ち気な, しっかりした
- [ ] **strongly** 副 強く, 頑丈に, 猛烈に, 熱心に
- [ ] **struck** 動 strike (打つ) の過去, 過去分詞
- [ ] **structure** 名 構造, 骨組み, 仕組み 動 組織立てる
- [ ] **struggle** 動 もがく, 奮闘する 名 もがき, 奮闘
- [ ] **stuck** 動 stick (刺さる) の過去, 過去分詞 **be [get] stuck** いきづまる
- [ ] **stumble** 動 ①よろめく, つまずく ②偶然出会う 名 つまずき
- [ ] **style** 名 やり方, 流儀, 様式, スタイル
- [ ] **subtle** 形 微妙な, かすかな, 繊細な, 敏感な, 器用な
- [ ] **subtly** 副 微妙に, 巧妙に
- [ ] **success** 名 成功, 幸運, 上首尾
- [ ] **successfully** 副 首尾よく, うまく
- [ ] **such** 熟 **such a** そのような **such as** たとえば～, ～のような **such ～ as …** …のような～
- [ ] **sudden** 形 突然の, 急な
- [ ] **Suetsumuhana** 名 ①『末摘花』《『源氏物語』中の一帖》②末摘花《人名》③末摘花《(植物の) ベニバナの別名》(= benibana/safflower)
- [ ] **suffer** 動 ① (苦痛・損害などを) 受ける, こうむる ② (病気に) なる, 苦しむ, 悩む
- [ ] **suffering** 動 suffer (受ける) の現在分詞 名 苦痛, 苦しみ, 苦難
- [ ] **sugar-free** 形 砂糖の入っていない, 無糖の
- [ ] **suggest** 動 ①暗示する ②提案する
- [ ] **suggestion** 名 ①提案, 忠告 ②気配, 暗示
- [ ] **sugoroku** 名 すごろく
- [ ] **suitable** 形 適当な, 似合う, ふさわしい
- [ ] **sulk** 動 すねる, 腹を立てる 名《the -s》すねること, 不機嫌, ふくれっつら
- [ ] **Suma** 名 ①須磨《地名》②『須磨』《『源氏物語』中の一帖》
- [ ] **sumo** 名 相撲
- [ ] **sumo wrestler** 力士
- [ ] **sunburned** 動 sunburn (日焼けする) の過去, 過去分詞 形 日焼けした
- [ ] **sunlight** 名 日光
- [ ] **Sunlight Princess** 《the – 》輝く日の宮《藤壺の宮の呼称》
- [ ] **sunset** 名 日没, 夕焼け
- [ ] **sunshine** 名 日光
- [ ] **superman** 名 スーパーマン, 超人 (的な人)
- [ ] **superstition** 名 迷信
- [ ] **superwoman** 名 スーパーウーマン, 超人的な女性
- [ ] **supply** 動 供給 [配給] する, 補充する 名 供給 (品), 食糧, 必需品, 給与, 補充

□ **support** 動①支える, 支持する ②養う, 援助する 名①支え, 支持 ②援助, 扶養

□ **suppose** 動①仮定する, 推測する ②《be -d to ～》～することになっている, ～するものである, ～と思われている

□ **sure** 熟 for sure 確かに make sure 確かめる, 確認する make sure to 必ず～する sure enough 思ったとおり, 確かに sure to do《be－》必ず～する

□ **surely** 副 確かに, きっと

□ **surface** 名①表面, 水面 ②うわべ, 外見 on the surface 外面は, うわべは

□ **surprised** 動 surprise (驚かす) の過去, 過去分詞 形 驚いた surprised to do《be－》～して驚く

□ **surprising** 動 surprise (驚かす) の現在分詞 形 驚くべき, 意外な

□ **surround** 動 囲む, 包囲する

□ **survive** 動 存続する, 存在し続ける

□ **sushi** 名 すし

□ **suspect** 動 疑う, (～ではないかと) 思う 名 容疑者, 注意人物

□ **sutra** 名 スートラ, 経

□ **Suzaku** 名①《Emperor－》朱雀帝 (すざくてい) 《人名》②《the－Palace》朱雀院《朱雀帝の御所》③《the－Avenue》朱雀大路《中央を南北に走る大路》

□ **Suzaku Ōji** 朱雀大路《中央を南北に走る大路》

□ **swallow** 名 ツバメ《鳥》動①飲み込む ②うのみにする

□ **sweat** 名 汗 動 汗をかく

□ **swiftly** 副 速く, 迅速に

□ **sword** 名①剣, 刀 ②武力

□ **syllabary** 名 音節文字表

□ **syllable** 名①音節, シラブル ②ひと言

□ **symbol** 名 シンボル, 象徴

□ **symbolic** 形 象徴する, 象徴的な

□ **sympathize** 動 同情する, 気の毒に思う, 賛同する

□ **synthesizer** 名①統合する人 ②シンセサイザー《電子楽器》

T

□ **taboo** 名 タブー, 禁忌 形 タブーの, 禁止された 動 タブーとして避ける, 禁止する

□ **Takarazuka Theater** 宝塚歌劇団《宝塚市に本拠を置く女性だけの歌劇団》

□ **take** 熟 It takes someone ～ to … (人) が…するのに～ (時間など) がかかる take a look at ～をちょっと見る take a walk 散歩をする take away 取り上げる, 持ち去る take back 取り戻す, 連れ戻す take care of ～の世話をする, ～面倒を見る take hold of ～をつかむ, 捕らえる take off to ～に出かける, 出発する take over (仕事を) 引き継ぐ, 占有する, 占める take pity on ～に同情を示す, ～を哀れむ take place 行われる, 起こる take ～ to … ～を…に連れて行く take up ①〔義務などを〕引き受ける, 担う ②〔要求などを〕受け入れる, 応じる

□ **tale** 名①話, 物語 ②うわさ, 悪口

□ **Tale of Genji** 《The－》『源氏物語』《平安中期の物語。紫式部作》(= Genji Monogatari)

□ **Tales from Shakespeare** 『シェイクスピア物語』《ラム姉弟による児童文学》

□ **Tale of Genji Symphonic Fantasy** 『源氏物語幻想交響絵巻』《冨田勲による音楽作品》

□ **talent** 名 才能, 才能ある人

□ **talented** 形 才能のある, 有能な, すぐれた天分のある

□ **talk of** ～のことを話す

□ **talk the night away** ひと晩語り明かす

□ **tanka** 名 短歌

□ **tap** 動①軽くたたく, たたいて合図する ②栓を抜いて出す 名①軽くたたくこと ②蛇口, コック ③盗聴器

□ **target** 名 標的, 目的物, 対象 動 的〔目標〕にする

□ **task** 名 (やるべき) 仕事, 職務, 課題 動 仕事を課す, 負担をかける

□ **taste** 名①味, 風味 ②好み, 趣味 動 味がする, 味わう

□ **tatami** 名《－(mat)》畳

□ **tatami-mat** 名 畳

□ **tea ceremony** 茶道, 茶会

□ **teaching** 動 teach (教える) の現在分詞 名①教えること, 教授, 授業 ②《-s》教え, 教訓

□ **tear** 熟 burst into tears 急に泣き出す in tears 涙を浮かべて [流しながら]

□ **tear-filled** 形 涙でいっぱいの

□ **teenage** 形 ティーンエイジャーの, 10代の

□ **teenager** 名 10代の人, ティーンエイジャー《13歳から19歳》

□ **televise** 動 テレビで放送 [放映] する

□ **tell** 熟 tell ～ to … ～に…するように言う to tell the truth 実は, 実を言えば

□ **telling** 動 tell (話す) の現在分詞 形 効果的な,

著しい

- □ **temper** 名①気質, 気性, 気分 ②短気 動① 〜の厳しさを和らげる, 〜を調節する ②鍛える
- □ **temple** 名①寺, 神殿 ②こめかみ
- □ **tempura** 名てんぷら
- □ **tend** 動①(〜の)傾向がある, (〜)しがちで ある ②向かう, 行く
- □ **tender** 形柔らかい, もろい, 弱い, 優しい
- □ **Tenth Month** 《the –》10月, 神無月 (かんな づき)《陰暦10月の別名》
- □ **term** 名①期間, 期限 ②語, 用語 ③《-s》条件 ④《-s》関係, 仲 **come to terms with** 〜と合意 に達する, 〜を甘受する **in terms of** 〜の点か ら見て, 〜に関連して **on 〜 terms with** …… と〜な仲である
- □ **territory** 名①領土 ②(広い)地域, 範囲, 領 域
- □ **terror** 名①恐怖 ②恐ろしい人[物]
- □ **testing** 動 test (試みる)の現在分詞 名テス トすること 形真価を試すような
- □ **text** 名本文, 原本, テキスト, 教科書
- □ **Text Note** 注記
- □ **than** 熟 **more than** 〜以上 **rather than** 〜よ りむしろ **than any other** ほかのどの〜よりも **than usual** いつもより
- □ **thank 〜 for** 〜に対して礼を言う
- □ **thanks to** 〜のおかげで, 〜の結果
- □ **that** 熟 **after that** その後 **at that moment** そ の時に, その瞬間に **in that case** もしそうなら **now that** 今や〜だから, 〜だからには **so that 〜** するために, それで, 〜できるように **so 〜 that** … 非常に〜なので… **with that** そうして, そう 言って
- □ **thatched** 形わらぶきの
- □ **the** 熟 **the more 〜 the more** … 〜すれば するほどますます… **the night before** 前の晩 **the other day** 先日 **the same 〜 as [that]** …… と同じ(ような)〜
- □ **theater** 名劇場
- □ **theme** 名主題, テーマ, 作文
- □ **then** 熟 **by then** その時までに **just then** そ のとたんに **now and then** ときどき
- □ **there** 熟 **down there** 下の方で[に] **here and there** あちこちで **over there** あそこに **There is no way I can 〜.** 〜できるはずもな い。 **there you are** その調子, ほら簡単だろう **up there** あそこで
- □ **thick** 形厚い, 密集した, 濃厚な 副厚く, 濃く 名最も厚い[強い・濃い]部分
- □ **thief** 名泥棒, 盗人, 強盗 **child thief** 人さらい

- □ **thin** 形薄い, 細い, やせた, まばらな 副薄く 動薄く[細く]なる, 薄くする
- □ **think of** 〜のことを考える, 〜を思いつく, 考 え出す
- □ **thinking** 動 think (思う)の現在分詞 名考え ること, 思考 形思考力のある, 考える
- □ **Third Month** 《the –》3月, 弥生 (やよい)《陰 暦3月の別名》
- □ **Third Ward** 《the –》三条《屋敷・区画》
- □ **thirty-minute-long** 形30分の
- □ **thirty-one-syllable** 形31音節の
- □ **this** 熟 **at this moment** 現在のところ, 現在 点では **at this time** 現時点では, このとき **like this** このような, こんなふうに **this one** これ, こちら
- □ **those who** 〜する人々
- □ **though** 接①〜にもかかわらず, 〜だが ②た とえ〜でも **as though** あたかも〜のように, ま るで〜みたいに **even though** 〜であるけれど も, 〜にもかかわらず 副しかし
- □ **thread** 名糸, 糸のように細いもの 動糸を通 す
- □ **threat** 名おどし, 脅迫
- □ **thrilled** 形ぞくぞく, わくわくして
- □ **thrilling** 動 thrill (ぞっとする)の現在分詞 形スリル満点の, ぞくぞくする
- □ **throne** 名王座, 王権, 皇位
- □ **through** 熟 **break through** [太陽・月が]雲 間から現れる **go through** 通り抜ける, 一つず つ順番に検討する **look through** 〜に目を通す **pass through** 〜を通る, 通行する
- □ **thrown** 動 throw (投げる)の過去分詞
- □ **thumbprint** 名拇印 (ぼいん), 親指の指紋
- □ **thunder** 名雷, 雷鳴 動雷が鳴る, どなる
- □ **thunderstorm** 名(激しい)雷雨
- □ **tide** 名①潮, 潮流 ②すう勢, 気運 動乗り切 らせる
- □ **tiger** 名①虎 (とら) ②あばれ者
- □ **tight** 形堅い, きつい, ぴんと張った 副堅く, しっかりと
- □ **till** 前〜まで(ずっと) 接〜(する)まで
- □ **timber** 名①材木, 木材 ②横木, 棟木
- □ **time** 熟 **all the time** ずっと, いつも, その間 ずっと **at other times** 普段は, またある時には **at the time** そのころ, 当時は **at this time** 現 時点では, このとき **by the time** 〜する時まで に **every time** 〜するときはいつも **for some time** しばらくの間 **have no time to do** 〜す る時間がない **how many times** 何回〜ですか

in no time at all すぐさま　just in time ぎりぎりのところで　next time 次回に　some time いつか, そのうち

- [ ] **tinge** 名淡い色, 色合い, 気味 動淡く着色する

- [ ] **tiny** 形ちっぽけな, とても小さい

- [ ] **tired** 動 tire (疲れる) の過去, 過去分詞 形 ①疲れた, くたびれた ②あきた, うんざりした
get tired of ～に飽きる, ～が嫌になる

- [ ] **title** 名①題名, タイトル ②肩書, 称号 ③権利, 資格 動題をつける, 肩書を与える

- [ ] **Tō-no-Chūjō** 名頭中将《人名》

- [ ] **Tō-no-Shikibu** 名藤式部(とうのしきぶ)《紫式部の宮中での女房名》

- [ ] **Tō-Shikibu-no-jō** 名藤式部丞(とうしきぶのじょう)《人名》

- [ ] **Tōkaidō** 名東海道《江戸時代の五街道の1つ》

- [ ] **tokko** 名独鈷(とっこ)《密教で用いる棒状の法具・仏具。金剛杵(こんごうしょ)の一種。独鈷(どっこ)》

- [ ] **Tokyo** 名東京《地名》

- [ ] **Tolstoy** 名トルストイ (1817–75)《ロシアの詩人・小説家・劇作家》

- [ ] **tombstone** 名墓石

- [ ] **tone** 名音, 音色, 調子 動調和する[させる]

- [ ] **tongue** 名①舌 ②弁舌 ③言語

- [ ] **tongue-in-cheek** 形冗談の, 皮肉交じりの

- [ ] **too** 熟 too much 過度の　too much of あまりに～過ぎる　too ～ to … …するには～すぎる

- [ ] **toothless** 形①歯のない ②力強さのない, 骨抜きの

- [ ] **torch** 名たいまつ, 光明

- [ ] **Toribe Moor** 鳥辺野 (とりべの)《地名。かつての火葬場・墓所》

- [ ] **torment** 動困らせる, 苦しめる 名苦痛, 苦悩, 苦労の種

- [ ] **total** 形総計の, 全体の, 完全な 名全体, 合計 動合計する

- [ ] **totally** 副全体的に, すっかり

- [ ] **touch** 熟 in touch with《be –》(～と)連絡を取って

- [ ] **trace** 名①跡 ②(事件などの)こん跡 動たどる, さかのぼって調べる

- [ ] **track** 名①通った跡, わだち ②競走路, 軌道, トラック 動追跡する

- [ ] **traditional** 形伝統的な

- [ ] **traffic** 名通行, 往来, 交通(量), 貿易 動商売する, 取引する

- [ ] **traffic jam** 交通渋滞

- [ ] **tragedy** 名悲劇, 惨劇

- [ ] **tragic** 形悲劇の, 痛ましい

- [ ] **train** 名(衣服の)裾, 下襲(したがさね)《袍(ほう)の下に着用する衣。裾を背後に引いて歩く》
a train the color of dark grapes 葡萄染め(えびぞめ)の下襲

- [ ] **tranquility** 名平安, 安定

- [ ] **transience** 名はかなさ, 無常

- [ ] **transient** 形①一時的な, つかの間の ②短期滞在の

- [ ] **translate** 動①翻訳する, 訳す ②変える, 移す

- [ ] **translation** 名翻訳, 言い換え, 解釈

- [ ] **translator** 名翻訳者, 通訳者

- [ ] **transport** 動輸送[運送]する 名輸送, 運送(機関)

- [ ] **trash** 名①くず, ごみ ②くだらないもの[人]

- [ ] **traveler** 名旅行者, 旅人

- [ ] **tread** 動①歩く, 行く ②足を踏み入れる 名踏む[歩く]こと, 歩きぶり

- [ ] **treasure** 名財宝, 貴重品, 宝物 動秘蔵する, 大切にする

- [ ] **treat** 動①扱う ②治療する ③おごる 名①おごり, もてなし, ごちそう ②楽しみ

- [ ] **tree-lined** 形並木の(ある)

- [ ] **tremble** 動①震える, おののく ②(地面が)揺れる 名震え, 身震い

- [ ] **trial** 名①試み, 試験 ②苦難 ③裁判 形試みの, 試験の

- [ ] **trick** 名①策略 ②いたずら, 冗談 ③手品, 錯覚　play trick on ～をだます, ～にいたずらをする, ～を策略にはめる 動だます

- [ ] **tricky** 形油断のならない, 扱いにくい, ずるい

- [ ] **tried** 動 try (試みる) の過去, 過去分詞 形試験済みの, 信頼できる

- [ ] **troubled by**《be –》～に悩まされている

- [ ] **trouser** 名《-s》ズボン, 袴

- [ ] **Trouser Ceremony**《the –》袴着(はかまぎ)の儀《幼児が初めて袴を身につける儀式。のちの七五三。着袴(ちゃっこ)》

- [ ] **truly** 副本当に, 心から

- [ ] **trunk** 名①幹, 胴 ②本体, 主要部分 ③トランク, 旅行かばん

- [ ] **trust** 動信用[信頼]する, 委託する 名信用, 信頼, 委託

- [ ] **truth** 名①真理, 事実, 本当 ②誠実, 忠実さ
to tell the truth 実は, 実を言えば

□ **trying** 動 try（やってみる）の現在分詞 形 つらい, 苦しい, しゃくにさわる

□ **tub** 名 桶, 浴槽

□ **tune** 名 ①曲, 節 ②正しい調子［旋律］動 ①（ラジオ・テレビなどを）合わせる ②（楽器の）調子を合わせる

□ **turn** 熟 turn away（顔を）そむける, 横を向く **turn into** 〜に変わる **turn on** 〜の方を向く **turn out** 〜と判明する,（結局〜に）なる **turn round** 回す, 向きを変える, 振り返る **turn to** 〜の方を向く

□ **tutor** 名 家庭教師 動 家庭教師をする

□ **TV** 略 テレビ, テレビ番組（＝television）

□ **twang** 動 ①（弦楽器などの弦を）ビーンと鳴らす, 弦楽器を奏でる ②（弓を）ひく［鳴らす］ **twang a bowstring**（魔除けのため）弓の弦を鳴らす

□ **Twelfth Month** （the－》12月, 師走（しわす）《陰暦12月の別名》

□ **twelve-layered kimono** 十二単（じゅうにひとえ）

□ **twilight** 名 夕暮れ, 薄明かり

□ **two-wheeled** 形 二輪の

□ **typhoon** 名 台風

U

□ **Ueno Park** 上野公園

□ **ugly** 形 ①醜い, ぶかっこうな ②いやな, 不快な, 険悪な

□ **Ukiyo-e print** 浮世絵

□ **Ukon** 名 右近《人名》

□ **unable** 形《be－to〜》〜することができない

□ **unattractive** 形 魅力のない, 美しくない, つまらない

□ **uncomfortable** 形 心地よくない

□ **uncontrollable** 形 制御できない

□ **undergo** 動 経験する, 被る, 耐える

□ **unforgettable** 形 忘れられない, 記憶にとどまる

□ **unhappiness** 名 不運, 不幸

□ **unhappy** 形 ①不運な, 不幸な ②不満で

□ **universal** 名 普遍的特性 形 ①全体の, 全世界の ②普遍的な

□ **unkind** 形 不親切な, 意地の悪い

□ **unknown** 形 知られていない, 不明の **unknown to** 〜に知られずに

□ **unless** 接 もし〜でなければ, 〜しなければ

□ **unlike** 形 似ていない, 違った 前 〜と違って

□ **unlikely** 形 ありそうもない, 考えられない

□ **unlucky** 形 ①不運な ②不吉な, 縁起の悪い

□ **unprotected** 形 ①無防備な ②保護のない

□ **unrhymed** 形 無韻の, 韻を踏まない

□ **unsure** 形 確かでない, 自信がない

□ **untidy** 形 きちんとしていない, だらしない

□ **unusual** 形 普通でない, 珍しい, 見［聞き］慣れない

□ **up** 熟 bring up 育てる cheer someone up（人）を元気付ける climb up on 〜の上によじ登る come up 近づいてくる, 階上に行く, 浮上する draw up 引き上げる get mixed up with（人）とかかわり合いになる get up 起き上がる, 立ち上がる get up to（好ましくないこと）をする give up あきらめる, やめる go up ①〜に上がる, 登る ②〜に近づく, 出かける go up to 〜まで行く, 近づく grow up 成長する, 大人になる look up 見上げる open up 開く, 開ける pick up 拾い上げる, 迎えに行く, 習得する pile up 積み重ねる roll up 巻き上げる run up and down かけずり回る sit up 起き上がる, 上半身を起こす sit up all night 徹夜する take up ①〔義務などを〕引き受ける, 担う ②〔要求などを〕受け入れる, 応じる up and down 上がったり下がったり, 行ったり来たり, あちこちと up there あそこで up to 〜まで, 〜に至るまで, 〜に匹敵して up to now これまで wake up 起きる, 目を覚ます walk straight up to 〜につかつかと歩み寄る warm up 暖める, 温める

□ **up-to-date** 形 最新の, 時代に遅れない

□ **upon** 前 ①《場所・接触》〜（の上）に ②《日・時》〜に ③《関係・従事》〜に関して, 〜について, 〜して 副 前へ, 続けて

□ **upper** 形 上の, 上位の, 北方の

□ **upper-class** 形 上流階級［社会］の

□ **upset** 形 憤慨して, 動揺して 動 気を悪くさせる,（心・神経など）をかき乱す

□ **urge** 動 ①せき立てる, 強力に推し進める, かりたてる ②《－…to〜》…に〜するよう熱心に勧める 名 衝動, かりたてられるような気持ち

□ **Urin-in Temple** 《the－》雲林寺（うりんいん）《寺院》

□ **us** 熟 let us どうか私たちに〜させてください

□ **used** 動 ①use（使う）の過去, 過去分詞 ②《－to〜》よく〜したものだ, 以前は〜であった 形 ①慣れている,《be－》〜に慣れる,《get［become］－to》〜に慣れてくる ②使われた, 中古の

□ **usual** 形 通常の, いつもの, 平常の, 普通の **as usual** いつものように, 相変わらず **than usual** いつもより

□ **usuki murasaki** 薄紫（うすきむらさき）《日本の伝統色の1つ》

□ **Utagawa Kunisada** 歌川国貞（1786–1865）《江戸時代の浮世絵師》

V

□ **vain** 形 ①無益の, むだな ②うぬぼれが強い **in vain** むだに, むなしく

□ **valley** 名 谷, 谷間

□ **valuable** 形 貴重な, 価値のある, 役に立つ

□ **value** 名 価値, 値打ち, 価格 **of value** 貴重な, 価値のある 動 評価する, 値をつける, 大切にする

□ **vanish** 動 姿を消す, 消える, ゼロになる

□ **varied** 動 変化に富む, 多様な

□ **variety** 名 ①変化, 多様性, 寄せ集め ②種類

□ **various** 形 変化に富んだ, さまざまの, たくさんの

□ **vary** 動 変わる, 変える, 変更する, 異なる

□ **vegetable** 名 野菜, 青物 形 野菜の, 植物（性）の

□ **veil** 名 ベール, 覆い隠す物

□ **veranda** 名 ベランダ, 縁側

□ **vernacular** 名 現地語, お国言葉, その地方の言葉 形 その国［地域］の言葉の, 自国語の

□ **verse** 名 詩, 詩の1行

□ **version** 名 ①バージョン, 版, 翻訳 ②意見, 説明, 解釈

□ **very** 形 まさに, まさしく, ちょうどその

□ **via** 前 ～経由で, ～によって

□ **viewpoint** 名 見地, 観点, 見解

□ **villa** 名 邸宅, 別荘, 院《貴族の邸宅や別荘》

□ **vine** 名 ブドウの木, ツル植物の茎

□ **vinegar** 名 ビネガー, 酢

□ **violent** 形 暴力的な, 激しい

□ **violet** 名 ①スミレ《植物》②スミレ色, バイオレット

□ **Virginia Woolf** ヴァージニア・ウルフ（1882–1941）《イギリスの小説家》

□ **visible** 形 目に見える, 明らかな

□ **visitor** 名 訪問客

□ **vital** 形 ①活気のある, 生き生きとした ②きわめて重要な

□ **vivacious** 形 生き生きとした,（女性が）陽気な, 快活な

□ **Vogue** 名 ヴォーグ《雑誌》

□ **volcano** 名 火山, 噴火口

□ **volume** 名 ①本, 巻, 冊 ②《-s》たくさん, 多量 ③量, 容積

□ **voluptuous** 形 ①官能的［肉感的］な ②なまめかしい, 色っぽい

□ **vow** 名 誓い, 誓約 **make a vow to** ～すると誓う 動 誓う

□ **vulgar** 形 下品な, 洗練されていない

W

□ **waft** 名 ①そよ風 ②（においなど）そよ風で運ばれるもの

□ **wait for** ～を待つ

□ **waiting** 動 wait（待つ）の現在分詞 名 待機, 給仕すること 形 待っている, 仕えている

□ **waka** 名 和歌

□ **wakamurasaki** 名 ①薄紫（色）②若紫《（植物の）紫の別名》③《W-》『若紫』《『源氏物語』中の一帖》④《W-》若紫《幼い頃の紫の上》

□ **wake up** 起きる, 目を覚ます

□ **Waki Yamato** 大和和紀（1948–)《漫画家》

□ **walk** 動 **go for a walk** 散歩に行く **take a walk** 散歩をする **walk around** 歩き回る, ぶらぶら歩く **walk on** 歩き続ける **walk over** ～の方に歩いていく **walk straight up to** ～につかつかと歩み寄る

□ **walking** 動 walk（歩く）の現在分詞 名 歩行, 歩くこと 形 徒歩の, 歩行用の

□ **walking skirt** 壺装束《平安時代の女性の外出着》

□ **wand** 名 杖, 指揮棒

□ **wander** 動 ①さまよう, 放浪する, 横道へそれる ②放心する

□ **War and Peace** 『戦争と平和』《トルストイの長編小説》

□ **ward** 名 ①行政区, 区画 ②中庭

□ **warm up** 暖まる, 温める

□ **warmly** 副 温かく, 親切に

□ **warmth** 名 暖かさ, 思いやり

□ **warn** 動 警告する, 用心させる

□ **watch** 名 （区分けした）時間, 刻（こく）**First Hour of the Tiger watch!** 寅（とら）1つ。《かつては時刻を十二支に配していた。寅1つは午前4時ごろのこと》**Watch of the Monkey** 申（さる）の刻 **Watch of the Tiger** 寅の刻 **watch out for** ～を警戒する, ～を見張る

□ **watchman** 名 夜警, 見回り, 宿直（とのい）《貴人のそばで不寝番をすること, またはその担当者》

□ **waterfall** 名①滝 ②どっと押し寄せるもの

□ **wave** 名①波 ②(手などを)振ること 動①揺れる, 揺らす, 波立つ ②(手を振って)合図する

□ **way** 熟 all the way はるばる by the way ところで, ついでに find one's way たどり着く find one's way back 元の場所にたどり着く in a way ある意味では in any way 決して, 多少なりとも in no way 決して～でない on one's way 途中で on one's way to ～に行く途中で push ～ out of the way ～を押し出す There is no way I can ～. ～できるはずもない。 way of ～する方法, やり方 way to ～する方法, やり方

□ **weakly** 形病弱な, 弱々しい 副弱々しく

□ **weakness** 名①弱さ, もろさ ②欠点, 弱点

□ **wealth** 名①富, 財産 ②豊富, 多量

□ **weaver** 名織り手

■ **Weaver Festival** 七夕(まつり)

□ **wedding** 動 wed (結婚させる)の現在分詞 名結婚式, 婚礼

□ **weed** 名雑草 動草取りをする, (不要なものを)取り除く

□ **weep** 動泣く, 涙を流す

□ **weight** 名①重さ, 重力, 体重 ②重荷, 負担 ③重大さ, 勢力 動①重みをつける ②重荷を負わせる

□ **well** 熟 All's well that ends well. 終わりよければすべてよし。 as well なお, その上, 同様に as well as ～と同様に sleep well よく眠る well -ed《be －》よく[十分に]～された

□ **well-annotated** 形注釈の豊富な

□ **well-behaved** 形行儀[しつけ]の良い

□ **well-constructed** 形うまく構成された[十分に練られた]

□ **well-rounded** 形ふくよかな, 肉付きの良い

□ **wept** 動 weep (しくしく泣く)の過去, 過去分詞

■ **West Wing**《the －》西の対(たい)《寝殿造りで, 寝殿に対して西側につくった別棟》

□ **western** 形①西の, 西側の ②《W-》西洋の 名《W-》西部劇, ウエスタン

□ **wet** 形ぬれた, 湿った, 雨の 動ぬらす, ぬれる

□ **what about ～?** ～についてあなたはどう思いますか。～はどうですか。

□ **What's going on?** 一体どうしたんだ?

□ **whatever** 代①《関係代名詞》～するものは何でも ②どんなこと[もの]が～とも 形①どんな～でも ②《否定文・疑問文で》少しの～も,

何らかの

□ **wheel** 名①輪, 車輪,《the －》ハンドル ②旋回 動①回転する[させる] ②～を押す

□ **whenever** 接①～するときはいつでも, ～するたびに ②いつ～しても

□ **where to** どこで～すべきか

□ **whereby** 副①～するところの, それによって ②どういう手段で, 何について

□ **whether** 接～かどうか, ～かまたは…, ～であろうとなかろうと

□ **while** 熟 after a while しばらくして for a while しばらくの間, 少しの間

□ **whirl** 動①ぐるぐる回る[回す] ②目まいがする, フラフラする 名回転

□ **whisper** 動ささやく, 小声で話す 名ささやき, ひそひそ話, うわさ

□ **whispered** 形ささやき声の, うわさされている

□ **who** 熟 those who ～する人々

□ **whole** 形全体の, すべての, 完全な, 満～, 丸～ 名《the －》全体, 全部 as a whole 全体として on the whole 全体として見ると

□ **whom** 代①誰を[に] ②《関係代名詞》～するところの人, そしてその人を

□ **why don't you ～?** どうして～しないのですか。～したらどうですか。～しませんか。

□ **why on earth** いったいどうして

□ **wicked** 形悪い, 不道徳な, とてもひどい

□ **wide** 形幅の広い, 広範囲の, 幅が～ある 副広く, 大きく開いて

□ **widespread** 形広範囲におよぶ, 広く知られた

□ **widow** 名未亡人, やもめ

□ **wild boar piglet** 亥の子《字義はイノシシの子。旧暦10月最初の亥の日, あるいは亥の日に無病息災・子孫繁栄を祈る行事のことも表す》

□ **wild carnation** 撫子《植物, 人物の比喩》

□ **wild geese** wild goose (雁(がん)《鳥》)の複数

□ **wildly** 副荒々しく, 乱暴に, むやみに

□ **Will you ～?** ～してくれませんか。

■ **William Shakespeare** ウィリアム・シェイクスピア(1564-1616)《イギリスの劇作家・詩人》

□ **willing** 形①喜んで～する, ～しても構わない, いとわない ②自分から進んで行う

□ **willow** 名ヤナギ(柳)

■ **Willow Garden**《The －》『柳花苑(りゅうかえん)』《舞楽の演目》

□ **win over** 口説き落とす, 説得する, 納得させる

□ **wing** 图①翼, 羽 ②棟

□ **wipe** 動①〜をふく, ぬぐう, ふきとる ②ぴしゃっと打つ 图ふくこと

□ **wish for** 所望する

□ **wisp** 图細く薄いもの, (煙や雲などの)細いたなびき

□ **wisteria** 图藤《植物》

□ **wit** 图①機知, ウィット ②才能, 理解力

□ **with that** そうして, そう言って

□ **wither** 動しぼむ, しおれる, しおれさせる, 枯れる, 衰える

□ **within** 前①〜の中[内]に, 〜の内部に ②〜以内で, 〜を越えないで 副中[内]へ[に], 内部に 图内部

□ **without** 前〜なしでやっていく

□ **wives** 图wife (妻)の複数

□ **woke** 動wake (目が覚める)の過去

□ **wonder** 動①不思議に思う, (〜に)驚く ②(〜かしらと)思う **wonder if** 〜ではないかと思う 图驚き(の念), 不思議なもの

□ **wonderland** 图おとぎの国, 不思議の国, すばらしい場所[土地]

□ **woodblock print** 木版画, 浮世絵

□ **woodblock-printed** 形木版刷りの

□ **wooden** 形木製の, 木でできた

□ **wordplay** 图しゃれ, 巧妙な言葉のやりとり

□ **work away** せっせと働く[やる]

□ **work on** 〜に取り組む

□ **working** 動work (働く)の現在分詞 形働く, 作業の, 実用的な

□ **world** 图《the -》あの世, 来世

□ **World of the Shining Prince** 《The -》『光源氏の世界』《アイヴァン・モリスの著作》

□ **worldwide** 形世界的な, 世界中に広まった, 世界規模の 副世界中に[で], 世界的に

□ **worried** 形心配した, 気に病む **worried about**《be -》(〜のことで)心配している, 〜が気になる[かかる]

□ **worry about** 〜のことを心配する

□ **worrying** 形心配な, 気をもませる

□ **worse** 形いっそう悪い, より劣った, よりひどい **get worse** 悪化する 副いっそう悪く

□ **worst** 形《the -》最も悪い, いちばんひどい 副最も悪く, いちばんひどく 图《the -》最悪の事態[人・物]

□ **worth** 形(〜の)価値がある, (〜)しがいがある 图価値, 値打ち

□ **would** 熟Would you 〜? 〜してくださいませんか。 **would have … if** もし〜だったとしたら…しただろう **would like someone to** (人)に〜してもらいたい **would like to** 〜したいと思う **would love to do** 〜したい

□ **write to** 〜に手紙を書く

□ **writer** 图書き手, 作家

□ **writing** 動write (書く)の現在分詞 图①書くこと, 作文, 著述 ②筆跡 ③書き物, 書かれたもの, 文書 **in writing** 書面で

Y

□ **Yasunari Kawabata** 川端康成(1899–1972)《小説家》

□ **year** 图 **for 〜 years** 〜年間, 〜年にわたって **New Year's Day** 元日

□ **yet** 熟**and yet** それなのに, それにもかかわらず **not yet** まだ〜してない **yet another** さらにもう一つの

□ **yin-yang** 图陰陽

□ **yokobue** 图横笛(= bamboo flute)

□ **you** 熟**as you know** ご存知のとおり **Could you 〜?** 〜してくださいますか。 **there you are** その調子, ほら簡単だろう **Why don't you 〜?** 〜したらどうだい, 〜しませんか。 **Will you 〜?** 〜してくれませんか。 **Would you 〜?** 〜してくださいませんか。 **you know** ご存知のとおり, そうでしょう **you see** あのね, いいですか

□ **youth** 图若さ, 元気, 若者

□ **Yūgao** 图①《y-》夕顔《植物》(= evening face) ②『夕顔』『源氏物語』中の一帖 ③夕顔《人名》

□ **Yūgiri** 图夕霧《人名》

Z

□ **zodiac** 图黄道帯, 十二宮図

English Conversational Ability Test
国際英語会話能力検定

● E-CATとは…
英語が話せるようになるための
テストです。インターネット
ベースで、30分であなたの発
話力をチェックします。

www.ecatexam.com

● iTEP®とは…
世界各国の企業、政府機関、アメリカの大学
300校以上が、英語能力判定テストとして採用。
オンラインによる90分のテストで文法、リー
ディング、リスニング、ライティング、スピーキ
ングの5技能をスコア化。iTEP®は、留学、就職、
海外赴任などに必要な、世界に通用する英語力
を総合的に評価する画期的なテストです。

www.itepexamjapan.com

日英対訳
「源氏物語」のものがたり

2023年12月 2 日　第1刷発行

著　者　　ステュウット ヴァーナム－アットキン
訳　者　　とよざき ようこ

発行者　　浦　　晋亮

発行所　　IBCパブリッシング株式会社
　　　　　〒162-0804 東京都新宿区中里町29番3号 菱秀神楽坂ビル
　　　　　Tel. 03-3513-4511　Fax. 03-3513-4512
　　　　　www.ibcpub.co.jp

印刷所　　株式会社シナノパブリッシングプレス

ISBN978-4-7946-0790-4